Dagmar Taliaferro-Beyse / Jürgen Beyse
# Heilung ist deine Wahl

Dagmar Taliaferro-Beyse
Jürgen Beyse

# Heilung ist deine Wahl

## Spirituelle Wege der inneren Klärung

## Ein Praxisbuch

Kösel

Abdruck der Zitate mit freundlicher Genehmigung der Greuthof Verlag und Vertrieb GmbH, D-79261 Gutach i.Br. aus *Ein Kurs in Wundern* © 1994,
Herausgeberin der Originalausgabe *A Course in Miracle* © 1975, 1985, 1992: Foundation for Inner Peace Inc., P.O.Box 598, Mill Valley, CA 94942, USA
Die in diesem Buch enthaltenen Gedanken stellen die persönliche Meinung und das persönliche Verständnis der Autoren dar und nicht die des Inhabers der Rechte für *Ein Kurs in Wundern.*

ISBN 3-466-30395-8


Druck und Bindung: Kösel, Kempten
Umschlag: Elisabeth Petersen, Glonn

1 2 3 4 5 · 99 98 97 96 95

*Gedruckt auf umweltfreundlich hergestelltem Werkdruckpapier (säurefrei und chlorfrei gebleicht)*

# Inhalt

# Einstimmung

Ist unsere Situation hoffnunglos, ist unser Leben – besonders zu dieser Zeit, auf dieser Erde – sinnlos, ist es heillos? Oder besteht die Möglichkeit, daß Heilung immer eine Wahl ist, unsere Wahl – ganz unabhängig von äußeren und inneren Umständen, Gegebenheiten, Beziehungen, Situationen?
Diese Fragen sind es, die unser Leben, unser Hiersein – jetzt vielleicht wie nie zuvor – auf dem Planeten Erde herausfordern, wenn wir uns entschieden haben, den Weg der Selbsterkenntnis und Bewußtwerdung zu gehen. Sie werden uns bewegen, solange wir in einem physischen Körper sind: Dich, der du zu diesem Buch greifst und uns, die wir es geschrieben haben.*
Ein-Sichten und Antworten auf unsere Fragen zeigen sich in dem Maße, wie wir bereit sind, uns einzulassen auf die Erfahrungen des Abenteuers Leben. Dabei begegnen wir großen Herausforderungen: Es gilt Täler des Leids und der Krankheit, des Chaos und der Verstrickung zu durchwandern, den Netzen des Zweifels, der Depression und der Sinnlosigkeit zu entkommen sowie Illusionen und Täuschungen zu erkennen, die im Kleid der vermeintlichen Wahrheit erscheinen.
Oftmals fühlen wir uns verunsichert, erschüttert oder bedroht vom eigenen, wie auch vom globalen Un-Heil um uns herum und wir fragen uns, haben wir unter diesen Umständen überhaupt noch eine Wahl?
Wir behaupten: *Ja, wir haben immer eine Wahl!*
Schauen wir uns einige Möglichkeiten an: Wir können weiterhin unbewußt bleiben und unsere Erfindungsgabe auf

---

* Wie bereits der Titel zeigt, haben wir in der Kommunikation mit dir als Leser das verbindende ›du‹ gewählt. Im Sinne eines guten Leseflusses werden wir auf die weiblich/männlich unterscheidende Doppelform ›Leser/Innen‹ verzichten.

zerstörerische Weise einsetzen. Das könnte so aussehen, daß wir die Mißstände mit immer mehr Kontrolle und Schein-Sicherheiten zu beherrschen suchen, oder wir werfen ganz einfach die Flinte ins Korn und meinen, es sei ja eh alles sinnlos und nicht mehr in den Griff zu bekommen – ›no future‹ …

Wenn wir uns jedoch besinnen und gewahr werden, daß zerstörerisches oder kontrollierendes Verhalten, genauso wie Sinnlosigkeitsgefühle und Autoritätsgläubigkeit, letztlich eine Folge unserer eigenen Unbewußtheit sind, können wir – unabhängig von den bisher geschaffenen Umständen – eine andere, eine neue Wahl treffen: Wir können wählen, den Schleier dieser Unbewußtheit zu durchdringen. Das bedeutet, uns auf den Weg des Erwachens zu begeben, uns zu erinnern, wer wir in Wahrheit sind und warum wir hier sind.

## Warum sind wir hier – in diesem Leben, in diesem Körper, auf diesem Planeten?

Beleuchten wir einmal den Hintergrund für unser Hiersein, so wie er sich aus unserer Sicht darstellt. Dabei bist du als Leser aufgerufen, zu schauen, was von diesem Modell mit deiner Wahrheit in Resonanz ist und was nicht, so daß du dich immer an deiner eigenen Erfahrung und dem damit verbundenen Wissen orientierst.

Wir kommen als göttliche Funken aus dem Licht, aus der Einheit – dem All-Einen. Die Bibel spricht vom Paradies. Unsere Vorstellung vom Paradies ist die, daß es uns dort an nichts mangelt. Es ist für alles gesorgt, wir leben in der Fülle, nichts fehlt uns … oder etwa doch?

Waren wir uns des paradiesischen Lebens *bewußt*?

Wenn wir nur das Licht kennen, ohne je der Dunkelheit begegnet zu sein, können wir nicht wissen, was Licht ist. Und wo es keine ›Nichtliebe‹ gibt, können wir die Liebe nicht kennen. Wo nur Fülle ist, gibt es keinen Mangel.

Vielleicht wurde es uns eines Tages zu ein-tönig, zu ›langweilig‹ ... Wie auch immer, wir verspürten den Drang, etwas kennenzulernen, was es im ›Paradies‹ offensichtlich nicht gab. Wir wollten herausfinden, was es heißt zu lieben und zu hassen, mächtig und ohnmächtig zu sein, wir wollten er-leben, was Leidenschaft ist, Eifersucht, Besitz, Drama und Chaos, mit anderen Worten: Wir wollten all das, was wir heute haben!

Es lockte die Frucht des Baums der Erkenntnis. Wir hatten einen freien Willen – wir hatten die Wahl. So entschieden wir uns selbst-verantwortlich dafür, aus dieser Einheit herauszutreten, um neue Erfahrungen zu machen. Wir wählten den Weg der Erkenntnis, den Weg des Lernens auf diesem Planeten der Dualität. Und so begann es: wir aßen vom Baum der Erkenntnis und erkannten, daß wir nackt waren und wir bedeckten uns mit einem Feigenblatt. Unser Leben bewegte sich von nun an innerhalb der Polaritäten. Es gab jetzt nackt und bedeckt, männlich und weiblich, hell und dunkel, gut und böse...

Der Schritt in die Dualität beinhaltete auch, daß wir uns als ein Individuum – ein getrenntes Einzelwesen – erfuhren und als solches identifizierten. Das Ego-Ich war geboren. Wir meinten, uns von Gott getrennt zu haben. Unser Ego interpretierte diese Trennung, diese *Ab-sonderung*, als ›Sünde‹, wir fühlten uns dafür schuldig und hatten Angst vor Strafe. Dann suchten und fanden wir einen Sündenbock im Außen – die Schlange – und begannen, unsere vermeintliche Schuld auf diese zu projizieren.

Unser Ego orientierte sich zunehmend an seinen Glaubens-, Gedanken- und Gefühlssystemen, die auf den Themen Sünde, Schuld und Strafe basierten. Daraus wiederum resultierten Gefühle wie Angst, Unwertsein, der Glaube an Mangel, Versagen, Scham, Selbsturteil, Einsamkeit und viele andere. Durch die Identifikation mit unserem Ego und seinen Gedanken, Themen und Gefühlen verhafteten wir uns immer mehr an sie. Dabei bemerkten wir nicht, daß es hier eigentlich nur um die Sichtweise des Egos ging, das

uns auf diese Weise begrenzte und fest im Griff hatte. Wir hielten das ›Ego-System‹ von nun an für die ganze Wahrheit und hatten unseren Ursprung vergessen.
Der Schleier des Vergessens und der Unbewußtheit hatte sich über uns gesenkt, wir schliefen gleichsam ein und übernahmen keine Verantwortung für die Konsequenzen und die Chancen unseres Handelns. Statt uns nun zu erfreuen an unserem freien Willen, an unseren Wahlmöglichkeiten, unserer Freiheit und Schöpferkraft, verstrickten wir uns immer mehr in das vom Ego gesteuerte Denken, Fühlen und Handeln. Durch die Identifikation mit seiner Sichtweise manövrierten wir uns selbst ins innere und äußere Chaos.
Eine verfahrene Situation? Ja – und nein.
Wir können uns jeden Moment neu entscheiden, *jetzt* Verantwortung dafür zu übernehmen, daß wir es waren, die es wählten, hierher zu kommen auf diesen Planeten der Dualität; und daß wir dies taten, um Grenzen zu überschreiten und uns für neue Erfahrungen zu öffnen. Wir wollten das Leben in seiner Vielfalt erleben, um zu wachsen, zu lernen und uns auszudehnen.
Indem wir von der Frucht der Erkenntnis aßen, wurde uns Erkenntnis und Bewußtheit geschenkt, die wir dazu nutzen können, uns unserer göttlichen Natur *bewußt* zu werden.
Vor diesem Hintergrund wird die Erde zum Schulungsplaneten, und unsere jetzige physische Existenzform wird zum ›Lern-Vehikel‹, das uns dazu dient, die unterschiedlichsten Erfahrungen zu sammeln.
Durch das Hineingeborenwerden in einen physischen Körper begannen wir langsamer zu schwingen, unsere Lichtkörper verdichteten sich für die Existenz auf der materiellen Ebene.
Nun ist es an der Zeit, uns daran zu erinnern, daß wir neben unseren physischen Erfahrungen und neben unserem Ego mit seinen begrenzenden Gedanken- und Gefühlsmustern noch den ›göttlichen Funken‹, unsere Verbindung zum Licht, in uns tragen. Wir können wählen, uns bewußt an die göttliche Führung in unserem Innern anzuschließen, um

unsere Ganzheit, unser Heilsein in Besitz zu nehmen. Dazu ist Selbsterkenntnis nötig, innere Klärungsarbeit, bei der es darum geht, eingefahrene, schädigende und begrenzende Sichtweisen, Gewohnheiten und Verhaftungen zu lösen. Heilung kann allerdings nicht über den Kopf allein, über das ›Lesen von Buchstaben‹ geschehen – sie vollzieht sich über die eigene persönliche Erfahrung. Dieses Buch soll – in Theorie und Praxis – dabei helfen, Ängste und Barrieren zu überwinden, die vor dem Sich-Einlassen auf eine solche Erfahrung, der inneren Klärung und Heilung stehen mögen. Es soll Mut machen, sich auf die *Innere Führung* zu besinnen, die uns den Weg weist, wie wir das Chaos, Un-heil und Drama klären und transformieren können.
Nichts weiter als unsere bewußte Wahl, ganz zu werden, heil zu werden ist nötig, dann wird uns auch das ›Wie‹ gezeigt. Wir alle können Heilsein und Heilung in dem Augenblick erfahren, wo wir mit uns im inneren Frieden sind – und zwar unabhängig von unseren psychisch-emotionalen oder körperlichen Gegebenheiten. Frieden im Innern zu spüren bedeutet nicht, daß auch im Außen Harmonie sein muß. Heilung heißt Ja-sagen, Annehmen, mit dem Leben fließen. So ist Heilung nicht etwas Statisches, Abgeschlossenes, sondern ein lebendiger Prozeß, der sich von Moment zu Moment fortsetzt. Wir können es wählen, *jede* Erfahrung auf unserem Weg der Selbsterkenntnis und Verwirklichung als ein Mosaiksteinchen zu sehen, hin zu Ganzheit und Heilung.
Indem wir hineinwachsen in das Annehmen unserer Erfahrungen als Teil unserer Entwicklung, werden wir uns schließlich im Einklang, im Frieden fühlen – mit dem Innen, wie mit dem Außen. Wir finden zurück in die Liebe, zu uns selbst und zu allem, was ist.
Und das ist für uns die wahre Bedeutung von Heilung!
Manchmal werden wir von einer ›Reise‹ zum wahren Selbst sprechen. Diese Reise erleben wir auf der von uns geschaffenen Ebene, wo wir uns durch Raum und Zeit begrenzen, wo wir uns identifizieren und gefangennehmen lassen von

unseren Gedanken und Gefühlen und darüber unseren göttlichen Kern und unsere Innere Führung vergessen. Wenn wir einmal aufwachen – aus unserer Identifikation mit der ›geträumten Wirklichkeit‹ von Raum und Zeit, von Angst, Schmerz, Schuld, Ärger, Angriff und Verteidigung, Urteil und Trennung – dann *wissen* wir, daß es in Wahrheit eine Reise ohne Entfernung ist, daß das Ziel bereits in uns liegt. Tief in uns sind wir immer ganz, heil und vollkommen, göttlich und ewig. Es geht darum, die Vorstellungen, die wir da-vor-gestellt haben, die Barrieren, die unsere Wahrnehmung und unsere Sicht trüben, aus dem Weg zu räumen. Wir erwachen in unser Heilsein hinein, indem wir dem göttlichen Kern in uns Raum geben, so daß seine Kraft die Illusion des getrennten Ichs erlöst und uns zurückführt zu unserem wahren Selbst, das in der Einheit zu Hause ist.

Zum Inhalt:
Im folgenden möchten wir nun den Inhalt der einzelnen Kapitel in einem kurzen Überblick zusammenfassen:

*Eine unglückliche Liebe* – mit diesem Kapitel hat Dagmar sich entschlossen, ein persönliches Beispiel der Klärung und Heilung aus ihrem Leben wiederzugeben. Hier wird deutlich, wie sehr wir zum Spielball der Gefühle unseres Emotionalkörpers werden können. Es zeigt sich, welch subtile Gratwanderung unser Leben sein kann, wie fließend die Übergänge sind zwischen Illusion und Wirklichkeit – zwischen Schein und Sein. Am Ende des Kapitels sprechen wir über das Thema ›Emotionale Abhängigkeit – Co-Dependency‹.

*Der Emotionalkörper – Die Innere Führung* ist eine Einführung in die Klärungsarbeit und beschreibt theoretische Aspekte, sozusagen ›das Vokabular‹, das für die praktische Arbeit nötig ist. Wir erläutern den Begriff des Emotionalkörpers, seine Funktionsweise, unsere Verhaftungen an seine Themen und Muster, wir sprechen über das innere Kind und das Höhere Selbst und die verschiedenen Stimmen in uns.

*Das Meer der Gefühle – Schwimmen lernen* heißt das nächste Kapitel. Hier geht es um den Umgang mit unseren Gefühlen. Was sind Gefühle? Sind wir Spielball unserer Gefühle? Wir beschäftigen uns mit der Angst vor Gefühlen; dem Fühlenlernen und den Gefühlen als Brücke zum Höheren Selbst. Der praktische Teil umfaßt Anregungen und Übungen für die eigene innere Klärung, die in der bewußten Verbindung mit dem Höheren Selbst geschieht.
So wird der Weg frei für ›*Heilen durch Vergebung*‹. Wir können erfahren, daß Vergebung in der Tat der Schlüssel zu Glück und innerem Frieden ist, der Weg in die Liebe.

Im Kapitel *Erfahrungen und Beispiele aus der spirituellen Arbeit* finden sich Beispiele aus unserer Arbeit als spirituelle Wegbegleiter: Möglichkeiten für Reisen der inneren Selbst-Erforschung mit Interpretationen und Kommentaren. Wir schildern Sitzungen mit vergangenen Leben, dem aktuellen Leben und symbolischen Erlebnissen. Die Beispiele umfassen: Die Wiederentdeckung des inneren Kindes, die Klärung von Themen und Verhaftungen des Emotionalkörpers, die Befreiung von besitzergreifenden Energien und die Klärung von Beziehungen. Schließlich kommen wir zu den Erlebnissen des höher schwingenden Emotionalkörpers: Erfahrungen des Lichts und der Kraft, der bedingungslosen Liebe, des inneren Friedens und der Einheit.

Die regelmäßige spirituelle Praxis unterstützt uns in besonders hohem Maße darin, Klärung und Bewußtheit in unseren All-Tag zu übertragen. Im Kapitel *Spirituelle Praxis – Meditationen und Übungen* sprechen wir über das Thema Meditation. Im Anschluß daran findest du Vorschläge für geleitete Meditationen und Übungen – zum individuellen Gebrauch und für Meditationskreise.

*Vision der Zukunft* heißt unser letztes Kapitel. Hier geht es darum, gemeinsam mit unserer Inneren Führung die Weichen neu zu stellen, zum Wohle aller und unseres Planeten.

Am Ende des Buches findest du das *Glossar*, eine Sammlung von Ein-Sichten über Gefühle, Einstellungen und Begriffe, die Impulse geben zur Befreiung aus alten Begrenzungen – hin zu neuen Möglichkeiten des Denkens und Fühlens.

Und nun laden wir dich ein, uns zu begleiten auf unserer Reise zum wahren Selbst, einer Reise, die uns das Aufwachen schmackhaft machen soll. Es ist eine ungewöhnliche Reise – ohne Anfang und ohne Ende –, denn es gibt keine Entfernungen zu überbrücken. Wir träumen sie nur, bis wir mutig genug sind, aufzuwachen in die Wahrheit hinein, uns willkommen zu heißen – zu Hause in uns.

**Der Weg ist das Ziel!**

# 1
# Eine unglückliche Liebe

*Romantische Liebe fungiert sowohl als potentielle Neurose, als auch als spirituelles Potential.*
Ngakpa Chögyam Rinpoche

Auf unserem Weg erleben viele von uns eine unglückliche Liebe oder machen eine andere Erfahrung, die uns emotional tief berührt, vielleicht sogar unser Leben ins Wanken bringt. Wir wollen hier Dagmars erste Liebe als Beispiel schildern, eine Erfahrung, die ihr Leben viele Jahre überschattete, um aufzuzeigen, wie sehr wir zum Spielball der Gefühle unseres Emotionalkörpers werden können. Bevor wir im nächsten Kapitel näher auf den Emotionalkörper eingehen, sei hier nur gesagt, daß dieser feinstoffliche Energiekörper der Sitz unserer Emotionen ist. Wenn wir den eigenen Gefühlen ausgeliefert sind, uns hilflos und ohnmächtig fühlen, dann hat uns dieser Körper fest im Griff.
Das folgende Beispiel soll einerseits aufzeigen, wie verführerisch und wie verführbar der ungeklärte Emotionalkörper sein kann, wie er uns über Jahre hinweg süchtig sein läßt und gefangennimmt. Dagmar war zeitweise so verstrickt in ihre Emotionen, so mit ihnen identifiziert, daß sie meinte, keinen Ausweg mehr finden zu können – es vielleicht auch nicht mehr wollte. Auf der anderen Seite möchten wir vermitteln, daß es möglich ist, sich durch innere Klärungsarbeit aus einem solchen Gefangensein zu befreien, indem wir unsere emotionalen Abhängigkeiten, unsere Verhaftungen an bestimmte Lebensmuster und -themen erkennen und lösen.

## Gratwanderung und Fall – Von der Romantik in die Depression und Todessehnsucht

Kurz vor dem Ende der Schulzeit tauchte ich ein in das ganze Repertoire der Gefühle meines Emotionalkörpers und wurde blind vor ›Liebe‹. Dabei ging es mal rauf und mal runter auf der Achterbahn der Gefühle, erst Sehnsucht nach Liebe und Zuwendung, nach Glückseligkeit und Verschmelzen – dann Schuldgefühle, Ohnmacht und vor allem Abhängigkeit. Das Streben nach Harmonie ließ mich eigene wichtige Bedürfnisse nicht wahrhaben wollen, so daß die Ent-täuschungen vorprogrammiert waren. Ich versank in Leid und Apathie, flüchtete in Depressionen und Todessehnsüchte. Irgendwie, irgendwann keimten neue Hoffnungen auf, gespeist aus Wunschdenken und Illusionen. Immer neue Nahrung für den Emotionalkörper und damit: Verstrickung, Chaos, Drama und Karma.

In der dreizehnten Klasse hatte ich eine eins in Musik, war die Lieblingsschülerin meines Musiklehrers und verliebte mich unsterblich in ihn. Die Magie dieser Beziehung und unserer Gefühle füreinander haben mein Leben beinahe zwei Jahrzehnte immer wieder jenseits aller Vernunft und damit in die Nähe des Absturzes gebracht. Es war, wie einem mystischen Zauber zu erliegen.

Mich jetzt hinzusetzen und darüber zu schreiben, erschüttert mich auch heute noch. Es fällt mir schwer, dem, was mich da erfaßt, standzuhalten, es geschehen zu lassen. Und doch spüre ich einen – noch verborgenen – Sinn. Meine Innere Führung, mein Höheres Selbst ist mit mir, schenkt mir Vertrauen und Mut, mich dem Geschehenen noch einmal zu stellen.

Kostja (dies ist der Name, den ich ihm gab) ist sechs Jahre älter als ich, was mich hoffen läßt, er wird schon wissen, wo's langgeht. Rein äußerlich sieht er völlig anders aus, als ich mir je meine erste Liebe hätte vorstellen können, eher

wie ein Musiker Sonderling, vielleicht ein Komponist aus dem 19. Jahrhundert, mit Brille und seiner individuellen Variation von Schmachtlocke in der Stirn, die er immer mal wieder mit einer seitlich und rückwärts gerichteten Kopfbewegung nach hinten zu integrieren sucht. Sein äußerer und zugleich innerer Blick elektrisiert mich und gibt mir das Gefühl, daß er bis auf meinen Seelengrund zu schauen vermag. Ich fühle mich endlich im Allerinnersten und Allerheiligsten erkannt.
Seine Lippen sind wie die eines Kindes geformt und so voller Unschuld, wie bei einem kleinen verletzlichen Buben. Und ich spüre, dies ist auch eine Seite, die zu ihm gehört, zeitlos, alterslos. Wenn er spricht, klingt es immer etwas nasal und nuschelig, überhaupt spricht er nicht viel und auch ich spreche nicht viel in seiner Gegenwart, so als gehen wir davon aus, daß wir uns non-verbal und telepathisch verständigen bzw. gar schon wie eine Person denken und fühlen.
Auf der einen Seite kommt er mir sehr erwachsen und verantwortungsvoll vor, dann wiederum schiebt sich – wie bei einem Vexierbild – das Bild des überaus sensiblen und verwundbaren, etwas weltfremden Romantikers in den Vordergrund. Und all diese Facetten und noch viel mehr, das ich nicht in Worte zu formen vermag, tragen bei zu der unerklärlichen, geheimnisvollen Anziehungskraft zwischen uns. Es fühlt sich so an, als seien höhere, unausweichliche Schicksalsmächte am Werk, als sei es meine, unsere Bestimmung, zusammenzukommen.
Kostja ist katholisch und hat Familie. Darüber hinaus stehe ich zu ihm in einem Abhängigkeitsverhältnis, denn er ist mein Lehrer und ich bin knapp neunzehn (seinerzeit war man erst mit einundzwanzig Jahren volljährig) – eine Beziehung unter solchen Umständen kann gesetzlich bestraft werden. Somit sind Rollenspiel und Heimlichkeit in der Schule, vor seiner Frau, vor meiner Familie – einfach überall – vorprogrammiert.
Und dennoch, ich hatte mich jahrelang nach der ganz großen Liebe gesehnt und hier ist sie. Alles in mir pulsiert in

absoluter Glückseligkeit. Meine Zellen singen und tanzen bis in ihre Atome hinein. Ich koste endlich den Duft und den Geschmack des wahren Lebens, nun weiß ich warum und wofür ich lebe. War ich nicht immer auf der Suche gewesen, auf der Suche nach etwas, das größer war als mein kleines Ich, als dieser begrenzte Körper, das oft so normierte Alltagsleben?

Ich erlebe diese Liebe zutiefst religiös, ja alles, was mich mit Kostja verbindet, ist mir heilig. Das hat erst einmal zur Folge, daß ich die sexuelle Seite am liebsten ausklammern möchte. Ich kann es mir zur Zeit einfach nicht anders vorstellen oder höchstens so, daß wir ein einziges Mal zusammen verschmelzen würden, um dann unsere Körper zu verlassen und himmelstrebend in andere Sphären einzutauchen...

Es kommt zu unserer ersten Begegnung außerhalb der Schule. Wir sitzen in seinem Auto, das er in der Nähe eines Parks, weit außerhalb der Stadt abgestellt hat. Ich zittere am ganzen Körper bei der Gratwanderung zwischen Selbstzügelung und Sehnsucht nach Loslassen und Hingabe. Wird dieses Sehnen je zu stillen sein? Kostja erlöst mich aus meiner Seelenpein und nimmt mich in die Arme. Da ist eine solche Zartheit, Behutsamkeit und Zärtlichkeit, die Berührungen fließen ineinander, wir verschmelzen in sie hinein, sind uns unendlich nah, beseelt von dem einzigen Wunsch, daß es immer so bleiben möge. Was war es nur, das uns jemals trennte?

Manchmal geschieht es, daß zwei Menschen zusammenkommen wie zwei Hälften, die durch einen natürlichen, wie selbstverständlichen Magnetismus angezogen, sich finden und zusammenfügen. Endlich ist das Gefühl des Getrenntseins aufgehoben, du bist ganz, heil und eins. Und im nächsten Augenblick, oder vielleicht geschieht es bereits in der Synchronizität, bemächtigt sich deiner eine noch unbestimmte, unbegreifliche Trauer, der Schleier der Wehmut senkt sich unaufhaltsam über dich, du spürst deine Erdgebundenheit, deinen physischen Körper, fühlst dich abgesondert und wieder getrennt.

Der Alltag hat dich wieder, es muß weitergehen in den üblichen Bahnen. Und so wird es bleiben mit Kostja und mir.
Kostja ist verheiratet, fühlt sich an diese Ehe gebunden und gleichzeitig vermittelt er mir: bleib bei mir, ich möchte nie mehr ohne dich sein.
Noch habe ich Hoffnung, daß es irgendwie, irgendwann eine Lösung geben wird und inzwischen lebe ich für das nächste Wiedersehen und jedes Mal bin ich wie entrückt und trunken von der Süße und Kostbarkeit unseres Zusammenseins. Ich blende dabei alles andere aus, die Kürze der Zeit, die Heimlichkeit, das Versteckspiel, die Ungewißheiten, die jeweiligen Umstände – für einen, für diesen einen ewigen Augenblick der Innigkeit, des sich ineinander Verlierens und Findens.
Doch der Kraftaufwand ist groß, beginnt immer mehr an mir zu zehren, bis ich nicht mehr kann. Ich bin am Ende, auch der allerletzten Reserven, angelangt. Wenn ich mich fürs Überleben entscheiden will, dann muß ich diese Liebe lassen und mich von Kostja trennen.
Damit der Schmerz dieses Gedankens mich innerlich nicht zerreißt, muß ich etwas in mir abtöten, dumpf werden lassen, und zwar mir selbst gegenüber und auch ihm gegenüber. Woher soll ich sonst die Kraft nehmen, ihm diesen Entschluß mitzuteilen? Es tut unendlich weh, ihn auch noch leiden zu sehen.
Ich entscheide mich, mein Studium im deutschsprachigen Ausland zu beginnen und schreibe mich ein für das erste Semester in Musik- und Theaterwissenschaft.
Die Trennung gelingt nicht und auch viele weitere Trennungen sind immer wieder zum Scheitern verurteilt. Wahrscheinlich können wir sie beide nicht akzeptieren. Kostja findet mich immer, und wenn er dafür die Hilfe eines Detektivs in Anspruch nimmt. Und ich werde jedesmal schwach, kann ihm nicht widerstehen.
Inzwischen hat sich einiges geändert in seinem Leben, durch mich, seine Muse der Inspiration. Er hat den unbefriedi-

genden Schuldienst quittiert und ist eingestiegen in das freie Musikleben. Die Sicherheit bietet ihm eine Stelle im Orchester der Staatsoper, nebenher arbeitet er im Rundfunk, komponiert, macht Kammermusik und dirigiert hin und wieder. Gesundheitlich allerdings ist er sehr angeschlagen.

Wir sind jetzt seit kurzer Zeit wieder in der gleichen Stadt. Ich nehme noch einmal einen Anlauf zur Trennung. Am liebsten würde ich mich auf einen anderen Planeten versetzen lassen. Bis das möglich ist, werde ich nach Amerika auswandern. Vorübergehend wohne ich bei meinen Eltern und warte auf das Einwanderungsvisum für die USA.

Obwohl wir in der gesamten Zeit unserer Liebe nur wenige Male körperlich intim zusammen waren und das mit größter Vorsicht, bleiben meine Tage aus – ich bin schwanger. Wir sind wieder in einer Trennungsphase, haben uns seit etwa zwei Monaten nicht gesehen und so beschließe ich, dieses Wissen für mich zu behalten. Jetzt, wo Leben sich in mir bilden möchte, sind meine eigenen Lebensgeister längst abgestorben. Schwermut senkt sich über mich. So gut es geht funktioniere ich noch nach außen. Für meine Eltern wird die Wahrheit ein Schock sein. Es ist 1960, mein Umfeld wird beherrscht von Konventionen und Normen. So zögere ich hinaus, was es zu offenbaren gäbe. Hin und wieder flackert der sehnsuchtsvolle Wunsch auf, ach wäre doch ein Leben möglich, mit diesem Kind der Liebe, das sich auf so unwahrscheinliche, kaum nachvollziehbare Weise manifestiert hatte. Und dann wiederum gibt es nur den einen Wunsch, zu sterben und endlich erlöst zu sein – von allem. Willenlos, gefühllos, ohne Kontakt nach innen oder nach außen vegetiere ich dahin. Ich habe den Anschluß an das Leben verloren.

Eines Tages ergibt sich eine Situation, wo ich morgens allein bin mit meiner Mutter und ihr die Wahrheit sage. Sie reagiert sehr mitfühlend, und so hebt sich vorübergehend der Vorhang, der sich seit Wochen über meine Wirklichkeit gesenkt hatte. In diesem Augenblick steht meine Mutter zu

mir und das erreicht mein Herz, ich weine. Sie sagt mir auch, daß sie als junge Frau ähnliches erlebt hat. Nie zuvor hatte sie davon gesprochen. Wenn sie und ich allein wären, würde sie mich unterstützen, das Kind zu behalten. Aber da ist eben mein Vater, auf den es gilt, Rücksicht zu nehmen, wegen seiner Position im Geschäftsleben. Als er schließlich eingeweiht wird, ist seine Reaktion recht sachlich, er meint, da wird es schon eine Lösung geben und er spricht von einem befreundeten Frauenarzt.
Der vorgeschlagenen Schwangerschaftsunterbrechung liefere ich mich willenlos aus. Ich kann mir nicht vorstellen, daß es ein Erwachen aus diesem Alptraum geben sollte …
Und dann doch! Es ist ein Gefühl, wie ich es mir nach einem fehlgeschlagenen Selbstmordversuch vorstelle. Ich liege in irgendeinem Krankenhausbett, eine Schwester schnauzt mich an. Ich muß wieder stillhalten, Gefühle dürfen mich jetzt nicht erschüttern. Wenn doch mein geliebter Kostja zur Tür hereinkäme!
Nach einem Sanatoriumsaufenthalt wandere ich nach Amerika aus und versuche, mich zurechtzufinden in diesem neuen, anderen Leben. Dabei strahle ich meilenweit aus: ›Ich bin nicht verfügbar für ein männliches Wesen – mein Herz ist besetzt.‹ Hoffentlich heilen Raum und Zeit meine Wunden.

## Zehn Jahre später – Der nächste Fall

Das Schlimmste und Quälendste in der Liebe ist es wohl, wenn sie nicht gelebt werden konnte und das Sehnen noch alle Zellen belagert. Gerade das Nicht-Gelebte kann eine solche Anziehungskraft auf uns ausüben, daß unsere Gedanken und Phantasie immer wieder damit beschäftigt sind.
Gut zehn Jahre später begegnen Kostja und ich uns wieder. Die Gefühle füreinander haben sich nicht verändert, wenn auch ein Schleier aus Schmerz sie umhüllt. Nach all der Zeit erzähle ich ihm nun von der Schwangerschaft und

meiner damaligen Entscheidung – dabei ist mir, als wüßte er bereits darum ... Mir wird klar, daß es ihn verletzt hat, von mir ausgeschlossen worden zu sein, während für mich der Aspekt im Vordergrund gestanden hatte, allein damit umzugehen, um ihn nicht zu belasten. Seine Reaktion und der Vorschlag, seine Frau hätte das Kind aufnehmen können, verletzen mich nun wiederum.

Die unergründlich geheimnisvolle Anziehungskraft und das Sehnen zwischen uns nehmen dennoch ihren Lauf. Wir möchten noch einmal zusammenkommen, es ist wie der durch nichts aufzuhaltende Wunsch, ein tiefes Geheimnis zu ergründen. Wir vereinbaren ein Treffen in der Toskana, eine Gegend, die wir beide sehr lieben.

Kostja war schon da, als ich in Siena ankam, er hatte zwei Zimmer für uns reserviert, und die waren durch mehrere Stockwerke voneinander getrennt. Er meinte, es sei besser so, aus gesundheitlichen Gründen seinerseits, mehr erfahre ich nicht. Ich bin verstört, alles andere als im Gleichgewicht und mache mir Sorgen um ihn. Er kommt mir so resigniert und fatalistisch vor, so gebremst in seiner Vitalität. Wir bemühen uns, nach wie vor den anderen zu schonen, ihn nicht zusätzlich zu belasten – und so macht lieber jeder alles mit sich selbst aus.

Wie anders ist es, wenn wir uns in den Armen halten. Raum und Zeit lösen sich auf – sind Illusion. Unsere Träume und Sehnsüchte erfüllen sich, ich bin du – du bist ich, füreinander, ineinander – Einssein – die Himmel berühren.

Ich spüre, daß Kostja unsere Begegnungen dosiert – aus Selbstschutz? Aus Angst, sich später nicht mehr zurechtzufinden? Tristan und Isoldes Liebe erfüllte sich im Tode. Ich habe Alpträume, wenn ich allein bin in meinem Zimmer unten und ihn oben weiß, im fünften Stock – gedankenversunken am Fenster stehend ...

Und dann ist unsere Zeit vorbei. Kostja sagt, daß er nach Hause fährt, zurück zu seiner Frau, seinen Kindern, daß er nicht anders kann, obwohl er es sich mehr wünschte denn je. Er bringt mich zum Bahnhof in Florenz. Ich weiß nicht mehr, was meine Wirklichkeit ist, was überhaupt Wirklichkeit ist und bin nur noch Schmerz. Zum zweiten Mal zerbricht etwas in mir. Wie ich nach Hause komme, erinnere ich nicht. Die Verzweiflung hat sich in Apathie gewandelt. Ich finde mich in nichts mehr zurecht und verfalle in Depressionen, werde todessüchtig, die Trennungen und das damit verbundene Sterben haben sich summiert. Ich beginne, Tabletten zu sammeln und zu verstecken.

Monate später befinde ich mich in der Praxis eines Psychiaters und dann bei einem Psychologen. Ich bin einverstanden, eine Therapie zu beginnen, um den Weg ins Leben zurückzufinden.
Es kommen weiterhin Briefe von Kostja. Nach der Toskana verbrachte er einige Zeit in der Nervenheilanstalt. Ich bitte meinen Therapeuten, Kostja zu schreiben, er möge keinen Kontakt mehr zu mir suchen – ich verkrafte es nicht.

## Marionette des Schicksals oder eine neue Wahl?

Meine Vorstellung, meine Erwartung von Therapie ist die, daß der Therapeut es ist, der es für mich tut. Er heißt Alf und ist ein viel zu guter Therapeut, um meinen Erwartungen zu entsprechen. Ich verharre lange in Apathie und resignativem Fatalismus und hoffe, er wird mich in die Psychiatrie einweisen lassen. Aber er ist ausdauernder als ich und er hat eine von Grund auf optimistische Lebenseinstellung. Ich bin ihm dankbar für seine immer wieder neue grenzenlose Geduld und für die bedingungslose Akzeptanz, die er mir entgegenbringt. Alf ist in der Lage, mir eine halbe Stunde schweigend gegenüber zu sitzen, bis ich endlich auf irgendeine Weise aktiv oder initiativ werde. Und so signalisiert er mir, nur du kannst dich heilen, wenn du dazu bereit bist. Im Laufe der vielen gemeinsamen Sitzungen und Gespräche wird mir – vielleicht zum ersten Mal – bewußt, daß meine Art und Weise, Erfahrungen zu machen, das Leben zu erleben nur *eine* von vielen möglichen ist, die zu tun hat mit meinen ureigenen Lebensprägungen aus gemachten Erfahrungen. Ich erkenne, daß manche Gedanken- und Gefühlsmuster sich auf sehr ähnliche Weise in meinem Leben wiederholen und mich oft unglücklich machen und in Leid verstricken. Um nur einige Beispiele zu nennen:

- es fällt mir schwer, in der Liebe – in einer Beziehung – innerlich unabhängig, d.h. bei mir zu bleiben und meine wahren Bedürfnisse auszudrücken
- intensive Gefühle sind für mich immer mit Leiden verbunden
- Liebe kann nur tragisch enden
- ich habe Angst vor dauerhafter Nähe und Intimität
- ich fühle mich nicht wert, einen Geliebten für mich allein zu haben
- ich erlebe mich als schwach, ohnmächtig, hilflos, habe keine Wahl und kann mein Leben nicht selbst in die Hand nehmen.

Übergeordnet gesehen möchte ich im Grunde keine Verantwortung übernehmen für mein Hiersein, mein Auf-der-Erde-Sein, für meine Realität.
In der Therapie beginne ich, mir meiner Gedanken- und Gefühlsmuster bewußt zu werden und deren Auswirkungen auf mein Leben. Alfs vorurteilsfrei akzeptierende Haltung vermittelt mir viel Gutes, ich bekomme einen Bezug zur Realität und beginne mich dem Leben wieder zuzuwenden.

*Beziehungen sind eine Gelegenheit, unsere verzerrten Wahrnehmungen, unsere Projektionen zu heilen, eine Gelegenheit, uns selbst zu vergeben, indem wir dem anderen vergeben.*

Und meine Liebe zu Kostja, mit ihrem jähen, dramatischen Ende, war sie vorbei, war ich ›geheilt‹ von ihr? Oder hatte ich Mittel und Wege gefunden, sie aus meinem Wach-Be-

wußtsein zu löschen? Wenn ich ehrlich bin, wollte ich es wohl lange Zeit nicht wissen. Jetzt, während ich meine Geschichte in den Computer eingebe, werde ich noch einmal schonungslos konfrontiert mit meiner Vergangenheit. Trotz all der Jahre, die ich den Weg der Selbsterfahrung und Bewußtwerdung ging, versuchen die Emotionen – die Leidenschaft, die ›Leiden schafft‹ – mich nochmals zu überwältigen. Ich gehe durch das Feuer des Himmels und die Glut der Hölle, erlebe die Liebe und das Sehnen von neuem, dann das Leid, den Schmerz, die Enttäuschung und die Verzweiflung, fühle mich aufgewühlt und erschüttert. Manchmal bin ich kaum in der Lage, in meinem Alltag zu funktonieren und die einfachsten Dinge zu tun.
Allerdings gibt es einen Unterschied zu vergangenen Zeiten: die kraftvolle und zugleich sanfte Begleitung meiner inneren Führung. Durch langjährige spirituelle Klärungsarbeit hatte ich Vertrauen gewonnen zu dieser Instanz in mir, ich nenne sie mein innerstes, göttliches Selbst. Dieser Aspekt in mir machte mir auch dieses mal Mut: ›Geh noch einmal hindurch, zu deinem eigenen Besten. Diesmal wird es dir gelingen, den Teil in dir zu heilen, der dich immer wieder in Abhängigkeit und Fatalismus stürzte, dich ohnmächtig und ausgeliefert hat fühlen lassen. Du wirst Kostja und dir selbst auf eine Weise vergeben, die dich die wahre Essenz eurer Seelenverbindung erfahren läßt. Gib dich diesem Prozeß hin, er wird dich befreien und in die Klarheit und Wahrheit führen. Du wirst daraus hervorgehen wie der Phönix aus der Asche!‹ Und so geschah es.
Wie sehr auch das Hinschauen und das Wiedererleben meiner Gefühle mich bis an den Rand des Erträglichen brachte, ich nahm meine Innere Führung gleichzeitig wahr und vertraute, daß alles, was geschah, der Heilung auf einer tieferen und neuen Ebene dienen würde.
Jahrelang hatte ich meine Geschichte mit Kostja auf einer unterschwelligen Ebene aus dem Blickwinkel gesehen, daß er mir das alles angetan hatte, ich fühlte mich letztlich von ihm verlassen. Ich hatte Kostja die Hauptschuld zugewiesen

und natürlich machte mich dieses selbstgerechte Denken blind, und mein innerer Vorwurf und die Schuldzuweisung an ihn versperrten mir die Sicht auf die Wahrheit. Meinen eigenen Anteil wollte ich nicht sehen, um nicht zu erkennen, wie ich beteiligt war und die damalige Realität mitverursacht hatte. Immer wieder wählte ich die Flucht: Flucht in die Depression, Flucht ins Ausland, Flucht ins Festhalten an meiner begrenzten Sichtweise. Das war mir, so dachte ich, seit längerem klar gewesen. Jetzt aber höre ich während des Schreibens eine Stimme aus meinem Innern: ›Du bestrafst dich immer noch selbst, schau dir dein Leben an, wie und wo du das tust. Es wird dir sonnenklar werden. Deine Schuldzuweisungen an Kostja waren eine Projektion deiner eigenen Schuldgefühle ihm gegenüber, vor denen du auf der Flucht warst und die doch immer wieder einen Kanal suchten und fanden – in der unbewußt ablaufenden Selbstbestrafung. Die Zeit ist reif, augenblicklich damit aufzuhören. Laß dir und ihm vergeben sein.‹
Viel Selbsterfahrung und therapeutisch spirituelle Klärungsarbeit lagen hinter mir, und dennoch hatte ich immer wieder Phasen des Nichtwertfühlens gekannt. Ich ertappte mich, wie ich verfangen war in subtilen Mustern der Selbstbestrafung, in der meist unbewußten Kausalität des Schuld-Strafe-Denkens. Oft erlaubte ich mir nicht, mich zu nähren, mich selbst lieb zu haben und Mitgefühl für mich selbst zu entwickeln. Und es gab noch eine andere Seite: Ängste, die mir oftmals dazwischen funkten, wenn ich Erlebnisse hatte, die meine Ich-Grenzen sprengen wollten. Die Angst vor der Einswerdung, die Angst, mich aufzulösen und damit alle Kontrolle zu verlieren, bewirkten, daß ich die Flucht ergriff bei Erlebnissen von Ekstase, Glückseligkeit, Hingabe und Einswerdung, so als wollte ich unbewußt damit ausdrücken – das verdiene ich nicht.
Die Teilchen des lange so unergründlich scheinenden Puzzles, hatten sich zusammengefunden.
Es ist nicht leicht, diese inneren Vorgänge und Einsichten zu beschreiben, sie liefen ja nicht chronologisch ab, sondern

eher holographisch. Verstrickungen lösten sich, Entwicklungen wurden klar und einsichtbar und ließen mich leicht und frei daraus hervorgehen, ›wie ein Phönix aus der Asche‹, so hatte es mir mein Höheres Selbst angekündigt. Und jetzt fühlte ich auch eine telepathische, liebevolle Verbindung zu Kostja und zu seinem Höheren Selbst und es konnte innerer Frieden einkehren.

Ich habe diese Erfahrung mit Kostja so ausführlich mit dir geteilt, um aufzuzeigen, wie ich die Abgründe des Leids durchwandern mußte, um zu erkennen, daß es meine speziellen Sichtweisen waren, die meine Wünsche, Vorstellungen und Erwartungen prägten und mich zu Selbsttäuschung und Idealisierung verleiteten, die schließlich in die Desillusionierung führten.
Durch diese Erlebnisse lernte ich, zu mir selbst zu finden, mir zu vergeben und mich zu akzeptieren und liebzuhaben, mit all meinen Erfahrungen. Heute weiß ich, wir haben jeden Moment die Wahl. Jeder von uns hat durch Bewußtseins- und Klärungsarbeit die Möglichkeit, Altes loszulassen, seine Erfahrungen als Chancen des Wachstums anzunehmen und dabei sich und anderen zu vergeben. Heilung ist unsere Wahl!

Bevor wir uns im nächsten Kapitel *Der Emotionalkörper – Die Innere Führung* der Theorie zuwenden und die Hintergründe für die Mechanismen und Funktionsweisen unseres Emotionalkörpers beleuchten, möchten wir jetzt näher auf ein Thema eingehen, das Dagmars Geschichte wie ein roter Faden durchzieht.

## Emotionale Abhängigkeit

Das Thema emotionale Abhängigkeit – es wird auch von *Co-Abhängigkeit* gesprochen – ist in unserer Zeit weit verbreitet. Vielleicht rückt es auch nur stärker in unser aktuelles Bewußtsein, damit wir uns erinnern, daß es darum geht, eigenständig und selbstverantwortlich zu werden. Viele von uns kennen das Gefühl des Gefangenseins in emotionaler Abhängigkeit, oft über Jahre hinweg. Wir lassen uns beherrschen von Abhängigkeiten in mancherlei Form, oftmals ohne uns dessen bewußt zu sein, oder weil wir soviel daraus beziehen, daß wir nicht bereit sind, etwas zu verändern. In einer Abhängigkeits-Beziehung suchen wir uns selbst über den anderen, meinen, uns nur über diesen Menschen fühlen und akzeptieren – ja leben zu können. Wir suchen die Bestätigung unseres Selbstwerts im Außen – statt im Innern, über die Innere Führung. Bei diesem Thema wird sehr deutlich, wie nahe Suche und Sucht beieinander liegen können. Abhängigkeit und Sucht gehören zusammen, sie bedingen einander. Ob wir nun von Menschen, Substanzen oder bestimmten Tätigkeiten abhängig sind, wir alle sind auf die eine oder andere Weise abhängig und süchtig, solange wir uns von unseren emotionalen Bedürfnissen treiben lassen und ihnen den ›Chefsessel‹ für unser Leben einräumen. So lassen wir uns immer von neuem überzeugen, daß ›gute Gefühle‹ nur von außen kommen können und suchen sie dann außerhalb von uns selbst und begeben uns in Abhängigkeit. Dabei spielt es letztlich eine untergeordnete Rolle, ob wir abhängig sind von Drogen, Alkohol, Zigaretten und Essen oder von Fernsehen, Arbeit, Macht und Geld oder aber von Menschen und Beziehungen. Die Sucht ist die Suche draußen bzw. das Benutzen und sich Abhängigmachen von einem Mittel, einer Tätigkeit, einem Menschen, ohne die wir meinen, nicht überleben zu können. Das Thema ›Abhängigkeit‹ in Beziehungen ist das Thema beider Beteiligten, auch wenn es nach außen auf den ersten Blick nicht so erscheinen mag. Beide spüren ihren Selbst-

Wert nicht im Innern. Für den einen mögen die Themen lauten: sich unterordnen, mit sich geschehen lassen, den andern umsorgen oder bewundern, während der andere seine Machtposition braucht, die Anerkennung von außen, den Beifall, die Fürsorge, die Bewunderung. Beide übernehmen ihre jeweiligen Rollen, ›spielen‹ mit. Sie haben sich gesucht und gefunden. Meist sind uns diese Zusammenhänge nicht bewußt – oder wir wollen sie nicht wahrhaben. Wir verstricken uns statt dessen in Drama und Leid. Diese Verstrickung geschieht, indem wir uns mit unseren emotionalen Glaubens- und Verhaltensmustern identifizieren und zu ihrem Spielball werden. Oft genug fühlen wir uns sogar wohl und richtig lebendig in diesem Gefühlskarussell. Und zwar solange, bis wir beginnen, aufzuwachen und zu erkennen, daß wir Gefangene sind – angekettet an den Sitz des Karussells. Vielleicht müssen wir auch erst seelisch und körperlich krank werden, um uns auf den Weg der inneren Klärung zu begeben und Lösungsmöglichkeiten für einen Ausstieg zu suchen. Letztlich geht es darum, uns unserer zerstörerischen Muster bewußt zu werden und sie zu überkommen, indem wir unseren wahren Selbst-Wert im Innern finden. Wenn die Zeit reif geworden ist, werden wir eine neue Wahl treffen – die Wahl, selbst-verantwortlich und damit ganz und heil zu werden.

# 2
# Der Emotionalkörper – Die Innere Führung

## Grundlagen für die emotionale Klärungsarbeit

*Es kann keinen Wandel in unserem Umweltbewußtsein geben, wenn nicht zuvor eine spirituelle Transformation in uns stattfindet.*

Al Gore, Vizepräsident der USA,
›Wege zum Gleichgewicht‹

Dieses Kapitel möchte Grundlagenwissen – Begriffsklärungen, Definitionen und Einsichten – vermitteln zu dem, was wir unter spirituell-emotionaler Klärungsarbeit verstehen, so daß uns im weiteren Verlauf des Buches eine gemeinsame Sprache zur Verfügung steht.
Wir möchten die Ausführungen über den ›Hintergrund unseres Hierseins‹ – wie wir ihn in der Einstimmung dargestellt haben – an dieser Stelle noch einmal aufnehmen. So sprachen wir davon, daß wir mit unserem freien Willen die Entscheidung trafen, uns in die Welt der Dualität zu begeben, da wir den Drang verspürten, zu neuen Ufern aufzubrechen, um mehr über das Abenteuer Leben und uns selbst zu erfahren und zu lernen. Wir begaben uns auf den Weg der Erkenntnis – der Selbst-Erkenntnis. Dabei dient uns die Erde als Lernfeld, als Schulungsplanet, der es uns ermöglicht, durch vielfältige Erfahrungen Ein-Sichten und tieferes Verständnis über die wahre Natur unseres Seins zu erlangen.

Das Konzept der Wiederverkörperung, der Reinkarnation erweist sich in diesem Zusammenhang als hilfreich. Gehen wir einmal davon aus, daß wir viele Erdenleben durchlaufen, die uns immer neue Chancen und Möglichkeiten bieten, Klarheit und Wahrheit auf unserem Weg zu finden. Dabei unterstützt uns das Gesetz von Ursache und Wirkung, das karmische Gesetz, in unserer Ent-wicklung. Es besagt einerseits, daß wir ernten, was wir säen und zum andern beinhaltet es, daß wir in der Lage sind, unsere Erfahrungen auszuwählen und auszugleichen, daß wir fähig sind, zu erschaffen und damit Einfluß zu nehmen. Die Auswirkungen unserer Handlungen und Erlebnisse wiederum, sind für uns Botschaften, die wir nutzen können, um aus Fehlern zu lernen und etwas zu verändern.

## Wir erschaffen unsere Wirklichkeit

In unserem Eingangszitat wird bereits deutlich, daß es eine Beziehung gibt, zwischen innen und außen, daß äußerer Wandel eine Veränderung im Innern voraussetzt. Denn das, was wir außen wahrnehmen und erleben, ist letztlich immer ein Spiegel dessen, was zuvor im Innern geschieht. Daraus ergibt sich, daß wir selbst es sind, die unsere Wirklichkeit erschaffen. Mit unseren Denk-, Fühl- und Verhaltensmustern ernten wir das, was wir säen.
Leider sind wir oft unzufrieden mit dem Ergebnis! Wir ziehen das Resümee, das Leben sei Kampf, Schmerz, Chaos und Unheil. Unsere Unbewußtheit, unser Verhaftetsein an jene Muster, die sich oft ›negativ‹, zerstörerisch oder begrenzend auf unser Leben auswirken und an denen wir dennoch festhalten, sind die Ursache. Wenn wir bereit sind, uns diesen Zusammenhängen zu stellen und für sie Verantwortung zu übernehmen (siehe Stichwort im *Glossar*), dann können wir etwas tun. Innere Klärungsarbeit ist angesagt. Es gilt, uns die Themen und Muster unseres Lebens bewußt zu machen,

die uns leiden lassen und wahre Erfüllung verhindern. ›Mensch erkenne dich selbst und du wirst Gott erkennen!‹ stand über dem Eingang des Orakels von Delphi.
Eine alte Wahrheit besagt: Je tiefer ich in die dunklen Bereiche meiner selbst hinabsteige, um so mehr kann ich mich für meine wahre Lichtnatur öffnen. So wird jeder Schattenbereich, den ich mir bewußt mache, den ich er-fahre und zu dem ich urteilsfrei ja sagen kann, sich klären und transformieren lassen. Und das wird auch meine Wirklichkeit verwandeln.
Oft fühlen wir uns so sehr in Anspruch genommen von den alltäglichen Geschehnissen und Problemen, sind so identifiziert mit ihnen, daß unsere Selbst-Erkenntnis dabei zu kurz kommt, und so ›vergessen‹ wir immer mehr, wer wir eigentlich sind, warum wir hierher gekommen sind, was unser Ziel und unser Beitrag sein könnte. Mit den folgenden Ausführungen wollen wir eine Brücke bauen, und auf die Reise gehen zu unserem wahren – noch verborgenen – Selbst.

## Unsere vier Körper

Gehen wir einmal davon aus, daß wir neben unserem physischen Körper noch feinstoffliche, energetische Körper besitzen: den mentalen, den emotionalen und den spirituellen Körper. Alle unsere Körper sind miteinander verbunden, wir nehmen Einfluß auf sie durch die Art unseres Denkens, Fühlens und Handelns, und sie wiederum wirken auf unser Leben ein, vermitteln uns Informationen und Botschaften, die etwas über uns aussagen.
Unser *physischer Körper* reagiert auf alles, was wir erleben, mit Anspannung oder Entspannung. Unsere Erfahrungen, unser Leben prägen ihn auf vielerlei Weise. Es wird gesagt: ›Unser Körper lügt nie!‹ Er gibt uns in der Tat vielerlei Botschaften. Wenn wir zum Beispiel Emotionen unter-

drücken, sie unter den Teppich kehren, wird er sich früher oder später bei uns melden mit Unwohlsein, Krankheiten, Unfällen oder Störfeldern. Wir sprechen dann davon, daß der Körper etwas somatisiert, ›verkörperlicht‹. Das, was wir übersehen oder überhört haben, drängt – als Symptom oder Beschwerde – auf diese Weise in unser Bewußtsein.

Schauen wir uns den *Mentalkörper* an. In unserem Zusammenhang meinen wir damit den mentalen Bereich, unseren Verstand, unser logisch-kausales Wahrnehmen, Denken und Wollen. Der Einfluß des Mentalkörpers auf unsere Emotionen ist sehr begrenzt und nur vorübergehend. Wir alle haben uns schon mal per Willen vorgenommen, nicht mehr ärgerlich, nicht mehr eifersüchtig zu werden, ohne daß wir damit dauerhaft erfolgreich waren.

Zum Mentalkörper gehört auch unser ›monkey mind‹, eine Art nimmermüdes Äffchen, das im Kopf herumspringt und dauernd kommentiert, analysiert, urteilt, kritisiert, bewertet, sich in Ängsten und Sorgen ergeht. Diese Instanz ist ständig aktiv und mag es nicht, wenn wir in die Stille gehen, um zu meditieren oder in andere Dimensionen vorzustoßen. Sie fühlt sich dadurch in ihrer Existenz bedroht und greift zu allerlei Störmanövern – Ablenkung, Gedankenflut, Tagträumen –, denn sie möchte die Kontrolle behalten.

Unser *spiritueller Körper* verbindet uns mit der spirituellen Dimension. Er schenkt uns den Zugang zu unserer wahren, unserer göttlichen Essenz. Unser Höheres Selbst ist der göttliche Aspekt in uns, der aus der allumfassenden Liebe, Weisheit und Kraft kommt. Die spirituellen Bereiche öffnen sich uns durch innere Klärung und durch das Üben des Stillwerdens in der Meditation.

Im Vordergrund unserer Bewußtseins- und Klärungsarbeit steht der *Emotionalkörper*. Er ist der Sitz unserer Emotionen, unserer Gedanken- und Gefühlsmuster, unserer Lebensthemen. Dieser Energiekörper steuert unsere emotionalen Verhaltensmuster und Reaktionsweisen. Wenn wir emotional berührt sind, spüren wir ihn am stärksten im Bereich des Sonnengeflechts, also um den Nabel herum, wo

seine ›energetische Hauptzentrale‹ sitzt. Ebenso kann er sich über andere Bereiche unseres Körpers bemerkbar machen, besonders über die inneren Organe und den Brustbereich. Vergegenwärtigen wir uns dazu die Sprache des Volksmunds: ›Mir ist eine Laus über die Leber gelaufen – mein Hals ist wie zugeschnürt – mir läuft die Galle über – mein Herz hüpft vor Freude‹.
Die Verhaftungen unseres Emotionalkörpers an bestimmte Gefühlsmuster und Themen – denken wir nur an unsere Sorgen, Ängste und Urteile – sind es, die unser Leben auf besonders nachhaltige Weise beeinflussen und auch begrenzen.

## Wie funktioniert der Emotionalkörper, was sind seine Themen und Muster?

Wir möchten dich zu einem kleinen Experiment einladen, um den Emotionalkörper einmal direkt in Aktion zu erleben:

▲ Schließe dafür die Augen und stell dir vor, du hältst dich an einem langen Samstag in einem übervollen Kaufhaus auf, weil du unbedingt noch eine Besorgung erledigen möchtest. Spüre nun die Energien um dich herum, die Hektik, die drangvolle Enge. Nimm dabei deinen Emotionalkörper im Solar Plexus Bereich wahr.
Was empfindest du?
Laß diese Erfahrung nun wieder los, atme tief durch und komm zurück ins Hier und Jetzt. ▲

Vielleicht konntest du in dieser Szene spüren, wie sich der Emotionalkörper zusammenzieht, eng wird, möglicherweise sogar mit Angst reagiert oder mit Fluchtgedanken.
Laß dich noch einmal auf ein anderes kleines Experiment ein:

▲ Versetze dich in deiner Vorstellung an deinen Lieblingsort, etwa an einen feinsandigen Strand am Meer oder in die Berge, beobachte einen Sonnenuntergang oder was dir sonst gefällt. Nimm die Atmosphäre tief in dich auf. Spüre die Schwingung und die Energie dieses Ortes. Wie fühlt sich dein Emotionalkörper jetzt an?
Dann komm zurück ins Hier und Jetzt. ▲

Hast du einen Unterschied bemerkt zu dem ersten Erlebnis im Kaufhaus?
An deinem Lieblingsort hast du wahrscheinlich ein Gefühl der Ausdehnung genießen können – Glück, Harmonie ...
Du siehst also, der Emotionalkörper ist wandlungsfähig, er kann sich auf eine höhere Schwingung begeben und uns gute und schöne Gefühle erleben lassen. Je mehr wir ihn von altem Ballast befreien und ihm höhere Schwingungen schmackhaft machen können, um so mehr Freude, Liebe und Glückseligkeit wird er empfinden.
Oftmals beschränken wir uns im gewöhnlichen Alltagsleben darauf, uns von den als negativ empfundenen emotionalen Mustern und Reaktionsweisen dieses feinstofflichen Körpers steuern und kontrollieren zu lassen. So geschieht es, daß wir uns beispielsweise immer wieder als Opfer fühlen, kein Selbstvertrauen haben, auf schwierige Situationen mit Flucht reagieren oder mit Angst, Wut, Trauer oder Schuld.
Das Sprachrohr dieser Gefühls- und Glaubensmuster des Emotionalkörpers ist unser *Ego*. Es hat ein starkes Kontrollbedürfnis, um sein Überleben sicherzustellen. Da wir die meiste Zeit unseres Lebens vollkommen identifiziert sind mit unserem Ego, lassen sich die Auswirkungen erahnen: Das Ego ist daran interessiert, alles in gewohnten Bahnen zu halten. Es wählt lieber das Altbekannte, zum Beispiel die Reaktionen mit Angst oder Schuld – und seien sie noch so begrenzend für unsere Selbstentfaltung – als sich für das Neue, noch Unbekannte zu öffnen, das uns ausdehnen könnte.

## Wie gelangten unsere Verhaltens- und Gefühlsmuster in unseren Emotionalkörper?

Im Laufe des Lebens prägten sie sich ihm ein, durch erlittene Verletzungen oder Schocks, durch Streß und Überlastung unserer Psyche. Ursprünglich, als wir bestimmte Erfahrungen in unserer Kindheit machten, waren die jeweiligen Reaktionen und Verhaltensweisen nötig, um geliebt zu werden oder sogar um zu überleben. Heute dagegen reagieren wir oft ›automatisch‹ mit den gleichen Verhaltensweisen – etwa der Angst oder der Flucht –, ohne uns bewußt zu machen, ob sie überhaupt noch angemessen sind.
Unser Emotionalkörper enthält die Summe unserer emotionalen Erfahrungen und er schließt aus diesen alten Erfahrungen auf die neuen. So strahlen wir unsere Themen und Muster, unsere Ängste, fortwährend wie ein magnetisches Feld aus. Bewußt oder unbewußt senden wir bestimmte Energien aus und ziehen immer wieder genau die Personen, Gegebenheiten und Situationen an, die unsere Muster bestätigen, unsere Sorgen und Ängste sich manifestieren lassen.
Dazu kommt, daß wir anderen Menschen erlauben, mit ihren Mustern und Verhaltensweisen unsere Knöpfchen zu drükken, worauf wir wiederum mit den uns eigenen Gefühlsmustern reagieren. Wenn wir zum Beispiel einen Partner haben, der, wenn er von der Arbeit nach Hause kommt, erstmal seine Aggressionen an uns abläßt, ziehen wir uns vielleicht in die Schmollecke zurück oder verschwinden Türen knallend. Oder wir reagieren auf bestimmte Verhaltensweisen eines Mitmenschen immer wieder enttäuscht, fühlen uns zu kurz gekommen, im Stich gelassen – ungeliebt.
Unser Emotionalkörper beherrscht ein großes Repertoire an Mustern und Themen. Wir erfahren uns als Opfer, ausgeliefert, ohnmächtig oder als Täter, zornig, rechtbehaltend, aggressiv. Vielleicht werden wir häufig krank oder neigen zu Unfällen. Auf vielerlei Weise sind wir gefangen und wiederholen – wie eine steckengebliebene Schallplatte – einmal gelernte Reaktionen.

In seinem unbewußten, ungeklärten Zustand agiert unser Emotionalkörper ständig sein gewohntes, eingefahrenes Verhaltens- und Gefühlsrepertoire aus und erschafft damit unsere jeweilige Realität. Meist sieht das Ergebnis so aus, daß wir leiden, uns begrenzt fühlen, in unserem Selbstausdruck, in der Entfaltung unserer wirklichen Fähigkeiten und Talente.
In der folgenden Abbildung stellt der Kreis den Emotionalkörper dar. Wir haben einige Lebensthemen in ihm angeordnet, die die meisten von uns kennen: Ängste, Vor-Urteile, Opfersein, mangelnder Selbstwert. Die Energie dieser Themen strahlen wir über unseren Emotionalkörper aus und ziehen damit entsprechende Erlebnisse, Situationen, Beziehungen an, die unsere jeweilige Realität erschaffen.

Unsere Muster und Themen ziehen sich, unabhängig von unserem Alter, wie ein roter Faden durchs Leben. Darüber hinaus zeigt sich in unserer spirituell-therapeutischen Praxis, daß diese Themen bereits viele Leben zuvor den Emotionalkörper prägten. Der rote Faden zieht sich also durch vergangene Leben bis in unser aktuelles Leben hinein, deshalb sprechen wir auch von ›karmischen‹ – sich wiederholenden – Themen. Hier wird deutlich, daß der Emotionalkörper unabhängig von Raum und Zeit ist. Was wir nicht in diesem Leben klären, verschwindet nicht von alleine in jenseitigen Welten, sondern wir bringen es wieder mit hierher, in unser nächstes Leben.
Das bedeutet, daß sich der Emotionalkörper schon sehr lange Zeit von diesen Energien ernährt und tiefe Spuren oder Rillen gebildet hat, die auch unser jetziges Leben bestimmen und kontrollieren – bis wir bereit sind, aufzuwachen und etwas zu unternehmen.

## Die Verhaftungen des Emotionalkörpers

Oft genug erleben wir die Mechanismen des Emotionalkörpers als seien wir seinen Aktions- und Reaktionsweisen ohnmächtig ausgeliefert. Mental mag ich wiederholt den Entschluß gefaßt haben, mir keine Sorgen mehr zu machen, weniger Süßigkeiten zu essen, meinen Alkoholkonsum einzuschränken, ohne daß ich damit erfolgreich war. Denn der Emotionalkörper steuert und kontrolliert auch unseren Mentalkörper. Seine geradezu ›klebrige‹ Energie läßt uns verhaftet sein an die sich automatisch abspulenden Reiz- und Reaktionsimpulse. Wir drehen uns im Kreise, wie der Hamster in seinem Käfigrad!
Obwohl wir laufen und laufen, verändert sich nichts und wir kommen nie da an, wo wir eigentlich hin möchten. Nach unserer Erfahrung ist die Klärung und Heilung des Emotionalkörpers nur möglich über die spirituelle Dimension unseres Höheren Selbst.

## Veränderung – Wandel

Wenn wir gegen etwas ankämpfen oder es nicht haben wollen, dann bleibt es so wie es ist oder es wird sogar schlimmer. Wir erschöpfen uns nur und erhalten das alte System aufrecht. Durch Nicht-Akzeptanz, Bewerten und Urteilen – so wie es ist, ist es schlecht – bleiben wir stecken in dem, was wir haben – aber nicht wollen.

Veränderung, Wandel geschehen nur, wenn wir beginnen, das zu akzeptieren, was ist, und zwar urteilsfrei. Das ist die eigentliche Arbeit, die wir zu tun haben: das Bewußtmachen und Erfahren, wie wir uns durch Bewerten und Beurteilen verstricken, festhaken und in Sackgassen manövrieren. Wenn wir lernen können, ja zu sagen zu dem, was ist, es annehmen und uns dafür liebhaben, dann wird wie von selbst Raum geschaffen für die entsprechenden Lösungsmöglichkeiten. Und die liegen – wie wir später sehen werden – außerhalb des ›karmischen Hamsterrads‹, nämlich im unbegrenzten, kreativen Reservoir unseres Höheren, göttlichen Selbst.

Wenn wir einmal gefangen sind in den Kreisläufen unseres Emotionalkörpers, dann können wir uns nur schwerlich oder überhaupt nicht daran erinnern, daß wir grundsätzlich immer eine *Wahl* haben! Die Wahl nämlich, ob wir unserem ungereinigten Emotionalkörper mit seinen Verhaftungen Macht über uns verleihen wollen – oder nicht. Wichtig ist die Unterscheidung: Wir haben einen Emotionalkörper, aber wir sind nicht unser Emotionalkörper. Wir sind unendlich viel mehr. Neben dem emotionalen, dem physischen und dem mentalen Körper haben wir einen spirituellen Körper. ›Wir sind geistige Wesen, die mit einem Leibe bekleidet sind‹ – unsere wahre Essenz ist Geist – Spirit. Das bedeutet, daß wir jeden Moment *neu* wählen können, uns mehr und mehr auszurichten auf die geistige, spirituelle Dimension in uns. Wir können entscheiden, ob wir uns von ihr leiten lassen – von der Stimme unseres Höheren Selbst – oder ob wir der Stimme des Emotionalkörpers folgen wollen.

Um diese Wahlmöglichkeit zu spüren und sie auf unseren Alltag zu übertragen, ist innere Klärungsarbeit nötig. Dabei kann es sinnvoll sein, sich zeitweise einem spirituellen Wegbegleiter anzuvertrauen. Es gilt, die Verbindung zum Höheren Selbst zu stärken, so daß wir den Mut haben, uns Ängste und alte Begrenzungen bewußt zu machen und zu überschreiten.

## Was heißt Klärung?

Wenn wir von Klärung sprechen, umfaßt dies neben der Bewußtseins- und Erkenntnisarbeit auch die Möglichkeit der ›energetischen Klärung‹. Sie beinhaltet einen inneren ›Reinigungsprozeß‹ auf der energetischen Ebene. Es ist möglich, über die Energie von Farben und weißem Licht, Verhaftungen an Gefühlsmuster energetisch zu lösen. Die folgende Analogie mag diesen Vorgang erläutern. Wenn wir ein Salz-Wasser-Gemisch wieder trennen, also das Salz herauslösen wollen, dann brauchen wir dazu Energie. Entweder wir führen Energie in Form von Kälte zu, dann gefriert das Wasser und das Salz kristallisiert aus oder wir erhitzen das Wasser (wieder Energiezufuhr), so daß es sich in Dampf verwandelt und das Salz übrigbleibt. Übertragen wir diesen Vorgang auf die innere Klärung: Dabei stellen wir uns vor, der Emotionalkörper sei das Wasser und die emotionalen Verhaftungen das Salz. Wir bitten nun das Höhere Selbst, den Emotionalkörper Energie in Form von Licht oder Farben aufnehmen zu lassen, so daß eine höhere Schwingung entsteht und Reinigung auf der energetischen Ebene geschehen kann.
Wir alle haben den Einfluß von Licht und Farben auf unsere Stimmung und Schwingung schon einmal erlebt, wenn wir zum Beispiel in unseren Kleiderschrank greifen und einfach ›wissen‹, daß wir heute eine bestimmte Farbe brauchen, um uns wohlzufühlen. (Für die eigene Erfahrung der energetischen Klärung siehe die Übungen im 3. Kapitel, *Das Meer der Gefühle*).

## Das Höhere Selbst zeigt uns den Weg

Um die Themen und Muster des Emotionalkörpers und seine Knopfdruck-Mechanismen zu klären, lassen wir uns führen von unserem Höheren Selbst. Das Höhere Selbst ist unser göttlicher Kern, unsere wahre Essenz, das intuitive innere Wissen und die bedingungslose Liebe. Über die spirituelle Energie unseres Höheren Selbst können wir unseren emotionalen Körper höher schwingen lassen. Nach und nach wird er bereit sein, sich von altem Ballast zu befreien. So wird Platz geschaffen für mehr Licht, für Freude und Liebe.

### *Eine Übung mit dem Höheren Selbst*

Laß dich jetzt einladen zu einer ersten, kurzen Begegnung mit deinem Höheren Selbst, um zu erleben, wie einfach es sein kann, den Kontakt aufzunehmen und zu spüren.

▲ Schließe die Augen und entspanne dich in deinen Atem hinein. Spüre, wie er ganz natürlich ein- und ausströmt und lasse dich dabei mehr und mehr los. Erlaube deinen Gedanken vorüberzuziehen, wie es die Wolken am Himmel tun. Nimm dir dafür eine Weile Zeit …
Und nun beginne oberhalb deines Kopfes die liebevolle, unterstützende Energie deines Höheren Selbst zu spüren (wie auch immer du es sehen oder fühlen magst …)
Mehr und mehr laß dich eingehüllt sein von seiner allumfassenden Liebe, von seinem Licht und seiner Kraft …
Fühle dich geborgen … aufgehoben …
Erlaube dir einige Zeit in seiner Energie zu verweilen, genieße es …
Und nun bitte dein Höheres Selbst, dir eine Botschaft oder ein Geschenk zu geben, etwas, das jetzt für dich da sein soll, um dich in deinem Leben zu unterstützen – folge dabei deinem ersten Impuls, deiner ersten Eingebung …
Wenn du soweit bist, laß es ausklingen. ▲

Du kannst diese Begegnung mit deinem Höheren Selbst jederzeit wiederholen, um den Kontakt zu vertiefen.
Wenn du das Gefühl hattest, die Gegenwart deines Höheren Selbst nicht genug zu spüren, so mag es sein, daß dir Ängste, Zweifel oder mangelndes Selbstwertgefühl im Weg stehen. Ob sie uns bewußt sind oder nicht, es gibt Barrieren, die uns die Innere Führung oft nicht mehr spüren lassen. Die Klärung des Emotionalkörpers wird helfen, diese Blockaden zu lösen. Sei geduldig und liebevoll mit dir selbst, während du dich Schritt für Schritt öffnest. Wir werden in einem späteren Teil dieses Kapitels (›Die Unterscheidung der Stimmen in uns‹) noch näher darauf eingehen.

## Die bedingungslose Liebe unseres Höheren Selbst

Da unser Höheres Selbst um unseren Lebensplan weiß und unsere Lebensaufgabe kennt, ist es die Quelle der Selbsterkenntnis. Mit seiner allumfassenden Liebe, begleitet es uns, ohne Urteile, durch all unsere Erfahrungen hindurch. Es liebt uns, so wie wir sind, einfach dafür, daß wir da sind. Auf unserem Weg kann es uns lehren, wie wir uns selbst akzeptieren und ja zu uns sagen – *mit* all unseren Themen und Mustern. Und gleichzeitig bereitet seine bedingungslose Annahme und seine Führung den Raum, um das Alte, Überholte zu klären und zu transformieren. Unser Höheres Selbst unterstützt uns dabei, erinnert uns, daß wir hier sind um zu lernen, zu wachsen, uns auszudehnen.
Damit wir erkennen können, wer wir in Wahrheit sind, gilt es, offen zu sein für alle möglichen Lernerfahrungen auf diesem Planeten der Dualität. Das beinhaltet, daß es in Ordnung ist, auf unserem Weg Fehler zu machen bzw. Irrtümer zu begehen. Letztlich gibt es keine Fehler, keine Irrtümer, sondern nur Lernerfahrungen!
Auf unserer Reise zum wahren Selbst zeigt sich, daß unser Emotionalkörper nicht der vermeintliche Sündenbock ist, sondern daß auch seine Verstrickungen als Teil eines grö-

ßeren Plans unserem Erwachen dienen. So wird er zu unserem Lernvehikel für Wachstum und Transformation! Über die Selbsterkenntnis in der Begleitung unseres Höheren Selbst erleben wir, daß wir göttlicher Natur sind. So wie die gesamte Schöpfung um uns herum aus der allumfassenden Liebe heraus existiert, so führt echte Selbsterkenntnis uns immer und ausnahmslos in die Liebe für alles, was ist.

### Kreative Lösungsmöglichkeiten für unsere Zeit

Wenn wir unserem Höheren Selbst vertrauen, uns anschließen an seine Liebe, werden wir geführt in ein Leben der Klarheit, der Fülle, des Mitgefühls und der Liebe.
Die Bereitschaft zu innerem Wandel durch Klärungsarbeit jedes einzelnen kann der Beitrag sein zur Klärung und Heilung unseres Planeten. Und genau das ist die Botschaft des Zitats von Al Gore zu Beginn dieses Kapitels. Wenn jeder von uns auf dem Weg der Selbstheilung voranschreitet, so lassen sich – im Einklang mit unserer inneren Führung – kreative Lösungsmöglichkeiten finden für die Herausforderungen unserer Zeit.

## Der Kreislauf des Emotionalkörpers

Wir wollen jetzt tiefer einsteigen, um die Funktionsweise des Emotionalkörpers zu entschlüsseln.
Neben der persönlichen Erfahrung – im Alltag oder in der therapeutischen Klärungsarbeit – ist es ebenso wichtig, die Mechanismen des Emotionalkörpers mental zu verstehen und nachvollziehbar zu machen. Erst dadurch wird Wandel in unserem Leben möglich. Die eigene Ein-sicht ist es, die mir helfen kann, mich aus den Wiederholungsmustern meines Lebens zu befreien und damit eine Wahl zu haben.

Um tiefere Einblicke in die Funktionsweisen und Abläufe des Emotionalkörpers zu bekommen, werden wir auf Dagmars Schilderung ihrer ersten Liebe zurückgreifen. Einigen Lesern mag es herzlos erscheinen, wenn wir diese Liebesgeschichte einmal ganz schonungslos und sachlich beleuchten und dabei den Emotionalkörper gleichsam auf die ›Sezierbank‹ legen. Auch wenn sich letztlich hinter allem die Sehnsucht nach Ausdehnung, nach dem Unendlichen, nach Einssein verbirgt, dürfen wir dabei nicht aus den Augen verlieren, daß für die Betroffenen unter dem Strich immer wieder Leid, Verstrikkung und Unglücklichsein standen. So wollen wir jetzt ihre Geschichte mit einer vereinfachenden Sichtweise anschauen, um die Themen und Muster herauszufiltern und aufzudecken, die uns die Kreisläufe des Emotionalkörpers deutlich machen. Eines der grundlegenden Muster unseres Emotionalkörpers ist die Wiederholung. Er ist geradezu süchtig danach. Irgendwann kommen wir alle an einen Punkt in unserem Leben, wo wir sagen, diese Situation, in der du jetzt gerade steckst, kommt dir doch irgendwie bekannt vor. Warum nur wiederholt sich diese Situation immer wieder, obwohl ich das doch gar nicht beabsichtige, gar nicht möchte!

## Der Kreislauf des Emotionalkörpers am Beispiel der geschilderten Liebesgeschichte

Dagmar war auf der Suche nach *Anerkennung* und Liebe, die sie von ihrem Musiklehrer wenigstens zeitweise bekam. Daraus entwickelte sich eine *Abhängigkeit*, die mit *Angst* (entdeckt zu werden) und mit *Heimlichkeit* verbunden war. Um das alles überstehen zu können – denn es waren ja immer nur kurze Glücksmomente, die sie erlebte – flüchtete sie sich zwischendurch in eine *Traumwelt*, die geprägt war von *Hoffen* und *Idealisieren*, so daß die *Enttäuschungen* nicht lange auf sich warten ließen. Um damit fertig zu werden – zumindest oberflächlich – trat sie die *Flucht* ins Ausland an. Da sie aber auf diese Weise die wahre Situation nicht konfrontierte, nicht Verantwortung übernehmen wollte oder konnte für die Realität ihres Lebens, stellten sich *Depressionen* ein, verbunden mit Gefühlen der *Sinnlosigkeit* und *Selbstaufgabe* und *Sterben-Wollen* (wieder Flucht). Um da heraus zu kommen, lag es nahe, sich durch kleinste Anzeichen von Liebesbeweisen und Anerkennung erneut in *Abhängigkeit* zu begeben und sich wieder einzufädeln in den Kreislauf des Emotionalkörpers.

Die *Kettenreaktion des Emotionalkörpers* sieht folgendermaßen aus:
Mangelndes Selbstwertgefühl → Suche nach Anerkennung → Abhängigkeit → Angst → Heimlichkeit → Flucht in eine Traumwelt (Hoffen und Idealisieren) → Enttäuschung → Flucht → Depression → Sinnlosigkeit → Selbstaufgabe → Sterbenwollen → erneute Abhängigkeit ... und so fort.
Wir können diese Kette noch besser als *Kreislauf bzw. ›Hamsterrad‹ unseres Emotionalkörpers* darstellen:

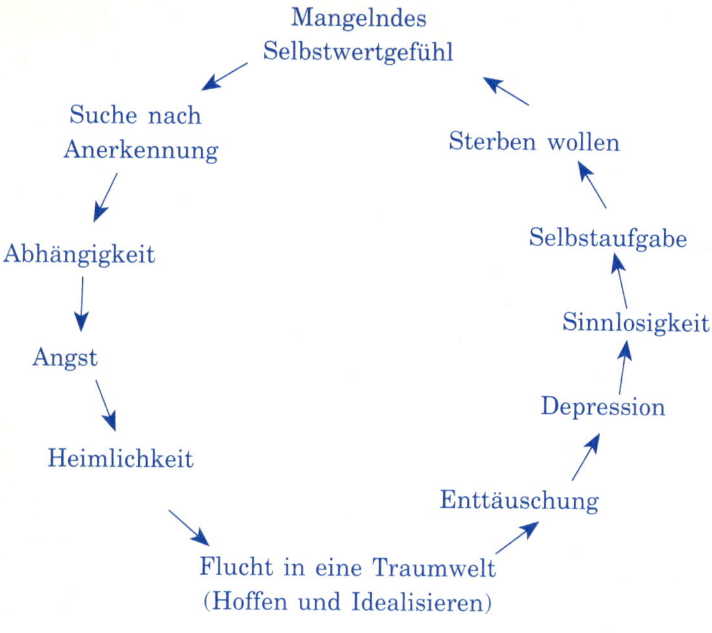

Jetzt wird deutlich, warum wir von Wiederholungen sprechen. Unser Emotionalkörper ist von sich aus nicht daran interessiert, irgend etwas zu verändern, er wiederholt nur. Wir alle, die wir mit unseren Themen identifiziert sind – wie immer sie heißen mögen – sind Gefangene dieser Kreisläufe. Unsere Themen mögen sich dabei auf vielerlei Weisen unterscheiden, das Grundprinzip des Kreislaufs jedoch bleibt erhalten. Wir verstehen jetzt auch besser, warum an früherer Stelle von einem Hamsterrad die Rede war. Eigentlich sind wir nicht besser dran als der arme Hamster in seinem Laufrad, wir laufen meilenweit, oft unter großen Anstrengungen, mit vielfältigen Komplikationen, nur um irgendwann festzustellen, daß wir eigentlich kein bißchen vorangekommen sind. Mit anderen Worten ausgedrückt, wir stellen fest, daß wir in einem vermeintlich neuen Lebensabschnitt schon wieder denselben, inzwischen recht bekannten Lebensthemen begegnen. Natürlich ist diese Skizzierung eine grobe Vereinfachung, die Themen wären beliebig zu erweitern oder untereinander auszutauschen – das Prinzip des Hamsterrades aber bleibt. Wir sind im Normalfall völlig identifiziert mit den Themen unseres Emotionalkörpers, wie etwa: Ich verdiene es nicht besser – ich bin ein Versager – ich bin enttäuscht – ich bin deprimiert – ich bin krank etc. Unter dem Strich erfahren wir in unserem Leben – wie auch immer unsere speziellen Muster und Themen heißen mögen – Leid, Drama, Krankheit, Unfrieden.

## Der Ausstieg aus dem Hamsterrad

Von unserem Emotionalkörper können wir keine Hilfe erwarten, denn für ihn bedeutet das Ausagieren seiner Themen Befriedigung, Lust, Lebendigsein – ein Gefühl von ›Hey, mich gibt's!‹ – er ernährt sich davon.
Erst einmal gilt es, sich daran zu erinnern: Ich *habe* einen Emotionalkörper und ich habe meine Themen, aber ich *bin* nicht mein Emotionalkörper und ich bin nicht meine The-

men. Ich mag Ärger, Trauer, Schuldgefühle oder eine Grippe *haben*, aber ich *bin* nicht dieser Ärger, diese Trauer, diese Krankheit. Spüren wir den Unterschied?
Es geht also darum, mir die Identifikation mit meinen Themen und Gefühlsmustern bewußt zu machen. Erst so kann ich beginnen, meine Verhaftungen an sie loszulassen. Dafür ist Klärungsarbeit notwendig. Wenn es mir im Alleingang nicht gelingt, kann ich einen geeigneten Begleiter suchen, der bereit ist, mir den Spiegel vorzuhalten.

- *Die erste wichtige Erkenntnis, um unser Hamsterrad zu verlassen, ist das Bewußtmachen unserer Identifikation mit bestimmten Themen.*

## Wir können wählen

In dem Moment, wo uns bewußt wird, daß wir gerade in unsere Themen verwickelt sind, wird es möglich zu erkennen, daß wir eine Wahl haben: Wir können wählen, den Stimmen unseres Emotionalkörpers zu folgen, mit der Konsequenz von Leid und Schmerz, oder der Stimme unserer inneren Führung zuzuhören, die bereit ist, uns mit Akzeptanz und Liebe in die Klarheit und Wahrheit zu führen.

## Der Antriebsmotor für den Kreislauf unseres Emotionalkörpers

Schauen wir uns einmal an, wer oder was dieses Hamsterrad eigentlich antreibt. Was in uns ist es, das ihm ständig neue Energie liefert, um die Drehung ein um das andere Mal – in diesem oder auch anderen Leben – fortzusetzen? Erinnern wir uns an die Kettenreaktion von weiter oben:
Mangelndes Selbstwertgefühl → Suche nach Anerkennung → Abhängigkeit → Angst → Heimlichkeit → Flucht in eine Traumwelt (Hoffen und Idealisieren) → Enttäuschung → Depression → Sinnlosigkeit → Selbstaufgabe → Sterbenwol-

len → Hoffnung auf einen Sinn im Außen → erneute Abhängigkeit → mangelndes Selbstvertrauen …
Jeder von uns kann hier seine eigenen Themen einsetzen. (Dazu ist es hilfreich, sich auf die Einsichten aus der Übung mit der ›Karmischen Familie‹ im 3. Kapitel *Das Meer der Gefühle* zu beziehen). Wenn wir genau hinschauen, werden wir dabei feststellen: Das Antriebsaggregat in uns für das ›Hamsterrad‹ des Emotionalkörpers ist unser *Urteil*, unser *Selbsturteil*.
Hinter jedem Thema verbirgt sich letztlich Urteil – das Gefühl, es nicht wert zu sein. Nehmen wir einige Beispiele: Konkurrenzdenken, Eifersucht, mangelndes Selbstwertgefühl, Scham, Schuld, Vergleiche, Kontrolle, Abhängigkeit, Flucht in die Sucht, Haß, Depression, Isolation … Unter all diesen Themen und Mustern verbirgt sich Urteil.
Wie aus der folgenden Abbildung ersichtlich wird, können wir uns das Urteil im Zentrum eines Rades gleichsam als Narbe vorstellen und die Themen als die Speichen.

## Was bewirkt das Urteil?

Jedes Urteil schafft Trennung! Denken wir an ein Scheidungs-Urteil, zwei Menschen werden geschieden und damit getrennt. Oder es gibt da jemanden in meinem Leben, über den ich so starke Urteile habe, daß ich ihm am liebsten nie mehr begegnen möchte, oder ich kritisiere und bewerte jemanden und er wendet sich von mir ab. Urteil und Trennung gehören immer zusammen.

Kehren wir zurück zum Hamsterrad, das unser Selbsturteil am Laufen hält. Mit jedem Urteil, das ich über mich habe, trenne ich mich von meiner wahren Natur, von meinem göttlichen Kern. Damit ist mir der Zugang zu meinen wirklichen Fähigkeiten versperrt, ich kann mein wahres Potential nicht in Besitz nehmen. Gleichzeitig gebe ich dem Emotionalkörper immer neue Nahrung für seine Kreisläufe.

- *Dies ist die zweite Erkenntnis: Urteil treibt den Kreislauf meines Emotionalkörpers an und trennt mich von meiner göttlichen Natur.*

Und nun kommen wir zum nächsten Schritt: Wenn wir damit aufhören wollen, den Kreislauf des Emotionalkörpers weiter zu füttern, gilt es, unsere Urteile – und das beinhaltet auch unser Selbsturteil – loszulassen. Wie können wir das tun?

## Worin besteht die Brücke, die uns das Urteil und die Trennung überwinden läßt?

Es ist die Liebe! Die Liebe ist der Schlüssel, der unser Herz öffnet für Annahme und Mitgefühl. Liebe läßt unsere Urteile schmelzen und überwindet alle Trennung.

In dem Moment, wo wir bereit sind, uns so anzunehmen, wie wir jetzt sind – ohne Bedingungen zu stellen, was *vorher* noch geschehen muß –, können sich Urteile auflösen und wir beginnen, die damit verbundenen begrenzten Sichtweisen des Emotionalkörpers loszulassen. Indem wir uns anschließen an die Quelle unserer spirituellen Nahrung – an unser Höheres Selbst – wird uns der Weg gezeigt. (Siehe dazu den Teil ›Der Weg in die Liebe – Heilen durch Vergebung‹ im 3. Kapitel *Das Meer der Gefühle*).

Der Weg also führt über die Bewußtwerdung unserer Identifikation mit unseren Themen hin zur Erkenntnis, daß wir eine Wahl haben, die Wahl, ob wir der Stimme des Emotionalkörpers folgen oder der Führung unseres Höheren Selbst. Wenn wir uns für die Innere Führung entscheiden, wird uns gezeigt, wie wir unsere Urteile, unser Selbsturteil lösen können, um uns so anzunehmen, wie wir sind.

Liebe heilt das Urteil, überwindet Trennung, führt uns ins Mitgefühl. In der bewußten Verbindung mit meiner Inneren Führung wird es mir immer leichter fallen, mich selbst liebzuhaben, *mit* meinen Fehlern und Irrtümern – meinen ›Lernerfahrungen‹. Erst die Hinwendung zu meinem Höheren Selbst wird den Raum bereiten für die Heilung des Emotionalkörpers.

Kurzgefaßt könnte die Klärung des Emotionalkörpers etwa so dargestellt werden:

*(Copyright Rigpa)*

# Das Höhere Selbst und das innere Kind – Die weisen Führer in uns

## Das Höhere Selbst

Für die innere Klärung und Führung stehen uns zwei machtvolle ›Verbündete‹ zur Seite, das innere Kind und das Höhere Selbst. Von unserem Höheren Selbst haben wir bereits mehrmals gesprochen. An dieser Stelle möchten wir einiges ergänzen und zusammenfassen, bevor wir uns dem inneren Kind zuwenden.

Wir nennen die innere Weisheit und Liebe in uns das Höhere Selbst oder das innere Selbst, das wahre, spirituelle oder göttliche Selbst.

Das Höhere Selbst kennt unsere Geschichte, unsere vergangenen Leben, unseren Lebensplan und die damit verbundenen Aufgaben und Möglichkeiten. Und es weiß ebenfalls um unsere Fähigkeiten und unser wahres Potential.

Auf dem Weg der Selbsterkenntnis kann es zu unserem ständigen, sanften Begleiter werden, wenn wir uns dafür öffnen. Mit Liebe, Weisheit, Kraft und Humor unterstützt es uns über seine Führung und seine Botschaften, unsere emotionalen Dramen zu erkennen und zu lösen. Es zeigt uns den Weg aus unseren zerstörerischen Gewohnheiten, unseren Abhängigkeiten und Zwängen. Wenn wir seiner Begleitung vertrauen, werden wir feststellen, daß es uns jeweils *die* Lernerfahrungen ›zumutet‹, mit denen wir auch umgehen können, denn es weiß, daß wir die entsprechenden Klärungs- und Lösungsmöglichkeiten bereits in uns tragen.

Indem wir uns einstimmen auf seine Innere Führung, hilft es uns, Verhaftungen an alte, begrenzende Gefühls- und Glaubensmuster zu erkennen, zu klären und loszulassen, damit die spirituelle Energie sich in uns ausdehnen kann und unseren Emotionalkörper höher schwingen läßt. Diese höhere Frequenz erleben wir als Empfindungen der Harmonie, der Liebe, des inneren Friedens.

Die Liebe unseres Höheren Selbst kennt keine Bedingungen, keine Grenzen und keine Trennung. Sie ist ständig für uns da, erfüllt unsere wahren Bedürfnisse, in dem Sinne, wie es für unsere Ent-wicklung gut ist. Was auch immer die Wirklichkeit sein mag, die wir uns erschaffen – auf unseren Wegen und ›Um-Wegen‹ –, es begleitet uns und liebt uns einfach dafür, daß wir da sind und erinnert uns an unsere wahre, göttliche Essenz.

Durch Übung können wir lernen, kontinuierlich mit unserem Höheren Selbst in Kontakt zu treten und dabei nach innen zu fragen und zu lauschen, was seine Energie, seine ›Stimme‹ uns mitteilen möchte. Was auch immer geschieht, fragen wir im Innern: Was will mir dieses Ereignis, diese Erfahrung, diese Situation, diese Begegnung sagen? Was ist ihr tieferer Sinn für mich?

Es kann sein, daß die Botschaften unserem linear-kausalen Denken noch eine Weile verschlüsselt bleiben, bis wir gelernt haben, sie immer klarer wahrzunehmen, sie zu akzeptieren und auch umzusetzen! Eines Tages jedoch – nach entsprechender Klärungs- und Bewußtseinsarbeit – wird sich unsere Perspektive weiten, werden wir die tieferen Zusammenhänge erfassen und die Ein-Sichten bekommen. Und dann werden wir spüren, daß alles, was geschieht, unserer Ent-wicklung dient. Wenn wir bereit geworden sind, Verantwortung zu übernehmen für unsere Wirklichkeit, wenn wir der Vergangenheit vergeben haben und uns geborgen und aufgehoben fühlen in der Führung unseres Höheren Selbst, dann kommt unweigerlich die Erkenntnis: alles, was geschieht, ist zu unserem eigenen Besten. Aus unserer inneren Autorität heraus stehen wir zu unserem Leben, so wie wir es leben und wir ›wissen im Innern‹: Alles ist gut, so wie es ist.

In der bewußten Verbindung mit unserem Höheren Selbst werden wir – meist allmählich und auf subtile Weise – einen Zuwachs an Klarheit und Kraft in unserem Leben spüren. Angeschlossen an das intuitive Wissen in uns wird unser Denken, Fühlen und Handeln im Einklang sein mit der Quelle in uns. Und das wird sich zeigen in unserer Wirk-

lichkeit. Das Bedürfnis zu urteilen – über uns oder über andere – wird von uns gehen und damit wird letztlich das Gefühl des Getrenntseins von uns abfallen. Wir ›er-kennen‹ dann uns selbst und unsere Mitmenschen mit den göttlichen Augen, fühlen uns verbunden, statt isoliert und einsam. Es wird uns schließlich zu einem ganz natürlichen, selbst-verständlichen Bedürfnis, uns von innen heraus führen zu lassen, zum Besten von allem, was ist, so daß sich unser Leben erfüllen kann mit Kreativität, Freude und Liebe.
Es mag so scheinen, als sei dies ein langer Weg. Lassen wir uns nicht einschüchtern von den Stimmen des Zweifels, der Ohnmacht, der Ungeduld, des mangelnden Vertrauens. Wenn wir uns innerlich dafür engagieren, wird es gelingen. Manchmal mag es Rückschläge geben und wir meinen, den Kontakt zur Inneren Führung verloren zu haben. Vielleicht hat uns der Emotionalkörper wieder einmal fest im Griff. Dann ziehen wir uns zurück in die Stille, in die Kontemplation, die Meditation und schauen nach, ob sich irgendwelche Selbst-Urteile eingeschlichen haben. Wenn wir bereit sind, diese loszulassen, indem wir uns und anderen vergeben, gelangen wir wieder in die Akzeptanz – in die Annahme. Das Licht kehrt zu uns zurück und erhellt die nächste Strecke unseres Wegs.

## Die Rück-Verbindung mit dem inneren Kind

*Wenn ihr nicht umkehrt und werdet wie die Kinder,*
*so werdet ihr nicht ins Himmelreich kommen.*
Matth 18/3

Die Hinwendung zu unserem inneren Kind wird uns auf ganz besondere Weise unterstützen, unseren Emotionalkörper von den Verhaftungen an alte Konditionierungen und begrenzende Glaubensmuster zu befreien. Bevor wir jedoch erfahren können, was das innere Kind für uns und unser

Leben bedeuten kann, gilt es, das Kind in uns überhaupt wieder zum Vorschein kommen zu lassen. Jeder von uns trägt dieses Kind noch in sich!

Ganz unabhängig davon, wie alt wir sind, wie wir unsere Kindheit erlebt haben oder wie unsere jetzigen Lebensumstände aussehen – in jedem von uns lebt noch das ursprüngliche, liebenswerte, wunder-volle Kind. Mit unserem Herzen wissen wir das und empfinden eine stille Sehnsucht nach diesem Kind in uns. Jetzt, als Erwachsene, können wir ›umkehren‹ und uns dafür entscheiden, unser inneres Kind wieder zum Leben zu erwecken, es ans Licht zu holen. Indem wir uns die abgespaltenen und verdrängten Wunden und Verletzungen unserer Kindheit bewußt machen und bereit sind, sie zu heilen, werden wir dem ursprünglichen, ›göttlichen‹ Kind in uns wiederbegegnen. Mag es noch so verschüttet sein, tief in unserem Innern erwartet uns dieser kostbare Schatz, möchte sich mit uns verbinden, um mit uns ›ins Himmelreich zu kommen‹.

Während des Heranwachsens mögen wir herumgerätselt haben, was das Zitat von Jesus über die Kinder eigentlich bedeuten mag, wie es zu verstehen sei. Meistens wurde uns eine ganz andere – konträre – Botschaft vermittelt, denn wir bekamen die Aufforderung: ›Wann willst du endlich erwachsen werden?!‹ Und so haben wir unsere ursprüngliche Natur negiert oder meinen sogar, sie verloren zu haben, unsere Lebendigkeit und Spontaneität, die spielerische Freude am Leben, unsere Unschuld und die Fähigkeit, ganz im Hier und Jetzt zu sein ... Das Kind in uns wurde unterdrückt, weil wir erfahren mußten, daß wir für unser So-Sein bestraft oder nicht anerkannt und geliebt wurden. Nun sind wir erwachsen und können ›umkehren und wieder werden wie die Kinder‹, wie Jesus es seinen Jüngern vorschlug. Diese ›Umkehr‹ können wir als einen Aufruf zur Selbst-Erziehung verstehen und das beinhaltet, daß es allein an uns ist, jetzt Verantwortung dafür zu übernehmen, die Verbindung zum Himmelreich in uns erneut zu entdecken. Das meint, uns auf die Suche zu machen nach unserer ursprünglichen Natur. Es gilt, das

intuitive, wissende, spontane, humorvolle, lebendige und strahlende ›göttliche‹ Kind in uns wiederzufinden, uns an es anzuschließen und ihm zu erlauben, durch uns hindurch zu strahlen in unser Leben hinein. Die Rück-Verbindung mit dem inneren Kind gibt uns die Möglichkeit, all die wunderbaren Eigenschaften, die wir früher nicht leben durften oder konnten, hervorzuholen und damit unsere wahre Natur wieder in Besitz zu nehmen. So ist das Kind in uns der Schlüssel für unser Erwachen ins Himmelreich hinein – hier auf Erden! Es ist nie zu spät. Wir können heute damit beginnen, unser inneres Kind einzuladen, mit uns in Kontakt zu treten.
Unter allen Verletzungen finden wir unseren göttlichen Kern, der immer ganz, heil und vollkommen ist. Unser inneres göttliches Kind ist unverletzlich, es existiert unabhängig von unserem logischen Denken und unabhängig von der linear-kausalen Ebene.

### ▲ *Kontakt mit dem inneren göttlichen Kind*

Ein guter Zeitpunkt dafür ist es, schon morgens im Bett damit zu beginnen. Gleich nach dem Aufwachen – in dem schönen, besonderen Zwischenstadium vom Wachen zum Schlafen – bitte dein göttliches Kind zu dir zu kommen. Spüre seine Energie, seine Liebe, seinen Humor, seine Weisheit. Genieße es und nähre dich an seiner Gegenwart …
Nun frage es, was ist heute für mich wesentlich, von all dem, was ich mir vorgenommen habe? Und lausche nach innen, was es dir vermitteln will …
Bitte es, dir dann ins Ohr zu flüstern, wie du dich selbst liebhaben kannst, dich nähren kannst. Erlaube ihm, dein Herz für dich selbst zu öffnen.
Vielleicht sagt es dir: ›Gehe hinaus in die Natur, umarme einen Baum, rieche am Gras, an der guten Erde‹. Oder es flüstert dir zu: ›Sei mit einem lieben Menschen, tausch dich mit ihm aus …‹ Dein inneres Kind wird am besten wissen, was dich nährt und was dir guttut.
Höre ihm zu und signalisiere deine Bereitschaft, das, was es dir vermittelt, auch umzusetzen.

Dann genieße eure Verbundenheit ein Weilchen – recke und strecke dich – und beginne den Tag! ▲

Wenn wir das befolgen, was das innere Kind uns vermittelt – über Gedanken, Impulse, Träume, Botschaften – um uns zu nähren, werden wir überrascht sein, wieviel Kraft und Freude uns zufließen, um uns unserem All-tag, mit allem, was dazugehört, zu widmen.

Das innere Kind wird uns auf seine Weise zeigen, was es zu tun gilt, um täglich wieder in Balance zu kommen, um ein Gleichgewicht zu finden zwischen Arbeit und Muße, Tun und Nichttun, äußerer Aktivität und Stille, Geben und Empfangen – statt immer auf den nächsten Urlaub zu warten! Wenn wir auf unser inneres Kind hören und das umsetzen, was es uns vorschlägt, dann fließt immer neue Energie nach, die allem zugute kommt, was täglich anliegt. Und wir werden unsere Aufgaben leichter und spielerischer angehen und dabei Kreativität und Lebensfreude entwickeln.

Indem wir dem inneren Kind erlauben, wieder in uns lebendig zu werden, stärken wir unsere innere göttliche Quelle und klären, reinigen und befreien dabei unseren Emotionalkörper. Jeder Schritt in dieser Richtung ist ein Fortschritt.

Von der spirituellen Seite aus betrachtet, ist unser inneres göttliches Kind bereits ein Aspekt unseres Höheren Selbst und damit Teil unserer Inneren Führung. Als geistige Wesen – bevor wir in einen physischen Körper kamen – haben wir, zusammen mit unserem Höheren Selbst, einen Lebensplan gemacht. Wir wählten die ›Lebensthemen‹, über die wir uns dieses Mal erfahren und erkennen wollten, um daran zu wachsen und uns weiterzuentwickeln.

Dann wurden wir als Baby in einem Körper geboren. Und nun existierten wir einerseits als ein fröhliches oder schreiendes Windelpaket und gleichzeitig waren wir noch verbunden mit unserem Ursprung, der geistigen Welt. So ist das innere Kind der Aspekt unserer Inneren Führung, der weiß, wie es ist, in einem physischen Körper zu sein und der zur selben Zeit Zugang hat zu den geistigen Dimensionen.

Im Laufe unseres Erdendaseins und der damit verbundenen Erziehung verdichteten wir uns zunehmend und damit wurde die Erinnerung an die Welt jenseits des Schleiers der Materie immer schwächer. Doch das göttliche Kind wohnt noch in uns, und wenn wir es wollen, können wir die Verbindung – durch Klärungsarbeit, Übung und Stillwerden in der Meditation – mit seiner inneren Führung wieder aufnehmen. Vielfach mag uns das leichter fallen als die Verbindung mit unserem Höheren Selbst, denn das innere Kind ist nichts Abstraktes. Jeder trägt noch eine Idee vom Kindsein in sich, und wenn wir Kinder beobachten, fühlen wir uns berührt und wissen: das warst du auch einmal! Wenn wir bereit sind, uns der Führung unseres inneren göttlichen Kindes anzuvertrauen, so wird es für uns da sein, uns unterstützen bei der Lösung unserer alltäglichen Probleme und Herausforderungen, denn es ist, genauso wie unser Höheres Selbst, angeschlossen an das intuitive Wissen und kommt aus der allumfassenden Liebe. Wenn wir den Kontakt zu ihm spüren, können wir ihm Fragen zu allem stellen, was in unserem Leben geschieht und es wird uns genau die richtigen Antworten schenken.

## Die Heilung der verletzten Kinder in uns

Während wir uns rückverbinden mit unserem göttlichen Kind, werden wir den verletzten Kindern in uns begegnen, dem traurigen, verlassenen, mißhandelten, trotzigen, mißtrauischen, wütenden, ohnmächtigen oder hilflosen Kind. Es ist nicht einfach, diese verletzten Anteile in uns im Alleingang zu therapieren, denn unsere Erfahrungen waren oft so schmerzhaft, daß wir die entsprechenden Gefühle unterdrückten und kontrollierten, um weiterleben zu können. Oder wir idealisierten unsere Kindheit und unsere Eltern und können uns nun kaum an Details erinnern. So bauten wir eine Distanz auf zu unseren Gefühlen, Wünschen und Bedürfnissen und damit auch zu uns selbst.

Die Beziehung zu unserem göttlichen Kind aufzunehmen kann der Türöffner sein für die Hinwendung und Öffnung für uns selbst. Indem wir bereit sind, unseren verletzten Kindern mit all ihren Gefühlen und Bedürfnissen zuzuhören, werden wir lernen, sie zu akzeptieren und liebzuhaben. Dabei entziehen wir den urteilsbedingten Verhaftungen des Emotionalkörpers ihre Grundlagen und zerstörerische Kreisläufe lösen sich. So werden unsere beglückenden Gefühle, die bislang überlagert waren von den unterdrückten Wunden, zum Vorschein kommen.
Für die meisten von uns ist innere Arbeit unter sachkundiger Führung nötig, um die dicht verschlossenen Türen ganz allmählich zu öffnen und Schritt für Schritt das Licht in die Dunkelheit der frühen Wunden und Verletzungen des Kindes in uns scheinen zu lassen. Wir können nur das erfahren und dann loslassen und heilen, was wir uns zuvor bewußt gemacht haben. Alte Schmerzen lösen sich nicht auf, indem wir sie ignorieren, verdrängen, abwehren oder so tun, als hätte es sie nicht gegeben. Unser verletztes Kind braucht die Zuwendung von uns, die es früher vermißt hat, es braucht die Akzeptanz, die keine Bedingungen stellt, so daß es lernen kann zu vertrauen.
Diese Aufgabe können wir jetzt als Erwachsene in der Begleitung unseres Höheren Selbst und unseres göttlichen Kindes übernehmen. Wir hören dem verletzten Kind zu und nehmen es an, während die lange unterdrückten Gefühle an die Oberfläche gespült werden: die Wunden, Schmerzen, Verletzungen, die Ohnmachtsgefühle, die oft von Wut und Haß überlagert waren, die Ängste, die Trauer, die Schuld- und Schamgefühle.
Die Innere Führung hilft und zeigt uns, wie wir urteilsfrei für unser inneres Kind da sein können, es in den Arm nehmen, trösten, liebhaben. Je mehr Zeit und Raum und bedingungslose Liebe wir ihm geben, um so leichter werden die Gefühle wieder fließen können – auch in uns, dem Erwachsenen! In diesem Prozeß werden wir in Kontakt kommen mit unseren wesen-tlichen, unserem Wesen ent-

sprechenden, Bedürfnissen, Wünschen und Gefühlen – im Gegensatz zu unseren verzerrten Ersatz-Bedürfnissen. Vielleicht wird es uns dabei wie Schuppen von den Augen fallen, mit welcher Härte wir bisher mit uns selbst umgegangen sind, wie wenig wir uns wahrhaft akzeptiert, genährt und geliebt haben.
Nun beginnen wir zu verstehen, warum auch unsere Eltern und Bezugspersonen uns nicht geben konnten, was sie nicht bekommen haben – und nicht lernten, sich selbst zu geben. Unter Anleitung unserer Inneren Führung haben wir jetzt die Chance, das nachzuholen, was wir vermißten und dabei zu erfahren, daß sich unter aller Not ein Hilferuf nach Liebe verbirgt. Damit unterbrechen wir hoffnungsvoll auch die bisher fast zwangsläufige Weitergabe der erlittenen Verletzungen und der mangelnden Selbstliebe an die nächste Generation, an unsere äußeren Kinder.
Inzwischen spüren wir, wie wichtig der rechte Umgang mit unseren Gefühlen für die Heilung des Kindes in uns ist. Im 3. Kapitel *Das Meer der Gefühle* gibt es vielerlei Anregungen in Theorie und Praxis dazu.

Ein anderes Thema, das uns alle herausfordert, ist die Fähigkeit, verschiedene Stimmen in uns unterscheiden zu lernen. Oftmals fragen wir uns, ist das nun meine Innere Führung – kommen diese Gedanken, diese Impulse von meinem Höheren Selbst – oder gehören sie zu meinem Emotionalkörper? Es erscheint uns schwierig, die ›Stimmen in uns‹ auseinander zu halten, daher wollen wir im nächsten Teil ausführlich auf dieses Thema eingehen.

# Die Unterscheidung der Stimmen in uns

In uns gibt es eine Vielzahl von Stimmen, die wir sehr unterschiedlich erleben, was ihre Anzahl und ihre Äußerungsformen betrifft. Wir möchten dazu klärend etwas vorausschicken, bevor wir uns hier, in diesem Rahmen, auf die Stimme des Höheren Selbst und die des Emotionalkörpers konzentrieren werden.

## Wes ›Geistes‹ Kind sind meine Stimmen?

Entsprechend unserem subjektiven Weltbild und den damit einhergehenden Glaubensmustern können wir verschiedene Energien und deren ›Stimmen‹ (oder andere Ausdrucksformen) wahrnehmen.
So wie sich ›Himmel und Hölle‹ für jeden von uns unterschiedlich darstellen, je nach kulturell-religiöser oder intellektuell- gefühlsmäßiger Ausrichtung, so sind einige von uns offen für die Präsenz von Engeln und andere nicht.
Die Stimmen oder Wesenheiten, die wir hören oder spüren, scheinen von innen oder von außen, aus dieser oder der geistigen Welt und anderen Dimensionen zu kommen. Sie unterstützen oder stören, fördern oder benutzen uns. Wir geben ihnen unterschiedliche Namen, sprechen von Geistern, Dämonen, erdgebundenen Seelen, besitzergreifenden Energien (siehe dazu Kapitel 4), Verstorbenen, Geisthelfern, Schutzgeistern, Engeln oder außerirdischen Wesen und so fort.
Auch hier gilt: Wesen, ›Stimmen‹, die *wir* anziehen – ob es uns nun bewußt ist oder nicht – haben etwas mit *uns* zu tun. Es gibt immer eine Entsprechung zu unserer jeweiligen Entwicklungsebene. Wir sind auch nicht das ›Opfer‹ irgendwelcher, als negativ empfundener Stimmen. Denn diese sind wiederum Ausdruck unseres ungeklärten Emotionalkörpers. Sie spiegeln uns etwas in uns, was es zu klären gibt. Sollten

Leid und Verwirrung uns in diesem Zusammenhang eingeholt haben, mag es nötig sein, professionelle Hilfe zur Klärung in Anspruch zu nehmen.
Wenn es geschieht, daß wir uns verunsichert fühlen von einer Stimme, einem Begleiter, einem Führer, einer Wesenheit – dann heißt es, hinzuspüren und die Motivation dieser Stimme, dieses Kontaktes zu hinterfragen. Kommt sie aus dem Urteil, aus der Bewertung, aus der Verhaftung an die Materie, an Besitz, Gier, Macht, Rache und Vergeltung ...? Dabei ist es wichtig, daß wir uns selbst die Wahrheit sagen. Ohne uns etwas vorzumachen, prüfen wir die Auswirkungen des Kontaktes. Führt er uns ins Leid, in Unfrieden und Disharmonie? Oder spüren wir durch die Kommunikation Akzeptanz, Frieden, Harmonie, Liebe, Wachstum, Ausdehnung? Schenkt uns der Kontakt mehr Klarheit und Wahrheit? Hilft er uns das Rätsel zu lösen, wer bin ich, woher komme ich, was ist meine Aufgabe hier?
Ist es ein Geistwesen, ein Verstorbener, der uns in unserer Entwicklung unterstützt oder jemand, der die eigenen ungereinigten Energien ge- und mißbraucht, um seine Bedürfnisse zu stillen?
Will diese Wesenheit mich in Abhängigkeit halten, mich kleinmachen, mir Schuldgefühle vermitteln, mich beurteilen und meinen ›göttlichen Selbstwert‹ untergraben?
Oder kommt die Motivation dieses Geistführers, dieser Energie aus einer übergeordneten Liebesposition? Vermittelt sie mir allumfassende, bedingungslose Liebe?
Dies sind einige der Fragen, die wir uns stellen können, um uns Klarheit zu verschaffen.
Im folgenden werden wir nun zwei Stimmen in den Vordergrund stellen: *die Stimme des ungereinigten Emotionalkörpers und die Stimme des Höheren Selbst*, unserer Inneren Führung. Wenn wir in diesem Zusammenhang von ›Stimmen‹ sprechen, so ist dies nicht wörtlich zu nehmen. ›Stimmen‹ mögen sich äußern als Gedanken, Gefühle, Empfindungen, Impulse, Bilder, Symbole, Traumerfahrungen und ähnliches.

*Die Stimme des Emotionalkörpers* erleben wir als das Sprachrohr der begrenzten Sichtweisen des Egos, seiner Urteile und Verhaftungen. Sie bewegt sich innerhalb der Raum-Zeit-Ebene, laut und fordernd, gefangen in altbekannten, sich ständig wiederholenden Reiz-Reaktions-Mechanismen. Dies ist die Stimme, mit der wir uns oftmals identifizieren, ohne daß es uns bewußt ist.
*Die Stimme des Höheren Selbst* vermittelt sich uns auf meist sehr sanfte Weise. Sie kommt aus der ganzheitlichen Sicht und ist unabhängig von Raum und Zeit. Als Sprachrohr der allumfassenden, alles überdauernden Liebe ist sie ohne Urteil und zeigt uns, wie wir uns anschließen können an die Liebe, die Kraft und das Licht in uns.

## Die Stimme des Emotionalkörpers

Wenden wir uns zunächst der Stimme des Emotionalkörpers zu: Wie läßt sie sich charakterisieren?

- Sie kommt aus der Sichtweise des Mangels, der Begrenzung
- sie ist verhaftet an Raum und Zeit
- sie stammt aus der Polarität, teilt ein in gut und schlecht, sie urteilt
- sie kann sehr verführerisch und einschmeichelnd sein
- sie kommt aus einer eingeschränkten, verzerrten Wahrnehmung, aus der Täuschung und Selbsttäuschung
- sie hält das Gefühl des Getrenntseins von unserem wahren, göttlichen Selbst aufrecht
- sie basiert auf Ängsten, Schuldgefühlen und Schuldzuweisungen
- sie sichert sich ab, möchte kontrollieren, steuern, manipulieren, Macht ausüben und ist fordernd und berechnend
- sie möchte recht behalten, rationalisiert und rechtfertigt, stellt Bedingungen, hat ›Wenn und Aber‹

- sie will die erste Geige spielen und übertönt damit – meist laut und dramatisch – die intuitive Stimme
- sie ist ausgerichtet auf Haben und Besitzen.

Zusammenfassend läßt sich sagen, daß die Stimme des Emotionalkörpers sich begrenzend auf unsere innere Entwicklung auswirkt.

Es gibt eine kurze Geschichte (die Quelle ist uns nicht bekannt), in der die Funktionsweise des Mentalkörpers als Sprachrohr des Emotionalkörpers sehr bildhaft dargestellt wird:

### *Die kluge Ratte*

*Es war einmal eine Ratte, die saß vor mehreren kleinen Tunneln. Es dauerte nicht lange, bis sie roch, daß irgendwo Käse sein mußte. Das Wasser lief ihr im Mund zusammen. So machte sie sich auf die Suche, aber sie fand nichts im ersten, nichts im zweiten und auch nichts im dritten Tunnel. Erst als sie in den vierten Tunnel kam, fand sie am Ende ein saftiges, schönes Stück Käse und fraß es auf. Und danach kam die Ratte jeden Tag wieder und holte sich ihr Futter im vierten Tunnel.*

*Eines Tages jedoch, als sie am Ende des vierten Tunnels angelangt ist, liegt da kein Käse. Sie rennt zurück, schaut sich um, stellt fest, daß es der vierte Tunnel ist, in dem der Käse war, rennt wieder rein, um nachzusehen. Kein Käse! Wieder und wieder und wieder rennt sie aus dem Tunnel und zurück. Vergebens. Gerade als sie aufgeben will, kommt ihr plötzlich: »Mensch, in dem Tunnel ist kein Käse!« Und jetzt fängt die kluge Ratte an zu suchen. Und tatsächlich findet sie in einem anderen Tunnel das schönste und größte Stück Käse, das sie je gesehen hat.*

Der Unterschied zwischen dem Menschen und der Ratte besteht darin, daß die Ratte aufhört, in den vierten Tunnel zu gehen. Der Mensch geht weiter – manchmal lebenslänglich – in den vierten Tunnel, weil er ›weiß‹, daß dort der Käse ist. Ratten geht es um den Käse, ums Lebendigsein.

Menschen geht es um das Rechtbehalten, sie wissen, daß sie im ›richtigen‹ Tunnel sind. Ja, manchmal kann sogar die Tatsache, daß dort kein Käse ist, das Besondere sein. Der Mensch glaubt an seinen Tunnel. Er weiß es besser! Dabei ignoriert er, daß er jederzeit die Wahl hat, sich für einen anderen Tunnel zu entscheiden – für den Tunnel, wo der Käse in Wahrheit liegt.

Der Mensch entscheidet sich, mit seinem ungeklärten Emotionalkörper in alten Erfahrungen steckenzubleiben, aus denen heraus er auf neue schließt, wodurch ständig das Alte, Begrenzende erneut angezogen wird. So dreht sich sein Leben im karmischen Rad der Wiederholung. In *Ein Kurs in Wundern* heißt es: »Möchtest du lieber recht haben oder glücklich sein?« (Textbuch – 29.VII.1:9)

Das Gesetz des freien Willens läßt uns jederzeit die Wahl, ob wir der Stimme des Emotionalkörpers oder der Stimme des Höheren Selbst folgen wollen. Dazu ist es notwendig, daß wir die Stimmen in uns erkennen und unterscheiden lernen.

## Die Stimme des Höheren Selbst

Und wie läßt sich nun die Stimme des Höheren Selbst charakterisieren?

- Sie kommt aus der Fülle und hält alles für uns bereit, was wir wirklich brauchen
- sie basiert auf der ganzheitlichen Sicht und kennt alle Zusammenhänge
- sie übermittelt uns allumfassende Weisheit und Liebe und ist mit unserem Herzen verbunden
- sie ist urteilsfrei und bedingungslos akzeptierend
- sie ist jenseits von Raum und Zeit
- sie kommt aus dem Sein
- sie fördert immer unser Wachstum und unsere Entwicklung.

Oftmals sind es gerade die allerersten, unmittelbaren, spontanen Eingebungen, über die sich unser Höheres Selbst meldet, wenn wir Fragen haben oder um Botschaften bitten. Leider erlauben wir unserem Verstand allzuschnell dazwischenzufunken und mit seinen kritischen Gedanken unsere Zweifel zu nähren und die sanfte Stimme im Innern zu übertönen. Da gilt es wach und bewußt zu bleiben und dem Verstand nicht länger den ›Chefsessel‹ im Innern einzuräumen.

Wir nehmen das Höhere Selbst auf vielerlei Weisen und ›Kanälen‹ wahr: als Flüstern, als leise Gedanken und Empfindungen, als intuitives Gefühl, als ein Bild oder Symbol, ein synchrones Geschehen in unserem Umfeld, ein Wort, eine Einsicht, die uns plötzlich berührt. Es mag etwas sein, das wir lesen, sehen, hören, spüren, fühlen, ›wissen‹. Vielleicht er-schüttert uns etwas, weil es eine Resonanz in uns auslöst. Oder jemand spricht ›zu-fällig‹ das aus, was uns die Antwort oder die Lösung vermittelt, nach der wir gesucht haben. Wenn wir offen und durchlässig sind, ›an nichts denken‹, kann der Kontakt, die Ein-sicht, ganz plötzlich da sein, beim Abwasch, unter der Dusche, im Traum, bei der Arbeit, in der Meditation.

Wenn unser Höheres Selbst zu uns ›spricht‹, fühlen wir uns im Innersten wohl, wir spüren Frieden, Kraft und Liebe. Unsere Schwingung erhöht sich, bringt uns Bewußtheit und Klarheit.

Meist sind wir der Ansicht, daß die Stimme der Inneren Führung eine sanfte, liebevolle Energie hat. Das muß nicht immer der Fall sein. Jeder vernimmt seine innere Stimme, wie er es gerade wirklich braucht, um tun zu können, was anliegt. So kann die Stimme des Höheren Selbst sich durchaus auch recht energisch Gehör verschaffen oder mit viel Humor zu uns gelangen!

Um das Höhere Selbst mehr und mehr in unser Leben einzuladen, ist es sinnvoll, sich so oft wie möglich mit ihm bewußt zu verbinden. Wenn wir den Umgang mit dem Höheren Selbst pflegen und auch bereit sind, seine Bot-

schaften in unseren Handlungen, in unserem Leben umzusetzen, dann wird der Kontakt, die Führung immer all-täglicher für uns, bis wir die ständige Verbindung spüren und erleben. Unser Ziel ist es, kontinuierlich auf sehr persönliche Weise mit unserem Höheren Selbst zu kommunizieren. Dabei ist es nicht nötig, daß wir uns in den Lotussitz begeben und eine Kerze anzünden, um die Stimme des Höheren Selbst zu hören oder seine Gegenwart zu spüren. Wir können uns jederzeit und unter allen Umständen einstimmen und nach innen lauschen, bis es zur zweiten Natur geworden ist. Die einzig nötige Voraussetzung ist Vertrauen, Vertrauen in die Gegenwart und Unterstützung unseres Höheren Selbst.
(Wenn du jetzt in die eigene Erfahrung gehen möchtest, findest du dazu Anleitungen im 5. Kapitel *Spirituelle Praxis* – ›Begegnung mit dem Höheren Selbst‹.)

## Blockaden in der Kommunikation mit dem Höheren Selbst

Wenn wir meinen, die ›Stimme‹ des Höheren Selbst nicht wahrnehmen zu können, weder über Gedanken, Gefühle, Worte, Bilder oder andere Eindrücke, wenn wir uns abgeschnitten fühlen, keine Antworten bekommen, gilt es uns zu fragen, woran das liegen könnte.
Wie kann es geschehen, daß wir den Zugang zu unserer Inneren Führung verlieren?
Eine Tendenz unseres Emotionalkörpers ist es, immer wieder die Führung im Außen zu suchen. Wir begeben uns in emotionale Abhängigkeit und suchen dort nach Hilfe – statt in uns. In einem Buch von Shirley MacLaine fanden wir einen Traum, den wir hier wiedergeben möchten, weil er auf humorvolle Weise verdeutlicht, wie es aussieht, wenn wir die Führung im Außen suchen. »Mir träumte, ich wurde von einem Gorilla verfolgt. Dabei lief ich direkt auf einen

Abgrund zu. Jetzt hatte ich die Wahl, ich konnte in den Abgrund springen oder mich dem Gorilla stellen. Ich drehte mich um und fragte den Gorilla – was soll ich denn jetzt tun? Der Gorilla zuckte mit den Achseln und sagte: ›Weiß ich doch nicht, Kind – es ist dein Traum‹.«

Immer wieder geben wir die in uns angelegte Kraft ab und orientieren uns an Autoritäten draußen, von denen wir meinen, daß sie es besser wüßten. So verkümmern unsere intuitiven Kräfte und der Zugang zu unserer eigenen Inneren Führung, zu dem intuitiven Wissen in uns wird blockiert.

Wie kommt es zu diesen Reaktionsweisen unseres Emotionalkörpers? Wo und wie hat das Thema ›sich-abhängig-machen‹ seinen Ursprung genommen? Erinnern wir uns an die Geschichte vom Paradies: Die Schlange lockt mit der verbotenen Frucht vom Baum der Erkenntnis, Eva folgt der ›Führung‹ der Schlange – macht sich von ihr abhängig – und gibt den Apfel weiter an Adam, der sich von Eva verführen läßt, sich damit von ihr abhängig macht. Später rechtfertigt sich jeder durch Schuldzuweisung nach außen: Adam erklärt Eva für schuldig, Eva schiebt die Schuld auf die Schlange.

Diese ›kollektive‹ Erfahrung mag uns heute noch prägen. Sie macht deutlich, daß der Mensch für sein Handeln nicht Verantwortung übernehmen möchte. Die Scheu davor, sich auf die Konsequenzen der Verantwortung einzulassen ist der tiefere Grund für die Neigung unseres Emotionalkörpers zur Abhängigkeit. Letztlich haben wir Angst vor unserer eigenen Kraft und dem Potential, die diese beinhaltet. Wir leiden an mangelndem Selbst-Vertrauen.

Eine näherliegende Erklärung für die Prägung des Abhängigkeitsthemas in unserem Emotionalkörper finden wir in unserer Kindheit. Die ursprünglich natürliche Abhängigkeit als kleines hilfloses Wesen wandelt sich im Laufe der Erziehung zum gewohnheitsmäßigen Verhalten. Wenn wir oft genug gehört haben: ›Tu dies nicht, tu das nicht, das kannst du nicht, du bist zu klein, zu schwach, nicht fähig …‹, wenn wir ständig gemahnt werden, auf andere zu hören, um nicht bestraft zu werden oder um Anerkennung und Liebe zu bekommen, dann erlahmt unsere Eigeninitiative, dann schwindet das Vertrauen in unser Selbst und damit unser Selbst-Bewußtsein. Als Erwachsene hängen wir fest in den alten Konditionierungen, bis sie uns bewußt werden und wir bereit sind für die Klärung dieser Verhaftungen des Emotionalkörpers. Es gilt, das Vertrauen in unser Selbst wieder aufzubauen, die in uns angelegten Fähigkeiten in Besitz zu nehmen und dabei nach innen zu lauschen, uns anzuschließen an die Führung unseres Höheren Selbst.

Auf der Suche nach *weiteren Ursachen für die Blockaden in der Kommunikation mit dem Höheren Selbst* können wir uns die folgenden Fragen stellen und ehrlich beantworten:

- Fühlen wir uns überhaupt wert, von unserem Höheren Selbst geführt zu werden, seine Antworten zu erhalten?
- Was ist, wenn die Botschaften unserem Ego nicht angenehm sind oder wenn wir uns nicht vorstellen können, sie zu realisieren?
- Sind wir wirklich bereit, das anzunehmen, was immer kommt, auch wenn es etwas anderes ist, als wir erhofft oder erwartet haben?

Wenn wir über diese Fragen in Kontakt kommen mit unseren Vorbehalten, mit den Bedingungen, die wir am liebsten immer wieder stellen möchten, sowie mit unseren Vor-stellungen, die wir *vor* unsere Empfangsbereitschaft stellen, erkennen wir, daß weitere Klärungsarbeit nötig ist, und zwar das Bewußtmachen und Lösen unserer Verhaftungen an die Themen und Muster des Emotionalkörpers.
Von einer anderen Seite aus betrachtet ist es die Selbstsabotage, die uns hindert, die Stimme des Höheren Selbst wahrzunehmen. Sie kann sich äußern durch ständige Selbstbegrenzung und mangelndes Selbstvertrauen: ›Ich bin es nicht wert, verdiene es nicht, darf's mir nicht gutgehen lassen‹. Und sie macht sich bemerkbar in Gefühlen der Unzulänglichkeit, Schuld, Skepsis, Zweifel und durch unsere Ängste. Wir können uns auch selbst sabotieren, indem wir

unsere Gefühle, Wünsche und Bedürfnisse nicht ehren oder durch Festhalten und Hineinsteigern in unterschiedliche Emotionen.
Unsere Gefühle sind bereits Teil der magnetischen Energie, die uns mit dem Höheren Selbst verbindet. Aus diesem Grund ist es wichtig, den rechten Umgang mit unseren Gefühlen zu lernen (siehe 3. Kapitel *Das Meer der Gefühle*) und die ungereinigten, aufgesetzten Gefühle zu klären, so daß unsere wahren Gefühle zum Vorschein kommen und wieder fließen können.
Weiterhin gilt es, sich daran zu erinnern, daß wir zwar einen Emotionalkörper haben, aber nicht der Emotionalkörper sind. Wenn wir sehr identifiziert sind mit diesem Energiekörper, dann werden wir unsere Vor-Urteile, unsere Erwartungen, Bedingungen und Vorstellungen kaum aufgeben können. Unser Emotionalkörper wird die Kontrolle behalten wollen. Das, was die Stimme der Inneren Führung sagt, gefällt uns dann nicht, erscheint undurchführbar, wird verdrängt oder übertönt, bis es nicht mehr wahrnehmbar ist. Unter diesen Umständen fällt es uns schwer, still zu werden, uns leer zu machen und uns zu öffnen für die Hingabe an unser Höheres Selbst.

*Was können wir tun, um die Gegenwart unseres Höheren Selbst mehr und mehr zu erfahren, seine Stimme zu hören?*

Der erste Schritt, um die Stimme unseres Höheren Selbst wahrzunehmen, ist, sich die Blockaden bewußt zu machen. Zu den weiteren Voraussetzungen gehören die Klärung des Emotionalkörpers, die Innenschau und das Still-werden-Können in der Meditation (siehe dazu die Übungen im 3. Kapitel *Das Meer der Gefühle* und im 5. Kapitel *Spirituelle Praxis*).
Die Klärungsarbeit mit den Gefühlen sowie die Meditation unterstützen uns dabei, uns der bisherigen Identifikation mit der Stimme des Emotionalkörpers gewahr zu werden.

Erst dann wird uns bewußt, daß wir die Wahl haben, ob wir weiterhin dem Emotionalkörper folgen wollen oder ob wir uns mehr und mehr für die Stimme der Inneren Führung öffnen wollen. In der Stille der Meditation und den damit verbundenen inneren Erfahrungen gewinnen wir zunehmend Vertrauen in eine solche Öffnung. Durch dieses Vertrauen und durch Übung wird uns die Unterscheidung der Stimmen immer leichter fallen.
Der grundlegende Unterschied der beschriebenen Stimmen in uns läßt sich so formulieren:

*Der Emotionalkörper reagiert –*
*das Höhere Selbst antwortet.*

## Die Überschattung des Höheren Selbst

Eine Überschattung der Stimme unseres Höheren Selbst durch die Themen des Emotionalkörpers kann sich auf verschiedene Weisen äußern. Wir wollen uns hier einige Möglichkeiten näher anschauen.

### Das ›moralische Höhere Selbst‹

Es kann vorkommen, daß unsere vermeintlichen Botschaften vom Höheren Selbst mit Anweisungen beginnen, wie: »Du solltest, du mußt, du darfst nicht, hör endlich auf, mach's schneller, besser, anders usw.« Diese Übermittlungen enthalten Zurechtweisungen und Einschränkungen, haben moralische Aspekte, wollen uns antreiben und gehen mit Bewertungen einher. Das ist nicht die Energie unseres Höheren Selbst!
Erinnern wir uns, daß unser Höheres Selbst aus der allumfassenden, bedingungslosen Liebe kommt und uns in all unseren Erfahrungen annimmt – das beinhaltet auch unsere Fehler und Irrtümer!

Was also ist geschehen? Meist stammen diese Formulierungen von Bezugspersonen, deren Stimmen wir internalisiert haben: unsere Eltern, Erzieher, andere Autoritäten oder besitzergreifende Energien. Auch letztere haben Einfluß auf die Stimme des Emotionalkörpers. Sie verstärken die Themen, die bereits in ihm angelegt sind und oftmals viele unserer Leben wie ein roter Faden durchziehen. (siehe dazu im 4. Kapitel *Besitzergreifende Energien*).

### Selbst-Täuschung

Auf ganz andere Weise kann sich die Überschattung des Höheren Selbst durch unseren Emotionalkörper zeigen, wenn wir eine Stimme in uns vernehmen, die uns sozusagen ›an die Front‹ drängt. Nehmen wir ein übertriebenes Beispiel, um es anschaulich zu machen. Vielleicht hören wir: ›Du bist etwas ganz Besonderes und es ist deine Aufgabe, deinen Mitmenschen zu zeigen, wo's langgeht. Sie sind dumm und unbedarft, mache dich auf den Weg und erlöse sie mit deiner Klugheit, deinem Wissen. Ich werde dich in die vorderste Reihe stellen und dich mit besonderen Kräften ausstatten, so daß du ihnen endlich die Augen öffnen kannst.‹

Hier spricht der Emotionalkörper!

In diesem überzogenen Beispiel ist das für jeden von uns deutlich spürbar. Leider gelingt es dem Emotionalkörper oft, so subtil vorzugehen, daß es dem Betroffenen selbst gar nicht auffällt, was geschieht.

Wenn sich eine solche Stimme in uns meldet, die unser Ego aufplustert, indem sie uns überhöht und zu etwas Besonderem macht, gilt es, die Themen ›Überheblichkeit und sich Drüberstellen‹ zu bearbeiten, bei denen es wieder um Urteil und Trennung geht. Überschattungen dieser Art erinnern uns daran, daß weitere Arbeit an uns nötig ist, um für unser Höheres Selbst Raum zu schaffen.

## Ent-Täuschung

Es gibt noch andere Formen der Überschattung von Botschaften durch den Emotionalkörper. Dabei sind wir uns zunächst einmal ziemlich sicher, daß die Eingabe oder die Botschaft vom Höheren Selbst stammt. Angenommen wir haben seit langem eine Arbeitsstelle, die uns nicht liegt, wir können uns nicht entfalten und das Arbeitsklima unter den Kollegen ist schlecht. Nun fragen wir unser Höheres Selbst, ob es an der Zeit ist, sich neu zu orientieren. Vielleicht hören wir als Antwort eine Stimme, die sagt: ›Behalte diese Arbeit, diesen Job, ertrage ihn, es ist dein Karma!‹ Und obwohl wir spüren können, daß diese Arbeitsstelle uns nicht guttut, sondern sich deprimierend auf unser Leben auswirkt, tragen wir die Last weiter mit zusammengebissenen Zähnen und wähnen uns vom Höheren Selbst geführt. In Wahrheit jedoch gehört die vernommene Stimme zum Emotionalkörper! Wenn wir ehrlich mit uns selbst sind, decken wir mit der Entscheidung, diese Arbeit beizubehalten, ungeklärte eigene Schwächen zu, denen wir uns nicht stellen möchten. Es gilt, unsere Angst vor Veränderungen anzuschauen, unsere Tendenz, lieber an altgewohnten Sicherheiten festzuhalten, die unser Wachsen und Lernen aufschieben. Hier hat der Emotionalkörper das Sagen und nicht unser Höheres Selbst. Es ist fast so, als wollte der Emotionalkörper manchmal Höheres Selbst spielen!
Jedes Mal, wenn die Auswirkung und Umsetzung einer vermeintlichen Botschaft vom Höheren Selbst letztlich nicht mehr Klarheit und inneren Frieden in unser Leben bringt, ist es daher angebracht, die Botschaften aus einigem Abstand heraus nochmals zu hinterfragen.
In der Kommunikation mit unserem Höheren Selbst kann es auch geschehen, daß die erhaltenen Botschaften zwar tatsächlich von unserem Höheren Selbst stammen, daß wir sie aber dennoch ›durch die Ohren des ungeklärten Emotionalkörpers‹ mißverstehen oder falsch interpretieren. Bevor wir näher auf die Gründe eingehen, wollen wir uns ein Beispiel dazu anschauen.

Angenommen, wir sind ganz versessen auf eine Beziehung zu einem gewissen Partner und wir bitten unser Höheres Selbst dazu um eine Botschaft. Es ist gut möglich, daß die Antwort unseres Höheren Selbst etwa wie folgt lautet: ›Lasse dich auf diesen Partner ein.‹

Und dann ist es passiert: das Treffen mit dem Partner wurde zum Reinfall! Wir sind tief enttäuscht. Entweder zweifeln wir an unserer Intuition, meinen, die Botschaft mißverstanden zu haben, und verfallen ins Selbsturteil, oder aber wir sind schlichtweg wütend auf unser Höheres Selbst, daß es uns ›das angetan hat‹ und fühlen uns genarrt.

Daß weder das eine noch das andere der Fall sein muß, wird uns bewußt, wenn wir die Ent-täuschung verarbeiten und die Selbst-täuschung erkennen. Dabei mag es eine Zeitlang dauern, bis wir bereit sind für eine neue Sichtweise des Erlebten. Wenn dieser Punkt gekommen ist, wenn wir also spüren, daß alte emotionale Ladungen und Urteile, die mit diesem Erlebnis gekoppelt waren, von uns gegangen sind, dann können wir uns die entsprechende Begebenheit noch einmal unvoreingenommen anschauen und unser Höheres Selbst fragen, was der tiefere Sinn gerade dieser Erfahrung sein könnte.

Wenn du jetzt in die eigene Erfahrung gehen magst, lies dir die folgende Übung durch, und lege das Buch eine Weile zur Seite.

### ▲ *Wie hat mir diese Erfahrung gedient?*

Ziehe dich zurück an einen ruhigen, ungestörten Ort. Wähle eine Situation, eine Erinnerung, mit der du lange gehadert hast. Vielleicht hast du dein Höheres Selbst dafür verantwortlich gemacht, dir nicht die ›richtige‹ Botschaft vermittelt zu haben.

Nimm einfach die Begebenheit, die dir jetzt als erstes in den Sinn kommt. Als stiller Beobachter, ohne gefühlsmäßig wieder einzusteigen, vergegenwärtige sie dir noch einmal. Gib dir ausreichend Zeit, das Ereignis mit all seinen Facetten in dir wachzurufen.

Wenn das geschehen ist, mach dir die späteren Auswirkungen für dein Leben ehrlich bewußt.
Nun bitte dein Höheres Selbst, dir zu zeigen, wie gerade dieses Ereignis, dieses Geschehen deiner Selbst-erfahrung und Ent-wicklung gedient hat.
Wie bist du daran gewachsen – in deine Kraft gelangt – hast Verantwortung übernommen, wurdest unabhängig oder selbständig? Oder wie sonst hat sich dein Leben dadurch verändert?
Aus dem Abstand heraus frage dich, inwiefern dies eine ›Lern-Erfahrung‹ gewesen sein könnte. Welche Hintergründe und Zusammenhänge hast du inzwischen erkannt? Gab es einen tieferen, ursprünglich noch verborgenen Sinn? Was galt es zu erfahren? Wie gehst du heute mit ähnlichen Situationen um?
Wenn du soweit bist, beende die Übung und akzeptiere, wie auch immer sie verlaufen sein mag. ▲

Vielleicht erkennen wir bei einer solchen Rückschau, daß es wichtig war, die Erwartungen, Bedingungen, Hoffnungen, das Sich- Abhängigmachen von den Wünschen unseres Emotionalkörpers loszulassen. Unsere Verhaftungen an ein bestimmtes Ergebnis, an einen bestimmten Ausgang, standen uns im Weg, ließen uns seinerzeit so enttäuscht sein. Erst jetzt bekommen wir tieferes Verständnis dafür, daß uns das damals so sehr gewünschte Ergebnis nicht wirklich gedient hätte. Uns wird bewußt, daß es bei diesem Ereignis nicht um kurzzeitige Befriedigung unserer Ego-Bedürfnisse ging, sondern um ganz andere Lernerfahrungen, die unser Höheres Selbst uns vermitteln wollte, die letztlich unserem Wachstum dienten und Klarheit und Wahrheit brachten.
Wenn wir diese Sichtweise zulassen können, wird uns deutlich, daß etwa der Partner damals nicht der Richtige für uns war und daß es in jener Situation darum ging, dieses selbst herauszufinden, indem wir uns auf die eigene Erfahrung zunächst einmal einließen.
Welche Lernerfahrungen sich auch immer in unseren per-

sönlichen Bereichen ergeben haben, letztlich werden wir erkennen, daß *wir* es waren, die etwas mißverstanden haben, die sich durch die Interpretation unseres Emotionalkörpers haben täuschen lassen.
Immer gegenwärtig begleitet uns das Höhere Selbst in unserem Alltag, seine Botschaften kommen zur rechten Zeit und auf rechte Weise. Wenn wir das tief in unserem Innern erfahren haben, fließt unsere Kommunikation mit der Inneren Führung mehr und mehr und schenkt uns Freude und inneren Frieden.
Die folgende Geschichte zeigt, daß wir Vertrauen haben können, begleitet, geführt und getragen zu sein.

***Die Fußspuren im Sand***

*Endlich im Himmel angekommen, wandte sich ein Mensch, der Zeit seines Lebens ›auf dem Wege war‹, an Gott: »Wenn ich hinunterschaue auf die Erde, dann sehe ich zwei Paar Fußspuren im Sand und ich weiß, daß du mich begleitet hast. Bei einer bestimmten Strecke meines Wegs jedoch – gerade zu jener Zeit, als es besonders schwer für mich war – gab es nur ein Paar Fußspuren. Wie kam es, daß du mich gerade in dieser schweren Zeit nicht begleitet hast?‹« – Und Gott antwortete: »Zu jener Zeit habe ich dich getragen.«*

Nachdem wir nun die Grundlagen der Emotionalkörper-Klärung und der Inneren Führung beschrieben haben, ist die Zeit reif für unser nächstes Kapitel *Das Meer der Gefühle.* Hier geht es darum – mit Hilfe von Anleitungen und Übungen für den Umgang mit Gefühlen – ›schwimmen‹ zu lernen. Ebenso findest du dort praktische Vorschläge für die Verbindung mit deinem Höheren Selbst (wie auch im 5. Kapitel *Spirituelle Praxis*)

# 3
# Das Meer der Gefühle – Schwimmen lernen

## Vom Umgang mit Gefühlen

### Was sind eigentlich Gefühle?

Die Gefühle unseres Emotionalkörpers und der Umgang mit ihnen sind ein so grenzensprengendes Thema, das sich wohl eher über lebendige Erfahrung, als über Geschriebenes erschließen läßt. Gefühle sind Bewegung, sind Leben, sie wollen be-wegt, sie wollen er-lebt werden. So sollen unsere Ausführungen in erster Linie Impulse und Anregungen geben, tiefer in die eigene Erfahrung hineinzugehen.
Was sind Gefühle? Gefühle sind Ausdruck und Empfindung unseres In-der-Welt-Seins. Wir er-fahren und er-leben uns über unsere Gefühle. Wenn sie fließen dürfen, durchströmt uns Energie, Lebenskraft, wir sind in Bewegung, fühlen uns lebendig. Unterdrücken wir sie dagegen, führt das in die Unbeweglichkeit, in die Erstarrung oder Lähmung. Wir fühlen uns niedergeschlagen, depressiv, unlebendig. Die Lebensfreude ist verschwunden.
Die Welt der Polarität, in der wir leben, wirkt sich natürlich auch auf unsere Gefühle aus. Gefühle können uns glücklich oder unglücklich machen, sie können uns hinführen zu unserem göttlichen Kern und unsere tiefste Sehnsucht stillen oder sie können sich zerstörerisch auf unser Leben auswirken. So ist der Umgang mit ihnen für die meisten von uns eine ständige Gratwanderung.

Gefühle sind unsere Lehrmeister, sie dienen unserer Bewußtwerdung auf dem Weg der Selbsterkenntnis. Wenn wir sie unbewußt und impulsiv ausleben, ungeklärt, dann werden wir zum Sklaven der Verhaftungen unseres Emotionalkörpers, mit den Konsequenzen Leid, Unglück und Chaos. Entscheiden wir uns für den Weg der Klärung und der Inneren Führung, so bescheren sie uns Freude am Dasein, Lebendigkeit, Kreativität, Klarheit, Mitgefühl und Liebe. Jeder von uns ist selbst-verantwortlich für den Umgang mit seinen Gefühlen und die entsprechenden Auswirkungen. Gefühle können als Vehikel dienen, um mir ungeklärte Bereiche und Situationen in meinem Leben aufzuzeigen. Dabei liegt es an mir, wie ich die jeweiligen Gefühle nutze und benutze. Wenn mich etwas wütend macht, kann ich meine Wut einsetzen, um anzuklagen und zu zerstören oder ich kann sie nutzen zur Selbstbesinnung und mir anschauen, was es zu klären gilt. Bin ich traurig, so kann ich mich in Selbstmitleid verstricken und darin steckenbleiben oder ich kann die Trauer annehmen und durchleben, so daß sich mein Herz öffnet für das, was als nächstes geschehen will. Meiner Angst kann ich erlauben, mich zu blockieren und zu lähmen oder ich nutze sie, um mir darüber klar zu werden, wo und wie ich mich begrenze und inwiefern es mir an Vertrauen mangelt, mich im Leben einzubringen.
An diesen Beispielen wird deutlich, daß wir unsere Gefühle destruktiv oder konstruktiv einsetzen können. Wir be-nutzen sie, um alte, begrenzende Sichtweisen aufrechtzuerhalten oder wir erlauben ihnen, uns zur Klärung zu führen und dadurch unser Bewußtsein auszudehnen.

Um bei den folgenden Texten des theoretischen Teils ein ›Drüberhinweglesen‹ zu vermeiden, empfehlen wir, nach den verschiedenen Abschnitten mit dem Lesen zu pausieren und hinzuspüren, was davon auf den eigenen Umgang mit den Gefühlen zutrifft. Vielleicht magst du auch zwischendurch mit einer Übung aus dem späteren Teil in die Praxis einsteigen.

## Wenn **d u** deine Gefühle nicht hast, dann haben sie **d i c h**

Wir sind Gefühlswesen – in jedem Moment haben wir Gefühle. Wenn wir nicht lernen, mit ihnen umzugehen, so gehen sie mit uns um, wir werden zu ihrem Spielball, lassen uns von ihnen verstricken in Drama und Karma.

Es gilt, unsere verdrängten, zurückgehaltenen und verzerrten Gefühle und Gefühlsmuster bewußtzumachen, sie zu erfahren, auszudrücken und zu klären. Denn sie sind es, die unser wahres Selbst überlagern und uns dadurch abschneiden von unserer Fähigkeit zu lieben – Liebe zu geben und Liebe zu empfangen.

Wir sind aufgerufen, alte Ladungen und Prägungen, die unsere Gefühle behaften und verzerren, aus den Schattenreichen ans Licht zu holen, ihnen zu erlauben, das dunkle Land der Verdrängung hinter sich zu lassen, damit wir endlich bei Tageslicht mit ihnen umgehen lernen, zu unserem eigenen Besten. Durch spirituelle Klärungsarbeit – in der Begleitung der bedingungslosen Akzeptanz und Liebe unseres Höheren Selbst – können wir uns der lange verleugneten Gefühle wieder bewußt werden, sie er-fühlen, erleben, um sie dann zu kanalisieren in Kreativität, Lebendigkeit und Liebe. So bleiben wir nicht länger Gefangene des Wiederholzwangs unseres Emotionalkörpers, der die unterdrückten, abgespaltenen Gefühlsladungen wieder und wieder in Szene setzt, sie ver-dreht und ver-rückt, bis hin zur Grausamkeit gegen uns selbst und andere. Die Energie, die notwendig war, um diese Szenarien und Dramen bisher auszuagieren, wird dann befreit und kann sich verbinden mit unserer spirituellen Kraft für die Manifestation des Guten, Wahren und Schönen.

## Entsprechen meine Gefühle der jeweiligen Situation?

Eine erste wichtige Erkenntnis ist die, daß es uns meist schwerfällt, der jeweiligen Situation entsprechend, angemessen und gefühlsmäßig spontan zu reagieren. Unsere Reaktionen sind gefärbt und überlagert von alten Erfahrungen, Ladungen und Prägungen. Wenn wir von Reinkarnation ausgehen, dann hat unser Emotionalkörper nicht nur die Prägungen dieser Kindheit und dieses Lebens gespeichert, sondern wiederholt seit Äonen die Gefühlsmuster, an die wir noch immer verhaftet sind und die bisher nicht geklärt und energetisch losgelassen wurden. Wie wir bereits erwähnten, existiert der Emotionalkörper unabhängig von Raum und Zeit. Er verändert sich deshalb nicht ›von allein‹ durch den Zyklus von Tod und Wiedergeburt.

Oftmals wählen wir es, bewußt oder unbewußt, in unseren Gefühlen steckenzubleiben, sie festzuhalten. Wenn wir Kinder beobachten, staunen wir darüber, wie ihre Gefühle im Fluß sind. Manchmal zieht es mich im Sommer zu einem Spielplatz. Ich setze mich auf eine Bank und schaue den Kindern zu, wie sie miteinander spielen. Im Sandkasten ist Hochbetrieb. Ein kleiner Junge nimmt die neben ihm liegende Schaufel, ein anderes Kind kommt wütend angelaufen, ›das ist meine Schaufel‹, und zerrt sie ihm aus der Hand. Das erste Kind kämpft mit den Tränen. Und was geschieht als nächstes? Der Kleine, der eben noch seinen Besitzanspruch verteidigen wollte, bietet dem andern plötzlich an ›möchtest du mit meiner Schaufel spielen?‹ Jetzt strahlen beide und sind glücklich. Kleine Kinder lassen ihre Gefühle fließen. Sie sind nicht ›nach‹-tragend – und damit festgefahren im Urteil – weder sich selbst noch anderen gegenüber.

Und wie verhalten wir ›Erwachsenen‹ uns in einer ähnlichen Situation? Vielleicht zeigen wir gar nicht, wie uns zumute ist, spielen eine Rolle und unterdrücken damit unsere wahren Gefühle. Oder uns platzt der Kragen, wir werden aggressiv, und dabei kann es geschehen, daß wir die bisher

aufgesparte Wut aus ganz anderen Situationen gleich mit herauslassen. Oder wir reagieren nachtragend, urteilend und festhaltend.
Wir haben gelernt, unsere Gefühle zu projizieren, zu sublimieren, zu kontrollieren, zu verzerren, zu unterdrücken, zu übertreiben, bis diese Mechanismen eine Eigendynamik entwickeln und die Gefühle – selbst, wenn wir es wollten – gar nicht mehr oder nicht mehr der jeweiligen Situation angemessen fließen können. So verlieren wir unsere Spontaneität, unsere Lebendigkeit und oftmals auch unsere Gesundheit. Es geht darum, Verantwortung zu übernehmen für das Fühlen unserer Gefühle. Wenn wir aus Angst vor dem Schmerz, der alte Verletzungen begleitet, diesen nicht fühlen wollen, dann können wir auch nicht den anderen Pol – die Freude – erleben!
Wieder zu lernen, unsere Gefühle zu spüren und sie angemessen auszudrücken, ist die Voraussetzung für Beziehungsfähigkeit, für eine echte Kommunikation, sowohl in uns selbst, mit unserem inneren Kind und dem Höheren Selbst, als auch für den lebendigen Austausch im Miteinandersein. Viele von uns kennen den buchstäblichen Kloß im Hals, der die Kommunikation erstickt. Er hat sich geformt aus unterdrückten Gefühlen und wird an Ort und Stelle gehalten durch unsere mangelnde Selbstannahme, durch unser Selbsturteil.
Wenn wir bereit sind, innerlich an uns zu arbeiten, uns von alten Ladungen überholter Gefühlsmuster, von Programmen und Konditionierungen zu befreien, werden wir spüren, daß unsere Fähigkeit zunimmt, auf die gegenwärtigen Erlebnisse und Erfahrungen gefühlsmäßig so zu reagieren, wie es ihnen entspricht.
Zwei Beispiele mögen veranschaulichen, wie wir ›funktionieren‹, wenn wir zum Opfer unserer unangemessenen ›Knopfdruck-Reaktionen‹ werden. Mein Vater hatte die Angewohnheit, mich zu zwingen, seinen langen – um nicht zu sagen langweiligen – Abhandlungen zuzuhören, sonst gab es Taschengeldentzug. Ich fühlte mich manipuliert und wußte

nicht, wohin mit meinem Ärger. Wenn nun heute Jürgen sehr ausführlich über etwas spricht, werden gleich meine Knöpfe gedrückt, ich bekomme einen ungeduldigen Gesichtsausdruck und rücke auf dem Stuhl hin und her. Ich weiß dann gar nicht mehr, worüber er spricht, in mir läuft nur noch das Programm ab: Ich bin gezwungen, hier zu sitzen und muß zuhören. Ein anderes Beispiel: Ich bitte Jürgen, seinen herumfliegenden Pyjama aufzuräumen. Er zieht ein Gesicht und ignoriert meinen Wunsch. Sein Emotionalkörper reagiert in dem Moment noch auf die ständigen Anweisungen und Vorwürfe seiner Mutter: Tu dies – tu das ... Das Ergebnis wird in beiden Fällen eine gestörte Kommunikation sein.
An diesen Beispielen wir auch sehr deutlich, daß der andere jeweils nur der Auslöser für unsere Gefühle ist und daß wir es sind, die unsere Gefühle haben! Das heißt, es geht letztlich darum, daß wir sie in uns bearbeiten. Indem wir für das Erleben unserer Gefühle und den Umgang mit ihnen Verantwortung übernehmen, sind wir nicht länger das Opfer – oder der Täter.
Die oben erwähnten Beispiele sind relativ harmlose Fälle von Überreaktionen. Und doch können wir tagtäglich in der Zeitung lesen, wie jemand auf ein scheinbar banales, alltägliches Vorkommnis überreagiert, wie es zu Kurzschlußhandlungen kommt. Die Mücke wird zum Elefanten, das Faß (sprich der Emotionalkörper) läuft über, wir verlieren einfach die Kontrolle über den vorangegangenen Gefühlsstau.
Auch wenn es nicht so dramatisch verläuft: Unterdrückte Gefühle verschwinden nicht aufs ›Nimmerwiederfühlen‹ – sie sind höchst aktiv im Untergrund, lassen unsere Vitalität, unsere Lebensfreude verkümmern (von Kummer?), machen uns psychisch oder physisch krank. Unsere ungeklärten Schattenbereiche verselbständigen sich und entwickeln ihre eigene Dynamik.
Verdrängung kann sich auch so gestalten, daß ich das, was ich in mir ablehne, einfach mit ›positivem Denken‹ bemäntele oder ich packe immer wieder viel weißes Licht drumherum, weil ich ›spirituell‹ sein möchte. Wir meinen dann, ›über‹ den

Gefühlen stehen zu müssen oder zu können. Das führt uns in die Schein-Heiligkeit und dient uns nicht. Wahre Lichtarbeit ist zuerst einmal Schattenarbeit. Verdrängen, bewerten, urteilen deckt Wahrheit zu, läßt uns Rollen spielen – unehrlich werden. So behindern wir unsere Entwicklung.
Glücklicherweise ist unser Emotionalkörper wandlungsfähig, er ist unser Lernpartner für Entwicklung und Wachstum. Dazu müssen wir beginnen, in uns hineinzulauschen, um die Wahrheit zu erfahren über unsere Gefühle – bis der Schatten ans Licht gelangt. So wird Platz geschaffen, bisher gebundene Energie wird frei, der Emotionalkörper wird höher und schneller schwingen, sich harmonisch und glücklich fühlen. Auf dem Weg zur Selbsterkenntnis gilt es, unsere Gefühle zu ehren, sie zu akzeptieren und mit ihnen so umzugehen, daß wir ihre Botschaften verstehen und uns von ihnen leiten lassen, hin zu unserem wahren Selbst.

## Angst vor dem Fühlen

Um wieder in Kontakt zu gelangen mit den Gefühlen, die wir verloren haben, die ins Unbewußte gesunken sind oder die wir aus unseren Ängsten heraus kontrollieren, kann es sinnvoll sein, sich einem spirituellen Wegbegleiter anzuvertrauen. So können wir die Schritte auf unserem Weg in einem sicheren, geschützten Rahmen tun. Am besten suchen wir uns einen Begleiter oder Therapeuten, der sich der eigenen inneren Klärung verpflichtet fühlt, jemand, der uns möglichst urteilsfrei begegnet und dabei unterstützt, uns mehr und mehr an die eigene Innere Führung, an unser Höheres Selbst anzuschließen.
Weil wir Angst haben, mit unseren Gefühlen – sozusagen nach langer Abstinenz – nicht mehr umgehen zu können, weil wir die Büchse der Pandorra fürchten, haben wir Zuflucht genommen zur Kontrolle. Möglichst alles in unserem Leben soll kontrollierbar und abgesichert sein. Und das

wiederum versperrt uns den Zugang zur eigenen Inneren Führung, zu der subtilen Stimme unseres Höheren Selbst, die wir nur im Aufgeben der Kontrolle durch den Emotionalkörper wahrnehmen, das heißt in der *Hingabe*. Hingabe hat zu tun mit lassen, mit ›sein lassen‹, also mit akzeptieren dessen, was ist. Wenn wir uns erlauben, von Moment zu Moment wieder mit dem zu sein, was ist, dann fließen auch unsere Gefühle wieder. So, wie es auf ganz natürliche Weise bei kleinen Kindern geschieht. Sie gehen mit ihren Gefühlen im Hier und Jetzt um, fließend, ohne daß etwas verkrusten kann, festgehalten oder nachgetragen wird. Nur der Augenblick zählt, die Freude am Da-Sein, am Miteinander – das Leben ein Spiel. Tagore, ein indischer Dichter sagt sinngemäß: ›Gott achtet dich, wenn du arbeitest und er liebt dich, wenn du spielst, singst, tanzst...‹

Für die meisten von uns jedoch sind die Erinnerungen der eigenen Kindheit und die damit verbundenen Gefühle oft schmerzhaft. Wir haben Angst vor unseren Gefühlen und wenn wir dann Eltern werden, geht die Kontrolle weiter. Auch wir haben unserem Sohn seinerzeit ›zum Trost‹ für seine Schmerzen Gummibärchen gegeben, weil seine Verletzung einen ungewollten alten Schmerz in uns berührte und wir meinten, es anders nicht ertragen zu können. Trotz ›moderner‹ Erziehung ist vieles beim alten geblieben. Vor kurzem beobachtete ich eine Szene im Kaufhaus zwischen Mutter und Kind. Dem Kind wird die Hektik zuviel, es mag nicht mehr und trotzt. Die genervte Mutter greift auf ›alt- bewährte‹ Mittel zurück: »Wenn du nicht sofort damit aufhörst und brav bist, bring ich dich zur Polizei.« Neben dem Mitgefühl für das Kind können wir auch Mitgefühl für die Mutter spüren, wenn wir sie als kleines Mädchen vor uns sehen, ohnmächtig und hilflos den ›Großen und Starken‹ ausgeliefert.

Hier wird deutlich, wie wir als Mütter oder Väter noch die inneren verletzten Kinder in uns tragen. Wir fürchten den Schmerz, der damit verbunden wäre, wenn wir sie aus ihrem Schattendasein hervorholen würden. So setzen wir physische Kinder in die Welt, ohne gelernt zu haben, mit den eigenen Gefühlen umzugehen. Die Folge davon ist, daß wir gar nicht anders können, als alles so weiterzugeben, wie es uns vorgelebt wurde.

## Steckenbleiben oder fließen lassen?

Fühlen zu lernen ist einer der wichtigsten Schritte auf unserem Weg zu Erkenntnis und Selbst-Verwirklichung. Es gibt unterschiedliche Weisen, mit unseren Gefühlen umzugehen. Wir können sie festhalten und in ihnen steckenbleiben oder wir können sie er-leben und fließen lassen.
Unsere Schutzmechanismen, unsere Ängste lassen uns steckenbleiben. Wir können unsere Gefühle nicht akzeptieren, lehnen sie ab, aus Angst vor Schmerz oder aus Angst vor Zurückweisung. Wenn wir starke Gefühle spüren, meinen wir, nicht liebenswert zu sein oder fühlen uns schuldig.
Festhalten am Alten kann sich auch so äußern, daß wir uns hineinsteigern in bestimmte Gefühle oder Gefühlsmuster, indem wir sie auf immer gleiche Weise ausagieren, etwa durch Wutanfälle und Jähzorn, durch dramatisierte Ängste, Schmerzen oder Sorgen oder durch einen nie versiegenden Tränenstrom. Wobei wir letztlich erkennen müssen, daß sich nichts wirklich verändert in unserem Leben, daß sich das ›Drama‹ eher noch vergrößert.
Dazu eine kurze Anmerkung: Wenn jemand seine Gefühle sehr lange unterdrückt hat, mag es vorübergehend hilfreich für ihn sein, wenn er beim Ausagieren seiner Wut auf Kissen schlägt oder alte Telefonbücher zerfetzt. So kommt der Betroffene vielleicht zum ersten Mal in Kontakt mit der entsprechenden Energie in sich. Es gilt bei diesem ›Lernprozeß‹ jedoch bewußt zu bleiben, daß das Ausagieren der Wut nicht irgendwann als Vermeidung benutzt wird, die darunterliegenden Verletzungen und Schmerzen anzuschauen. Ausagieren kann unter diesem Blickwinkel wirk-

liches Erleben der tieferen Gefühle verhindern und unsere Entwicklung beeinträchtigen.
Noch eine Möglichkeit, die uns steckenbleiben läßt und Wandel aufschiebt oder verhindert, ist das Verdrängen unserer Gefühle. Wenn wir sie stets ›unter den Teppich kehren‹, wird sich auf die eine oder andere Weise irgendwann eine mächtige Stolperfalte bilden, die uns erinnern möchte, endlich hinzuschauen und den angehäuften Schmutz zu reinigen.
All diese Verhaltensweisen – das Steckenbleiben in unserer Angst vor Schmerz, das sich ständig wiederholende Ausagieren und Hineinsteigern von Gefühlen oder die Verdrängung – bedeuten, daß wir uns nicht erlauben, unsere Gefühle wirklich zu er-fahren. Damit verhindern wir, daß etwas in Bewegung kommt, daß Wandel möglich ist. Denn alles, was wir wirklich und ehrlich er-leben, verwandelt sich, während das, was wir festhalten und unterdrücken, sich irgendwann verletzend und zerstörerisch gegen uns selbst richten kann.

- *Ungeklärte, festgehaltene Gefühle gehen auf Kosten unserer Lebendigkeit, lassen uns starr und unbeweglich werden, schaffen Energieblockaden, wirken verletzend und zerstörerisch.*

*Unterdrückte Gefühle* können sich in folgendem Verhalten äußern:*
Rationalisieren, vermeiden, abwehren, nicht wahrhaben wollen, nicht wahrnehmen, Unbewußtheit, Ausreden, Ironie, Zynismus, Spott, Aggressionen, Zerstörung, Zwänge, bagatellisieren, sich drüber stellen, so tun als ob, Rollenspiel, Kompensation, Flucht, Betäubung (Süchte, Zerstreuung), Lebensverweigerung, im Ausgeliefertsein an Gedankenterror, im Vertreten von Hypothesen und Ideologien.

---

* nach Maaz und Alt

*Gefühlsblockaden* zeigen sich in psychischen und physischen Schmerzen, Resignation, Apathie, Sinnlosigkeit, Passivität, Rückzug, Isolation, Hysterie. Auch die Schwierigkeit, sich zu entscheiden oder die Unfähigkeit zu handeln, haben mit blockierten Gefühlen zu tun.

Die heilsamste Art und Weise, mit unseren Gefühlen umzugehen, ist es, sie zu akzeptieren, sie zu erfahren und uns durch ihre Be-wegung weiterführen zu lassen (siehe dazu die Übungen weiter unten). Damit Gefühle fließen können, ist Annahme nötig und liebevolles Umgehen mit uns selbst. Gefühle annehmen und fließen lassen, öffnet uns für unsere intuitiven, schöpferischen Kräfte, gibt der Stimme unseres Höheren Selbst Raum. Kommunikation von Gefühlen in uns selbst und in Beziehungen ist Voraussetzung für ein erfülltes Leben. Wenn wir bereit sind, von unseren Gefühlen zu lernen – statt sie zu perpetuieren oder zu verdrängen – dann werden wir ihre Botschaften verstehen, dann dienen sie unserem Erwachen.

### Wir sind es, die unsere Gefühle haben

Obwohl wir immer wieder meinen, unsere Gefühle seien Reaktionen auf ein Geschehen von draußen, auf Verhaltensweisen unserer Mitmenschen (wie zum Beispiel Verletzungen, Schuldzuweisungen, Kritik, Enttäuschungen), entspricht diese Vorstellung nicht der Wahrheit und wir brauchen andere Menschen im Grunde nicht, um unsere Gefühle zu klären, denn wir sind es, die das jeweilige Gefühl haben, wie wir bereits weiter oben gesehen haben.
Osho (Bhagwan S. Rajneesh) hat das sehr klar beschrieben: »Wenn ihr ein Gefühl empfindet, meint ihr, daß es von außen kommt. Es ist aber immer in euch, andere stellen nur eine Situation her, in der das Gefühl zum Ausdruck kommen kann. Die anderen sind nicht die Ursache für eure Gefühle, sie verursachen nichts in euch. Was immer geschieht, geschieht aus euch heraus und war schon immer in euch. Aus

verborgenen Quellen manifestiert sich, was schon immer da war.
Es gilt, in allen Situationen, bei eurem inneren Gefühl zu bleiben. Wenn ihr wütend werdet, dann verlegt euer Zentrum nicht auf die Person, die eure Wut ausgelöst hat. Laßt den anderen beiseite und fühlt eure Wut, erlaubt sie, ohne zu rationalisieren, ohne zu sagen, der andere hat mich wütend gemacht. Verurteilt ihn nicht, er ist nur der auslösende Faktor. Seid froh, daß etwas Verborgenes ans Tageslicht kommt. Fühlt die Wunde. Dann löst sich die Wut auf.
Wenn ein Gefühl durch bewußtes Erleben verschwindet, dann ist es negativ. Wenn ihr durch bewußtes Erleben eines Gefühls zu diesem Gefühl werdet, wenn es sich ausdehnt und zu eurem Sein wird, ist es positiv. Bewußtsein hat in diesen beiden Fällen zwei verschiedene Wirkungen. Ist das Gefühl negativ, befreit euch Bewußtheit davon. Ist das Gefühl gut und schön, werdet ihr eins damit. Es wird durch Bewußtheit vertieft. Durch Bewußtheit verschwindet alles, was negativ ist. Wie die Dunkelheit verschwindet, wenn das Licht angeht, so verschwinden Haß, Wut, Trauer, Schmerz, Gewalt und dann offenbaren sich Liebe, Freude, Ekstase.«

## Annehmen statt Ausweichen

Solange wir gegen Gefühle ankämpfen, sie nach außen projizieren, bleiben wir darin verstrickt und verhindern, daß sie sich lösen. Sobald wir uns die ungeklärten Gefühle bewußtmachen, sie annehmen und durch-leben, werden sie sich auflösen und in Lebenskraft verwandeln.
Manchmal tragen wir ein Programm in uns, daß Gefühle zu haben gleichsetzt mit Schwachsein (›ein Indianer kennt keinen Schmerz, Jungens weinen nicht‹) oder mit Leiden müssen (›wenn ich mir einmal erlaube, den Schmerz zu fühlen oder zu weinen, dann hört das nie mehr auf‹). Das kann dazu führen, daß wir uns abspalten von uns selbst, von unseren

Gefühlen. Wir wollen sie nicht mehr fühlen und schließlich *können* wir sie nicht mehr fühlen. Auf diese Weise verzerren sich unsere Wahrnehmungen. Es fällt uns immer schwerer zu fühlen, was echt und authentisch ist – im Innern und im Außen. Auf diese Weise spalten wir auch den Zugang zu unserem inneren Wissen, zu unserer Intuition und verlieren den Kontakt zu unserem wahren Selbst.

Schauen wir uns das Gefühl ›Schmerz‹ einmal näher an. Wir können unseren Schmerz abwehren, uns in ihn hineinsteigern oder ihn erleben und fühlen, um dann die Verhaftung, unsere Identifikation mit ihm loszulassen. Hineinsteigern, Dramatisieren, Ausagieren läßt den Schmerz sich fortsetzen, die Verhaftung bleibt. Wir fühlen uns als Opfer, klagen an oder kapseln uns ein in Selbstmitleid. Wenn wir Schmerz festhalten, bleiben wir stecken in dem Bedürfnis, uns schützen zu wollen. Alles soll beim alten bleiben. Letztlich lehnen wir die Verantwortung für unsere Realität ab und wollen nicht wachsen.

Indem wir bereit sind, unseren Schmerz anzunehmen, ihn zu erleben, begegnen wir dem Schmerz, der heilend wirkt. Ein tiefer Schmerz, der uns erschüttert, kann unser Herz aufgehen lassen und Festgefahrenes in Bewegung bringen. Lange weggesteckte Trauer darf endlich zum Vorschein kommen. Indem wir den Schmerz annehmen, wird die Trauer hochgespült und kann sich lösen.

Oft erkennen wir erst aus dem Abstand heraus, wie die dunkelsten Momente, die schmerzvollsten Zeiten unseres Lebens, letztlich die größten ›Geschenke‹ für uns bereithielten. Manchmal wird uns erst nach langer Zeit bewußt, welchen tieferen Sinn der Verlust einer Arbeitsstelle hatte, wozu eine große Ent-täuschung gut war … Mit dem Ausdruck ›Geschenk‹ meinen wir hier einen besonderen Entwicklungs-Schritt, eine tiefe Einsicht in unsere Menschlichkeit.

# Auch dies geht vorüber

Wenn wir uns erlauben, offen und akzeptierend mit unseren Gefühlen zu sein, sie bewußt zu er-leben, in der urteilsfreien, liebevollen Begleitung unseres Höheren Selbst, dann verwandeln sie sich und zum Vorschein kommen Freude und Liebe. Unsere Energie fließt wieder frei und bringt uns ins Hier und Jetzt.
Wir können unserem Höheren Selbst jederzeit signalisieren, daß wir bereit sind, unsere vor-gestellten Ängste, unsere Sorgen, unsere Phantasien über das, was alles geschehen könnte, abzugeben und loszulassen. Erlebte Gefühle sind Energien in Bewegung, die vorüberziehen und sich transformieren. Sie schenken uns Kraft, Lebendigkeit und Kreativität. Alles kommt und geht! Macht es da Sinn, daß wir uns einhaken und festklammern an unseren Vorstellungen, was vielleicht geschehen könnte? Dazu eine kleine Anekdote.

*Der Ring des Königs**
*Es war einmal ein gestrenger König, der drei weise Männer am Hofe zum Tode verurteilt hatte, weil er mit ihnen nicht zufrieden war. Er war jedoch bereit, ihnen das Leben zu schenken, wenn sie ihm bis zum nächsten Tag eine Weisheit, eine Einsicht vermitteln würden, die immer zutrifft, für alle Situationen, alle Erfahrungen, alle Gefühle des Lebens. Die weisen Männer meditierten die ganze Nacht.*
*Am nächsten Morgen brachten sie dem König einen Ring. Der König sagte, er könne nicht sehen, wie dieser Ring ihm dienen würde. Da wiesen die drei Weisen auf die eingravierte Inschrift. Als der König diese gelesen hatte, war er sehr bewegt und erfreut und schenkte den Männern ihr Leben. Die Inschrift lautete: Auch dies geht vorüber.*

---

* Die Quelle dieser Anekdote ist uns unbekannt

# Emotionale Klärung mit dem Höheren Selbst in der Praxis

## Anregungen – Impulse – Übungen

Wir möchten dir im folgenden praktische Anregungen geben für den Umgang mit Gefühlen und die Klärung des Emotionalkörpers.
Bei unseren Übungen gehen wir davon aus, daß du eigenverantwortlich mit deinen Gefühlen so umgehst, daß du weder dich noch andere oder dein Umfeld verletzt.
Wichtig ist, daß du von Beginn an den Kontakt herstellst zu deiner Inneren Führung, zu deinem Höheren Selbst und dich einhüllst in seine Gegenwart. (Siehe dazu das 5. Kapitel *Spirituelle Praxis – Begegnung mit dem Höheren Selbst.*)
Solltest du die Übungen alleine, ohne Partner oder Begleitung durchführen, wäre es empfehlenswert, ein Heft oder Buch anzulegen für deine Erfahrungen, Beobachtungen und Erkenntnisse. Es kann vielleicht nicht den lebendigen Austausch mit einem Menschen ersetzen, aber es wird dir helfen, deine Klärungsprozesse durch das Aufschreiben zu vertiefen, oder es dient dir einfach dazu, dir etwas von der Seele zu schreiben.
Unsere Übungen sind Vorschläge für das Bearbeiten und Klären von Gefühlen mit dir selbst und in dir selbst. Es liegt bei dir zu entscheiden, wann und ob du zusätzlich in die ›äußere‹ Kommunikation mit den Personen treten möchtest, die an den in dir ablaufenden Prozessen beteiligt sind. Dabei ist es hilfreich, die Hinweise, die in *Ich-Botschaften* und der Übung *Der nicht abgeschickte Brief* gegeben werden, miteinzubeziehen.
Wenn dir – aus welchen Gründen auch immer – die Voraussetzungen oder das Vertrauen fehlen, allein und eigenständig mit den Übungen umzugehen, dann zieh daraus entsprechende Konsequenzen und suche dir Unterstützung.

Vielleicht findest du Gleichgesinnte, mit denen du üben kannst, möglicherweise möchtest du aber auch therapeutische Begleitung in Anspruch nehmen.

## Übungen

***Entspannungsprozeß*** (evtl. eine Kassette besprechen)
Diesen Entspannungsprozeß kannst du anderen Übungen zur Vertiefung der Erfahrung voranstellen.

▲ Setze oder lege dich bequem hin, schließe die Augen und bringe deine Aufmerksamkeit zu deinem Atem. Beobachte das Ein- und das Ausatmen. Erlaube deinem Körper, sich dabei mehr und mehr zu entspannen und loszulassen. Laß die Gedanken kommen und gehen ohne sie festzuhalten, laß alles so sein, wie es ist, ohne etwas anders haben zu wollen oder dich davon gestört zu fühlen.
Jetzt bringe deine Aufmerksamkeit zu deinem Herzzentrum in der Mitte deiner Brust und öffne es. Deine Absicht allein ist genug, vertraue darauf, daß es geschieht. Stell dir vor, wie du über dein geöffnetes Herzzentrum weißes Licht aus dem Universum einströmen läßt und spüre, wie es sich in deinem Herzen ausbreitet. Hol mehr und mehr Licht in dich hinein. Jetzt sieh, wie sich aus diesem Licht, mitten in deiner Brust, eine Sonne bildet. Laß sie wachsen, diese Sonne, fühle, wie sie immer größer wird, im Zentrum deiner Brust – in deinem Herzen.
Stell dir nun vor, wie diese Sonne ihre Strahlen aussendet, hinein in deinen ganzen Körper. Ihre Lichtstrahlen wandern von deiner Brust hinauf zu deinem Hals und Nacken und strömen von dort in dein Gesicht, in deinen Kopf. Vom Herzen aus gelangen sie auch in deine Schultern, deine Arme und Hände.

Nun laß die Strahlen deiner Sonne nach unten gleiten, über den Bauchraum und den Unterleib hinein in deine Beine und Füße.
Und jetzt laß dieses Licht über deine Körpergrenzen hinausgehen, fülle den Raum, in dem du dich befindest an mit dem Licht deiner Sonne. Spüre dabei, wie das Licht dich trägt und schützt, wie es dich sicher und geborgen hält. ▲

Nach dieser Grundübung kannst du jeweils andere Übungen aus dem folgenden Teil oder aus dem Kapitel *Spirituelle Praxis* anschließen, für die du dich vorher auf diese Weise eingestimmt hast.

### ▲ *Ausdruck und Befreiung von Emotionen über den Körper*

Wenn in einer Situation Angst, Trauer, Wut, Schmerz hochkommen, fühle es im Körper.
Drücke das Gefühl so aus, wie dein Körper es möchte, bis es genug ist.
Gib dich der Erfahrung hin, sei so offen und akzeptierend wie möglich, ohne Abwehr, ohne Widerstand, ohne Bewertung, laß es geschehen.
Danach lausche nach innen, was dir dein Höheres Selbst dazu vermitteln möchte.
Und nun ruh dich aus in seiner Liebe. ▲

### ▲ *Gefühle tanzen*

Du kannst deine Gefühle auch tanzen! Das bringt gestaute Energien wunderbar in Bewegung. Gib dich dabei deinem ureigenen Tanz hin, wie er sich aus dir heraus von Moment zu Moment entfaltet und ausdrückt; beziehe auch dein Gesicht mit ein. Laß die Masken fallen und die Puppen tanzen!

Schaffe dir Raum und wähle eine passende Musik dazu (z.B. Gabrielle Roth *Initiation* oder Rolf Exler *Play Ecstasy*).
Musik unterstützt uns, offen und durchlässig zu werden für die Energien unserer Gefühle. ▲

### ▲ *Dialog mit deinen Gefühlen*

Werde dir deines Gefühls bewußt. Stell dir vor, es hätte eine Stimme und könnte zu dir sprechen. Was möchte es dir mitteilen?

Akzeptiere, was du hörst.

Bitte dein Höheres Selbst um Führung. ▲

### ▲ *Zwiesprache mit deinem inneren Kind*

Begib dich in die Stille.

Laß in deiner Vorstellung das Bild deines inneren Kindes erscheinen.

Nimm seine Energie wahr.

Vermittle deinem Kind, daß du jetzt für es da bist, es annimmst und ihm zuhörst.

Dann verleih deinem inneren Kind eine Stimme, laß es dir sagen, was es gerade erlebt und wie es sich dabei fühlt.

Wenn das geschehen ist, frage es, was es sich von dir wünscht, um wieder ins Gleichgewicht zu kommen.

Jetzt gib ihm die Zuwendung, die Akzeptanz, den Trost und die Liebe, die es von dir braucht.

Wenn es sich richtig anfühlt, nimm es in deine Arme.

Sag ihm, daß es nicht alleine ist, sag ihm, wie sehr du es liebhast.

Vermittle ihm, daß du von jetzt an mehr auf seine Gefühle und Bedürfnisse hören wirst, daß du dich um es kümmern wirst.

Bitte dein Höheres Selbst, dir aus seiner Liebe heraus eine Botschaft zu geben, die dich dabei unterstützen wird. ▲

Möchtest du dir Notizen machen?

Weitere Übungen mit dem ›inneren Kind‹ findest du im 4. Kapitel *Beispiele aus der spirituellen Arbeit* nach Karls Begegnung mit dem inneren Kind.

## *Ein Brief, der nie abgeschickt wird*

Vorbemerkung:
Um deine Gefühle auszudrücken, zu bearbeiten und zu reinigen, kannst du demjenigen, mit dem sie zu tun haben, einen Brief schreiben – ohne ihn jedoch abzuschicken. Dieser Brief soll dich unterstützen, deine Situation und die damit verbundenen Gefühle zu klären. Nachdem er seine Funktion erfüllt hat, kannst du ihn vernichten. Wenn du die Wahrheit über dich selbst erfahren möchtest, laß dir beim Schreiben deine Projektionen (siehe Stichwort im *Glossar*) bewußt werden und nimm sie, soweit es dir möglich ist, zurück. Das geht am besten, indem du in *Ich-Botschaften* sprichst bzw. schreibst. Lies dir dazu das folgende Beispiel durch, bevor du beginnst: Angenommen, ich bin wütend auf einen Freund, der mich verletzt hat. Dann könnte meine Reaktion so aussehen, daß ich meine Wut herauslasse und ihm etwa schreibe: ›Du bist ein schlechter Mensch und du trägst die Schuld an allem.‹ Das wären Du-Botschaften mit Anklagen und Schuldzuweisungen, die bei meinem Gegenüber sofort Verteidigungs- und Angriffs-Mechanismen aktivieren und die Situation eskalieren lassen.
Eine andere Möglichkeit wäre es, so zu schreiben:
›Ich fühle mich durch dein Verhalten … sehr verletzt und es macht mich wütend.‹ Das sind Ich-Botschaften. Ich spreche dabei von mir und dem Verhalten des anderen, statt ihn als Person zu verurteilen.
(Siehe dazu weitere Beispiele am Ende der Übung)

Beginn der Übung:
▲ Beim Schreiben deines Briefes verbinde dich mit der Energie deines Höheren Selbst.
Drücke all das ehrlich aus, was dir wichtig erscheint,
was du bisher zurückgehalten hast.
Nimm dir die Zeit, die du brauchst, bis du das Gefühl hast, alles gesagt und dargestellt zu haben.
Sitze dann eine Weile still da in einem offenen, meditativen Raum.

Wenn du soweit bist, stimm dich wieder auf dein Höheres Selbst ein.
Bitte es, etwas mit dir zu teilen, ein Wissen, eine Botschaft, die es dir jetzt – aus seiner allumfassenden Sicht – geben möchte. ▲

Noch eine Anmerkung zu den *Ich-Botschaften*:
*Ich-Botschaften* sind natürlich auch sehr hilfreich bei der Kommunikation von Gefühlen im persönlichen Kontakt mit unseren Mitmenschen (näheres dazu findest du zum Beispiel in dem Buch *Familienkonferenz* von Gordon, das sich mit zwischenmenschlicher Kommunikation befaßt.)
Hier ein paar weitere Beispiele:
*Du-Botschaften:* ›Du bist gemein‹; ›du machst alles falsch‹; ›du fährst zu schnell‹;
*Ich-Botschaften:* ›Ich ärgere mich über...‹; ›Mich macht nervös...‹; ›Es ist mir peinlich...‹
*Du-Botschaften können übrigens auch mit ›Ich‹ beginnen: ›Ich finde, spüre, denke, daß du im Unrecht bist, nie für mich da bist, ...‹*
Sie gehen dann mit Bewertung, Kritik oder Rechtbehalten einher, ohne die Klärung zu fördern.

### ▲ *Akzeptieren, was kommt*
Bei dem folgenden Prozeß erinnere dich immer wieder daran, in das Gefühl hinein und hindurch zu atmen.
Wenn du Angst, Trauer, Ärger oder Schmerz fühlst, übe zunächst, statt mit Zusammenziehen mit Ausdehnung darauf zu reagieren. So gut es geht, öffne dich, laß los und laß den Atem durch dich hindurchströmen.
Dann erlaube allen dazugehörigen Gedanken, Gefühlen, Bildern oder Empfindungen zum Vorschein zu kommen und in dein Bewußtsein zu gelangen – atme!
Du kannst dich fragen, was das Schlimmste wäre, was passieren könnte. Laß die Gedanken und Bilder dazu kommen – atme!
Dann erinnere dich, daß du bereit bist, mit dem umzugehen,

was immer geschieht und daß du die Herausforderungen annehmen wirst, wie sie auch aussehen mögen – atme!
Bekräftige dein Vertrauen, daß du in der Lage bist, die auftauchenden Schatten als Möglichkeit deiner Entwicklung anzunehmen und zu transformieren – atme!
Wenn du soweit bist, erlaube einem sanften Lächeln sich über deinen ganzen Körper auszubreiten, ihn mit Energie aufzuladen.
Stell dir dabei vor, daß sich alles, was geschieht, zum Guten entwickeln wird und spüre tief in deinem Innern, wie sich das anfühlt. Und dann laß alles mit einem Gefühl der Dankbarkeit gehen. Laß es los. ▲

▲ ***Fragen an dich selbst, die dir helfen können, mehr über deine Gefühle zu erfahren und sie ins Fließen zu bringen:***
Wovor habe ich Angst?
Hat mich etwas verletzt oder habe ich Angst vor Verletzung, vor Verlust?
Fühle ich mich bedroht oder gefährdet?
Gibt es etwas in mir, das ich nicht wahrhaben möchte oder nicht akzeptieren kann? ▲

▲ ***Der Weg aus der ›Sackgasse‹***
Manchmal fühlen wir uns gefangen im eigenen Urteil über ein Verhaltensmuster und den damit verbundenen Gefühlen und wissen nicht, wie wir uns aus diesem Käfig befreien können, um die Energien wieder ins Fließen zu bringen. Bewegung und Wandel geschehen, wenn wir diesen – sehr einfachen, aber nicht unbedingt leichten – Spielregeln für den Umgang mit unseren Gefühlen und Gefühlsmustern folgen.
Was immer geschieht:
– Akzeptiere das Gefühl (bzw. das Muster und deine Reaktion darauf),
– Sei bereit, mit dem zu sein, was ist,
– Laß deine Urteile darüber los …
*und beginne wieder von vorn* (akzeptiere das Gefühl …) ▲

### ▲ *Ein Brief an dein Höheres Selbst und seine Antwort darauf*

Erinnere dich, daß dein Höheres Selbst für dich da ist, daß es dich annimmt und liebhat, und daß es jederzeit bereit ist, dich in deinem Selbstausdruck zu unterstützen, um dein Gleichgewicht wiederzufinden.
Schreibe deinem Höheren Selbst einen Brief über eine Situation, die dich beschäftigt und über die damit verbundenen Gefühle.
Laß Zeit verstreichen, so daß sich deine Gefühlswogen glätten können ...
Gehe dann in die Stille und laß dir nun eine Antwort von deinem Höheren Selbst diktieren. Bitte es, dir aus seiner ganzheitlichen Sicht all das mitzuteilen, was dich unterstützen wird.
Während das geschieht, erinnere dich, wie sehr es dich liebhat – so wie du bist – einfach dafür, daß du da bist.
Spüre, wie es dich immer begleitet durch all deine Erfahrungen hindurch. Wie es dich annimmt, mit all deinen Gefühlen, mit all deinen Ängsten.
Wie unterstützt es dich? Was möchte es dir vermitteln?
Laß dir sagen, was es von dir weiß, wie es dir vertraut und deine wahren Fähigkeiten kennt, laß dich von ihm erinnern, wer du in Wahrheit bist. ▲

### ▲ *Ein buddhistischer Weg, mit Ärger umzugehen*

Dieser Weg erscheint uns sehr ›fortgeschritten‹ und erstrebenswert – geh in die eigene Erfahrung und schau, ob er für dich funktioniert.
»Die buddhistische Haltung kümmert sich um den Ärger. Wir unterdrücken ihn nicht und laufen nicht vor ihm weg. Wir atmen einfach und halten unseren Ärger mit der größten Zärtlichkeit in den Armen. Wenn ihr atmend bei eurem Ärger bleibt, und dabei euer Mitgefühl und Verstehen auf ihn lenkt, wird er sich bald auflösen und ihr werdet seine Tiefen und Wurzeln sehen können.« (Thich Nhat Hanh) ▲

## Weitere Vorschläge und Anleitungen für die Klärung des Emotionalkörpers

*Unsere karmische Familie*

Der innere Umgang mit unserer karmischen Familie ist ein wichtiger Bereich innerhalb der Klärungsarbeit. Unsere karmische Familie umfaßt all jene Menschen, mit denen wir zusammen sind, um voneinander zu lernen und gemeinsam zu wachsen. Dazu gehören unsere Eltern oder Bezugspersonen, Geschwister, Großeltern, Kinder, Freunde, Bekannte, Arbeitskollegen usw. ›Karmisch‹ bedeutet hier, daß wir miteinander in Beziehung treten, um wechselseitige Erfahrungen zu machen und diese letztlich in einen Ausgleich zu bringen. Durch die Gefühls- und Verhaltensmuster der Menschen um uns herum bekommen wir ständig Impulse und Hinweise, die uns an die eigenen Themen näher heranführen. Die Mitglieder unserer karmischen Familie halten uns gleichsam von außen einen Spiegel vor, indem wir uns selbst erkennen können.

Wir wollen uns jetzt mit unserer karmischen Familie in der Praxis beschäftigen. Es geht hier um *die* Menschen, die uns innerlich beschäftigen, ob wir sie nun ›mögen‹ oder nicht; Menschen, die uns auf vielerlei Weisen geprägt und herausgefordert haben oder es jetzt noch tun. Jeder von ihnen hat seinen Emotionalkörper mit verschiedenen Gefühlsmustern und Lebensthemen. Wir werden gleich eine Übung anschließen, so daß du dir ihrer jeweiligen Muster bewußt werden kannst. Dabei hast du Gelegenheit, zu erkennen, welche dieser Muster und Themen diese Menschen dir spiegeln und reflektieren. Die Mitglieder unserer karmischen Familie sind nicht zufällig in unserem Leben. Wir reisen meist schon eine lange Zeit gemeinsam – allerdings in unterschiedlichen Rollenbesetzungen. Das zeigt sich, wenn wir uns frühere Leben anschauen. Vielleicht war mein jetziger Partner einmal mein Vater oder ich habe die Elternrolle für meine Mutter in einem vergangenen Leben übernommen. Letztlich sind wir perfekte Lernpart-

ner füreinander auf dem Weg der Bewußtwerdung und Selbsterkenntnis.
In der Klärungsarbeit werden wir erkennen und erfahren, daß wir uns unsere karmische Familie, und damit natürlich auch unsere Eltern, ausgesucht haben, daß wir uns im Grunde unseres Herzens danach sehnen, die karmischen Verstrickungen und Verhaftungen zwischen uns zu klären und zu lösen, um die ursprüngliche Liebe füreinander zum Vorschein kommen zu lassen.
Wir wollen uns noch einmal einige solcher Muster vergegenwärtigen: Ein Mitglied unserer karmischen Familie mag sich etwa laufend Sorgen machen, sich von Ängsten oder anderen Emotionen beherrscht fühlen, von Wut, Trauer, Depression, Schmerz oder Schuld. Andere Beispiele für die Reaktionsweisen des Emotionalkörpers sind Ohnmacht und Opfersein, Abhängigkeiten und Süchte. Vielleicht ist jemand oft krank, hat häufig Unfälle, oder sein Leben ist voller dramatischer Begebenheiten. Wieder ein anderer leidet seit jeher an seiner Einsamkeit, an seinen Zweifeln oder seiner Kritiksucht.
Wenn du selber an dieser Stelle in die Praxis einsteigen möchtest, lies dir die folgende Übung durch und lege dann das Buch zur Seite.

### ▲ *Meine karmische Familie – ihre Lebensthemen und Muster – was spiegeln sie mir?*

Nimm dir Schreibzeug und beginne dir Gedanken zu machen über deine karmische Familie. Überlege, wer alles dazu gehört. Welches sind die wichtigsten Menschen in deinem Leben? Dabei spielt es keine Rolle, ob sie noch leben oder gestorben sind. Erinnere dich auch an die Menschen, die dir das Leben schwer machen oder gemacht haben.
Erstelle dir dann eine Liste über deine karmische Familie. Schreibe die Gedanken- und Gefühlsmuster, evtl. auch die Verhaltensweisen, die dir bei ihnen bewußt sind, stichwortartig auf, besonders jene, die dich aus dem Gleichgewicht bringen, ärgern, frustrieren, traurig machen, verletzen.

Nimm dir die Zeit, die dafür nötig ist. Es lohnt sich, denn es kann dir dabei vieles bewußt werden.
Jetzt kommt der nächste und wichtigste Schritt. Gehe die Liste nochmals durch und unterstreiche *die* Muster und Themen, die deine karmische Familie *dir* spiegelt. Frage dich jeweils: Was hat diese Eigenschaft, dieses Verhalten, dieses Gedanken- und Gefühlsmuster mit mir zu tun?
Wenn du dich ehrlich und mutig diesem Prozeß stellst, hast du die Chance, einige Zusammenhänge, die bisher im dunkeln lagen, ans Licht zu holen. Dabei wird dir immer klarer werden, wie und daß du verbunden bist mit diesen Menschen, daß ihr miteinander ›zu tun‹ habt. Schau dir an, ob und wie die Muster der anderen deine ›Knöpfchen‹ drücken. Was regt dich auf, ärgert oder schmerzt dich – wo überall re-agierst du? ▲

Vielleicht ist es dir möglich, nach dieser Übung zu erkennen, daß du und deine karmische Familie die idealen Lernpartner füreinander seid, auf dem Weg des Wachsens, auf der Reise zum wahren Selbst. Es mag sein, daß dieser Erkenntnisprozeß vorübergehend schmerzhaft ist, bis wir bereit sind, uns nicht mehr länger dagegen zu sträuben. Dann können wir uns fragen, welche Konsequenzen unsere neuen Einsichten beinhalten. Denn nun spätestens wird deutlich, daß es einen tieferen Sinn hat, mit welchen Menschen wir zusammen sind. Wir haben uns einander ausgesucht. Wir haben bereits auf der Seelenebene, bevor wir in einen Körper gekommen sind, Vereinbarungen getroffen, wie und was wir voneinander lernen können.
Jetzt sind wir mittendrin in den entsprechenden Erfahrungen – und dabei ist es unsere Wahl, was wir daraus machen! Wir können ›mitspielen‹ oder wir können uns verweigern und festhalten am alten. Was wir uns weigern zu bearbeiten und zu lernen, wird uns immer wieder begegnen, als immer größere Herausforderungen. Nicht, weil ein ›machtvoller, strafender Gott‹ es so bestimmt hat, sondern weil wir – aus uns selbst heraus – nach Ausgleich, Entwicklung und Vollkommenheit streben.

Diese Einsichten machen deutlich, daß wir es sind, die unsere Realität erschaffen. Unsere Umgebung, die Umstände, in denen wir leben, die Menschen, die uns begleiten, die Erfahrungen, die wir erleben, geschehen nicht rein zufällig, wir haben sie ausgesucht und vereinbart, gemäß unserem Lebensplan, den wir zusammen mit unserem Höheren Selbst gemacht haben. Dabei spiegelt oder reflektiert uns unsere karmische Familie die Themen, die es zu bearbeiten gilt, um uns zu entwickeln.

Ein Beispiel aus Jürgens Leben: Sein Vater zog sich regelmäßig an seinen mächtigen Schreibtisch zurück, um – wie er es nannte – ›zu disponieren‹. Das war eine vornehme Umschreibung für eins der herausragenden Lebensthemen seines Vaters: sich Sorgen machen. In der Kindheit beeinflußte dieses ›disponierende‹ Verhalten Jürgen sehr. Der Vater war nicht ansprechbar, irritiert, voll des unterdrückten Ärgers, denn er machte sich Sorgen! Damals nahm Jürgen sich vor, niemals so zu werden wie sein Vater... Erst viele Jahre später wurde ihm zunehmend bewußt, wie sehr dieses Thema auch das seine ist, daß es sich, wenn er ehrlich ist, bereits wie ein roter Faden durch sein ganzes Leben gezogen hatte. In seinen Rückführungen fand er dann heraus, daß das Thema ›sich Sorgen machen‹ schon seit zahllosen Leben zu einem der ureigenen Themen seines Emotionalkörpers gehörte – bis er jetzt bereit wurde, das zu akzeptieren und daran zu arbeiten.

Der erste Schritt, um aus diesen oder ähnlichen Mustern auszusteigen, heißt Verantwortung dafür zu übernehmen, daß ich es bin, der ein Problem hat. Sobald ich dazu stehe, bin auch ich es, der mit diesem Problem umgehen und sich daraus befreien kann. Ich bin dann nicht länger das Opfer irgendwelcher Erziehungsmethoden oder das Opfer der Verhaltensweisen oder Gefühlsmuster anderer Menschen, sondern ich kann in meine eigene Kraft gelangen und meine Muster klären.

## Die Klärung von Gefühlsmustern mit dem Höheren Selbst

In unserem nächste Vorschlag geht es um eine Klärungsübung für den Emotionalkörper in der bewußten Verbindung mit dem Höheren Selbst. Wir haben den Text so formuliert, daß du ihn im voraus auf eine Kassette sprechen kannst. Wenn du dann im Rahmen der Übung Zeit oder Pausen brauchst, unterbrichst du die Kassette, bis du bereit bist, weiterzugehen.

(Vorab listen wir zur Einstimmung einige Beispiele von verbreiteten Gefühlsmustern auf, die du benutzen kannst, um dir die eigene Thematik ins Gedächtnis zu rufen:

- niemand liebt mich, ich bin nicht gut genug, ich verdiene es nicht
- sich im Stich gelassen fühlen, zu kurz kommen
- sich als Opfer fühlen
- anders, schneller, besser sein müssen
- sich selbst oder andere beurteilen und kritisieren
- Erwartungen, Anklagen oder Vorwürfe an sich selbst oder andere
- sich Sorgen machen, sich enttäuscht fühlen
- sich oder andere abhängig machen
- die Kontrolle behalten wollen
- sich verletzt fühlen

Weitere Themenbereiche können sein:
Schuld, Macht, Ohnmacht, Sinnlosigkeit, Resignation, Sucht und Selbstzerstörung, sowie Gefühle von Ärger, Wut, Haß, Trauer, Angst, Einsamkeit u.a.)

▲ ***Energetische Klärungsübung für den Emotionalkörper mit dem Höheren Selbst***

Verbinde dich mit der Energie deines Höheren Selbst und bette dich ein in seine Liebe, sein Licht und seine Kraft.
Wähle nun ein Gefühlserlebnis, das du zusammen mit deinem Höheren Selbst näher anschauen möchtest. Bitte es um Unterstützung und Begleitung in deinem Prozeß.

Stimm dich ein auf die Gefühle, die mit dem Erlebnis verbunden sind.
Laß sie zum Vorschein kommen – lerne sie kennen.
Mach dir dabei deinen Atem bewußt und spüre deinen Körper.
Sei einfach mit deinen Gefühlen, laß sie gelten, nimm sie – so gut es geht – an.
Ohne dich in etwas hineinzusteigern, festzuhaken oder zu dramatisieren, nimm die Wut, die Angst, die Trauer, den Schmerz an.
Fühle das Gefühl. Wo im Körper spürst du es?
Was geschieht energetisch in diesem Bereich?
Sei ohne Urteil mit dem, was ist.
Beobachte, wo und wie die Energie blockiert ist oder wo und wie sie fließt.
Fühle die Begleitung und Unterstützung deines Höheren Selbst, bitte es, dir zu zeigen, was hinter diesem Gefühl oder diesem Muster steht.
Schaue zurück, wann du dieses Gefühl oder diesen Schmerz schon einmal hattest, woher du ihn kennst – aus welcher Situation, aus welcher Erfahrung?
Wo, wann und wie hast du das schon einmal erlebt?
Und wann davor?
Laß dich die vergangenen Prägungen und die damit verbundenen emotionalen Ladungen erkennen. Nimm dir Zeit, dir die Zusammenhänge und die Parallelen bewußt zu machen.
Wenn du soweit bist, vergegenwärtige dir den aktuellen Anlaß und das, was er bei dir auslöste.
Mach dir bewußt, wenn du in einem Gefühls-, Gedanken- oder Verhaltensmuster steckengeblieben bist.
Beobachte die Wirkung deiner Gedanken- und Gefühlsmuster,
schau hin, wie und ob sie dich verletzen und wie sie sich zerstörerisch auswirken.
Erlaube dem Emotionalkörper nicht länger, deine Sicht- und Fühlweisen einseitig darzustellen oder zu verzerren.

Lausche mehr und mehr nach innen, schau, ob du jetzt bereit bist, die Verhaftungen an das Alte, Vergangene loszulassen, ob du bereit bist, dir und anderen zu vergeben.
Bitte dein Höheres Selbst, dir aus seiner ganzheitlichen Perspektive etwas zu vermitteln, über den tieferen Sinn dessen, was du erlebt hast.
Dann geh mit deinem Gewahrsein noch einmal zu deinem Körper.
Schau nach, ob es Bereiche gibt, wo die Energie noch festgehalten wird.
Schicke dem jeweiligen Bereich die Farbe oder das Licht, das ihm hilft, energetisch wieder ins Gleichgewicht zu kommen. Gib dir dafür Raum und Zeit.
Arbeite solange mit der Farbe oder dem Licht, bis du das Gefühl hast, daß es genug ist.
Jetzt bitte dein Höheres Selbst, dir eine Botschaft zu geben, die dich an deine wahre Natur, an deinen göttlichen Kern erinnern wird.
Wenn du soweit bist, komm zurück ins Hier und Jetzt. ▲
Möchtest du dir Notizen machen?
Auf diese oder ähnliche Weise kannst du Einsichten bekommen in den tieferen Sinn deiner Gefühle und Erfahrungen.

Die folgende geführte Visualisation haben wir aus New Mexico mitgebracht, sie ist Teil unseres Seminars *Wege zur Inneren Führung – Wege zum Höheren Selbst*. Wir möchten sie hier aufnehmen, weil die darin gewonnen Erfahrungen sich sehr heilsam und transformierend auf unsere Beziehungen im Alltag auswirken können.
Bevor du einsteigst, lies dir die Übung erst einmal durch, um zu entscheiden, ob du sie eigenverantwortlich durchführen willst und kannst, oder ob du dich lieber im Rahmen eines Seminars darauf einlassen möchtest.
Es ist empfehlenswert, den Text mit entsprechenden Pausen auf eine Kassette zu sprechen und sich genug Zeit zu nehmen für diese geführte innere Reise. Schaffe dir auch für hinterher den Raum, den du brauchst, um das Erfahrene zu

verarbeiten und sich setzen zu lassen. Lege Schreibzeug bereit, um dir im Anschluß an die Übung Notizen machen zu können.

▲ ***Das Höhere Selbst geht an unserer Stelle mit einer schwierigen Situation um***

Schließe sanft die Augen und werde dir deines Atems gewahr – spüre das Einatmen und das Ausatmen. Laß deinen Atem ganz natürlich kommen und gehen und sei dir dabei bewußt, wie du hier sitzt, in diesem Raum.

Die Zeit verstreicht und du verläßt jetzt diesen Raum.

Dabei gehst du zurück in der Zeit oder nach vorn in die Zukunft. Spule die Tage zurück oder vorwärts, um eine deiner größten Herausforderungen in deinem Leben zu konfrontieren, ein Problem, eine für dich schwierige Situation. Sei es zu Hause – mit deiner Familie mit deinem Partner oder Freunden – oder sei es etwas, das deine Arbeit, deine berufliche Situation, betrifft.

Begib dich jetzt an den entsprechenden Ort und stell dir die Situation vor, die du gewählt hast. – Gehe hinein in diese Situation. Wo befindest du dich? Mit wem bist du zusammen? Wie ist die Stimmung, die Atmosphäre an diesem Ort? Laß die Situation ganz präsent werden: die Person oder die Personen, um die es geht; den Ort, die Umstände, alles, was dazu gehört. Mach dir die Empfindungen und Gefühle bewußt, die für dich damit verbunden sind. Wie fühlt sich dein Körper an? Erlebe und spüre diese schwierige Situation mit all deinen Sinnen.

Werde dir gewahr, wie sehr du in dieser Situation gefangen bist.

Sieh, wie der andere – oder die anderen – darin gefangen sind.

Laß die Situation nun zu ihrem Höhepunkt kommen.

Jetzt hörst du, wie jemand an die Tür klopft und du sagst: Entschuldige mich einen Moment oder entschuldigen Sie mich, ich muß zur Tür gehen und nachschauen, wer da kommt.

Du gehst die Tür öffnen und da steht dein Höheres Selbst. Es kommt auf dich zu und sagt: »Hast du's schwer heute?« Du nickst.

»Laß mich dir helfen«, sagt es. Dann bittet es dich, ihm deine Kleider zu geben. Es bittet dich sogar, ihm deinen Körper zu geben.

Und du tust das und wirst dabei unsichtbar.

Dein Höheres Selbst ist jetzt mit deinen Kleidern und deinem Körper bekleidet. Es sagt: »Laß uns wieder in den Raum gehen, zurück in die schwierige Situation.« Und nun zeigt dir dein Höheres Selbst, was es an deiner Stelle tun würde. – Beobachte es, höre, was es sagt, was es tut oder auf welche Weise es still ist und nichts tut in dieser Situation. (Nimm dir Zeit.)

Dann sieh und spüre, wie es die Situation zu Ende bringt.

Und nun sage noch einmal: »Entschuldige mich – entschuldigen Sie mich einen Moment.«

Und ihr beide verlaßt wieder den Raum und du bekommst draußen deinen Körper und deine Kleider zurück. Bevor dein Höheres Selbst geht, gibt es dir ein Geschenk, um dich daran zu erinnern, wie du das, was es dir vorgemacht hat, immer wieder tun kannst. Dieses Geschenk ist für dich ein klares Symbol. Nimm es an und spüre seine Bedeutung für dich. Werde offen und durchlässig für dieses Geschenk. Jetzt sieh, wie dein Höheres Selbst seine Hand ausstreckt und deinen Körper irgendwo dort berührt, wo er Liebe und Heilung braucht. Spüre, wie Heilung geschieht.

Nun flüstert es dir etwas ins Ohr. Erinnere dich daran. Nimm das Geschenk, die Botschaft und die Liebe deines Höheren Selbst tief in dich auf. Und bedanke dich auf deine Weise. Dann löse dich langsam aus der Erfahrung.

Komm hierher zurück, in diesen Raum. Werde dir deines Atems bewußt und öffne deine Augen. ▲

Möchtest du dir Notizen machen?

Diese Übung kann eine tiefgehende Erfahrung sein. Gib dir Raum und Zeit, damit umzugehen. Solltest du dich anschließend ›sehr weit weg‹ und tief versunken fühlen, sorge dafür, daß du dich gut erdest, bevor du in deinen Alltag zurückkehrst. Einige Vorschläge für einfache Erdungs-Übungen findest du im 5. Kapitel *Spirituelle Praxis*.

## Das Ziel der Klärung unserer Gefühle

*Ich will dir die Schlüssel des Himmelreichs geben:*
*Alles, was du auf Erden binden wirst,*
*soll auch im Himmel gebunden sein,*
*und alles, was du auf Erden lösen wirst,*
*soll auch im Himmel gelöst sein.*
Matth 16/19

Unsere Gefühle werden durch die Arbeit mit ihnen weder verschwinden noch aufhören. Was sich löst, sind die Verhaftungen und Identifikationen, die Knopfdruck-Mechanismen und ihre destruktiven Komponenten, die uns zum hilflosen Spielball degradieren. Das Ziel der Arbeit mit unseren Gefühlen ist es, alte Prägungen und Verhaftungen begrenzender Gefühle loszulassen – durch Bewußtwerdung, Klärung und Reinigung.

Ungereinigte Gefühle werden aus unserem Ego, dem Sprachrohr unseres Emotionalkörpers gespeist. Es sind die zerstörerischen Triebkräfte in uns, die uns mit ihrer Tendenz zu Verhaftung und Wiederholzwang süchtig machen und unseren Wachstumsprozeß stagnieren lassen. Wenn wir zum Beispiel hungrig sind auf Nahrung oder Sex, dann können wir diesen Hunger mit unseren ungereinigten Gefühlen aggressiv und egoistisch stillen, unter Einsatz von Macht, Gier und Ausbeutung. Oder wir handeln aus unseren gereinigten Gefühlen heraus – im Einklang mit unserer Inneren Führung – indem wir der Schöpfung mit Akzeptanz, Zuwendung, Hinspüren, Freude, Dankbarkeit und Liebe begegnen. Gereinigte Gefühle sind weder egoistisch noch zerstörerisch, noch trennend oder einschränkend. Sie führen

uns zu unserem Höheren Selbst, lassen uns verbunden fühlen mit allem, was lebt, erlauben uns Wachstum und Ausdehnung.
Über unser ›gereinigtes Fühlen‹ wird es uns gelingen, immer mehr ins Hier und Jetzt zu gelangen, so daß wir Gefühle spontan – der Situation angemessen – erleben, ohne der Zeit hinterherzuhinken oder ihr voraus zu eilen. Je mehr wir im Gefühlsfluß sind, um so leichter wird es uns fallen, unsere Gefühle zu akzeptieren und sie wieder loszulassen. Gefühle sind Energien, die sich bewegen und weiterziehen möchten. Eines Tages werden wir dahin gelangen, die Energien unserer Gefühle innerhalb kürzester Zeit durch uns hindurch fließen zu lassen. Dabei spüren und akzeptieren wir das energetische Geschehen, geben uns ihm hin, ohne uns einzumischen. Danach werden wir uns befreit fühlen, gelöst und im Gleichgewicht und können uns mit neuer Kraft voll und ganz dem nächsten Augenblick zuwenden.
Unsere gereinigten Gefühle sind die magnetische Energie, die die Verbindung herstellt zu unserer Inneren Führung, zur spirituellen Energie in uns. Sie sind die menschliche Brücke hin zu den spirituellen Dimensionen, zum Licht, zu Gott. Solange wir auf dieser Erde sind, werden die Gefühle unsere Reisebegleiter sein – und die Schlüssel zum Himmelreich.

Unter aller Angst, allem Leid, aller Negativität, unter aller Unbewußtheit liegen verborgen unsere natürlichen, wahren Gefühle:

*Glück, Lebendigkeit, Akzeptanz, Erfüllung, Gelassenheit, Harmonie, Mut, Zuversicht, Vertrauen, Güte, Toleranz, Geduld, Heiterkeit, Ruhe, Dankbarkeit, Großzügigkeit, Vergebung, Offenheit, Mitgefühl, Demut, Verteidigungslosigkeit, Hingabe, Freude, Ekstase, Kreativität, Energie, Gesundheit, Licht, Fülle, Humor, Freiheit, Frieden,*

***Liebe!***

# Der Weg in die Liebe – Heilen durch Vergebung

*Entscheide dich zu vergeben, denn Groll ist negativ,*
*Groll ist vergiftend, Groll verschlingt das Selbst.*
*Sei du der erste, der vergibt, der lächelt und den ersten*
*Schritt tut und du wirst sehen,*
*wie das Glück anfängt zu blühen*
*auf dem Antlitz deines menschlichen Bruders, deiner Schwester.*
*Sei immer der erste, warte nicht darauf, daß der andere vergibt,*
*denn durch Vergebung, wirst du zum Meister des Schicksals,*
*zum Gestalter des Lebens, zum Wunder-Wirker.*
*Zu vergeben ist die höchste und schönste Form der Liebe*
*und du wirst unbeschreiblichen Frieden und Glück empfangen!*

Robert Muller (früherer stellvertretender
Generalsekretär der UNO)

Wahre Vergebung ist wie das letzte Glied einer Kette – sie steht am Ende eines intensiven Klärungsprozesses. Zuvor ist es nötig, daß wir uns die Wahrheit sagen über unsere betroffenen Gefühle, daß wir die Gefühle des Verletztseins, der Wut, der Trauer, des Schmerzes, der Schuld und der Angst zulassen und erfahren. Erst danach werden wir von innen heraus bereit sein, weiterzugehen – wir spüren, die Zeit ist reif, um zu vergeben.

Leider lassen wir uns oftmals von unseren Vorstellungen über ›Spiritualität‹ und den damit einhergehenden Erwartungen, wie wir zu sein haben – den hohen Ansprüchen an uns selbst – unter Druck setzen. Vielleicht denken wir auch einfach ›wenn ich allen vergebe, dann bin ich auf dem spirituellen Weg‹. Diese Gedankenmuster dienen nicht unserer Entwicklung – sie umgehen die Wahrheit und verhindern den Zugang zu echter Liebe und Heilung.

Die meisten von uns spüren noch die Prägungen der Kindheit in uns, wenn wir an Vergebung denken. In unserer Erziehung wurde Vergebung oft gleichgesetzt mit ›gut sein oder

besser sein als der andere‹, dadurch fühlten wir uns im Recht mit unserer Sichtweise des Erlebten. Moralische Überlegenheit ließ uns selbstgerecht werden und fütterte den Stolz unseres Egos. Oder wir hatten Angst zu vergeben, weil wir meinten, das gleiche Geschehnis könne sich dann wiederholen. Oder aber wir lernten, Vergebung mit Schwäche gleichzusetzen. All diese Glaubensmuster haben nichts zu tun mit wahrer Vergebung. *Wahre Vergebung heißt nichts anderes, als die Verhaftungen an alte Sichtweisen loszulassen.* Vergebung ist letztlich immer ein Geschenk an uns selbst, denn jedes schlechte Gefühl, jeder Ärger, jeder Groll, jede Aufregung, jedes Sich-Unwohlfühlen, jede Krankheit und alles, was wir als Unglück oder Pech bezeichnen, ist das Ergebnis der Nichtvergebung, an der wir festhalten. Wenn wir bereit sind, kann Vergebung das Vehikel sein, um unsere verzerrten Wahrnehmungen, unsere Interpretationen der Wirklichkeit zu erkennen und unsere Verhaftungen an sie loszulassen. Endlich können sich unsere Ängste, Urteile und Schuldgefühle lösen, so daß sich unser Herz öffnen kann.
Der Prozeß der Vergebung beinhaltet die Bereitschaft, den eigenen Anteil an dem, was vorgefallen ist zu sehen und ihn zu konfrontieren, damit wir unsere Anklagen und Schuldzuweisungen – unsere Projektionen – zurücknehmen können. Statt etwa im Groll oder in Rachegefühlen steckenzubleiben, die uns niemals eine wirkliche Lösung bringen, geht es darum, unsere eigene Beteiligung an den ›unerledigten Geschäften‹ unseres Lebens anzuschauen. Wenn mir dabei mein eigenes Fehlverhalten, meine eigene Lieblosigkeit – vielleicht zum ersten Mal – bewußt werden, gilt es, nicht in die Falle des Selbsturteils zu geraten, sondern möglichst akzeptierend mit uns selbst zu sein.
Sobald ein Tabubereich, ein tiefes Urteil in uns berührt wird, neigen wir dazu, zu projizieren, etwas nicht wahrhaben zu wollen und unsere Sichtweise beginnt sich – meist unbewußt – zu verzerren. Wir ziehen andere Menschen und Dinge mit hinein (›die Bedingungen waren schlecht‹ oder ›die anderen

sind schuld‹...). Damit vermeiden wir es, Verantwortung zu übernehmen für das Erschaffen unserer Realität durch unsere Gedanken, Gefühle und Handlungen.

Um in die Verantwortung für mein Leben zu gelangen, meine Sichtweise zu erweitern und eine ›Kurskorrektur‹ vornehmen zu können, hat es sich für uns als hilfreich erwiesen, bei möglichst vielen Gelegenheiten nach innen zu fragen: Was will mir dieses Verhalten, diese Situation sagen? Was hat es mit mir zu tun?

Nur so kann ich mich dafür öffnen, bisher Ungelöstes in einem neuen Licht zu sehen – als Lernsituationen, die ich annehme, um an ihnen zu wachsen.

Wenn mich das aggressive, fordernde, rachsüchtige, ungerechte oder kleinliche Verhalten meiner Mitmenschen auf die Barrikaden bringt, kann ich mich fragen, wo in mir gibt es Aggressionen, Rachegedanken, Ungerechtigkeit, Mangel und Begrenztheit?

Wenn ich immer wieder in ähnliche Situationen – mit denselben oder auch unterschiedlichen Personen gerate –, die auf unbefriedigende Art und Weise enden, frage ich mich: Was will mir das sagen? Welche meiner Muster verbergen sich dahinter?

Elisabeth Kübler-Ross hat einmal gesagt, daß alles, was uns länger als drei Sekunden aufregt oder zu schaffen macht, mit uns zu tun hat.

Alles, was und wie ich es erlebe, alles was und wie es mir geschieht, kann mir als Spiegel dienen. Wenn ich nun eine Herausforderung, eine schwierige Situation meines Lebens bearbeitet habe, sie akzeptieren kann und mir meines Anteils bewußt bin, werde ich spüren, daß die Zeit reif ist, mir selbst und den anderen Beteiligten zu vergeben oder sie um Vergebung zu bitten. Nach der Klärungsarbeit erkenne ich, daß ich meine Urteile, die ich über mich selbst und andere hatte, jetzt loslassen kann, denn ich habe meine verzerrten Wahrnehmungen korrigiert und Verständnis, vielleicht sogar Mitgefühl dafür entwickelt, daß ich selbst und die anderen Beteiligten zu jenem Zeitpunkt nicht anders handeln und reagieren konnten. Ich brauche mich nicht länger zu rechtfertigen, etwas verheimlichen oder mich in Schuldzuweisungen nach außen zu ergehen. Ich bin bereit, das Alte loszulassen, das, von dem ich bisher meinte, daß andere es mir angetan und mich ungerecht behandelt hätten.

Wahre Vergebung ermöglicht, daß sich die Situation, die uns zu schaffen macht, auflösen kann. Festgefahrene Energien kommen wieder in Fluß, wir erleben inneren Frieden und fühlen uns in Harmonie mit unserer Umgebung. Wenn wir wirklich vergeben, wird uns klar, daß die Situation gar nicht so war, wie wir sie gedeutet haben. Jemand mag scheinbar gemein gehandelt haben, aber er tat es aus seinen Ängsten heraus, aus der Angst vor Mißbilligung oder Ablehnung.

Jesus Worte am Kreuz: ›Vater, vergib ihnen, denn sie wissen nicht, was sie tun‹, vermitteln uns, daß er sah, daß die Menschen nicht so waren, wie sie handelten, sondern daß sie aus Nichtwissen, Angst und Unbewußtheit heraus handelten.

Es ist unsere Wahl, ob wir an unserer Angst, unserem Groll, an der Nichtvergebung festhalten, ob wir weiterhin aus einem verletzten Ego heraus emotional reagieren und uns dadurch selbst wehtun, oder ob wir bereit sind loszulassen, zu vergeben, über die Trennung von mein und dein hinauszuwachsen.

Vergebung setzt nicht voraus, daß ich den anderen Menschen sympathisch finden und sein Handeln gutheißen muß. Sie hängt auch nicht davon ab, daß wir äußerlich aktiv werden, sondern es geht mehr um eine innere Wandlung meiner Denk-, Fühl- und Sichtweisen. An die Stelle der Reaktionsmuster meines Emotionalkörpers tritt nach der inneren Arbeit ganz natürlich die Sicht und die Antwort meines Höheren Selbst. Statt mit den Augen unseres äußeren Persönlichkeits-Selbst sehen wir unsere Mitmenschen und uns selbst mit den inneren Augen, den Augen des göttlichen Selbst. So öffnen wir uns dafür, daß Gnade

geschehen kann. Gnade kommt von Ge-nahen. Wenn wir bereit sind, das äußerlich Trennende zu transzendieren, laden wir sie ein, uns und unser Leben zu berühren.
Fassen wir das bisher Gesagte zusammen: Mit nichtvergebenden Gedanken schüre ich meine Urteile und Bewertungen über andere und mich selbst. Meine Wahrnehmung entfernt sich dadurch immer weiter von der Wirklichkeit. Sie wird verzerrt. Ich hege keinen Zweifel mehr, daß ich Recht habe und so bleibe ich in der Projektion und damit in der Verschleierung stecken. Vergebung verändert meine verzerrten Wahrnehmungen, sie befreit von Schuld, Angst und Schmerz. Das Festhalten an Nichtvergebung verletzt immer mich selbst, denn ich erschaffe meine Wirklichkeit mit meinen Gedanken und Gefühlen. Was ich aussende, ziehe ich an, es kommt zu mir zurück. Das Verhaftetsein an urteilenden, grollenden Gedanken bringt disharmonische Schwingungen, Leid und Krankheit in mein Leben, es macht mich unfrei.
Vergebung ist ein Geschenk an mich selbst. Ich lasse alten Ballast los und Energie wird frei für die Kommunikation mit meinem inneren, göttlichen Selbst, das mich wieder an meine Reinheit und Unschuld erinnert, mich ganz und heil und geliebt fühlen läßt.

Wenn du in dir die Bereitschaft fühlst, alte unerledigte Geschäfte anzuschauen und zu klären, dann laß dich ein auf den folgenden, schrittweisen *Vergebungsprozeß.*

### ▲ *Vergebungsprozeß*

Bitte dein Höheres Selbst, dich dabei zu begleiten und zu unterstützen. Zieh dich zurück an einen stillen Ort, wo du eine Weile ungestört sein kannst.
Dann spüre und bekräftige innerlich deine Bereitschaft, Situationen aus deinem Leben, die du noch nicht losgelassen und vergeben hast, jetzt anzuschauen.
Denke an jemanden, dem du bisher nicht vergeben hast, an jemanden, den du am liebsten nicht mehr sehen möchtest.

Stell dir dabei vor, daß du im Kinosessel sitzt und dir das Geschehene wie einen alten Film noch einmal ansiehst. Lasse die Szenen auf deiner inneren Leinwand erscheinen – ohne sie auszuagieren, zu dramatisieren oder zu verleugnen. Sei einfach mit den Gefühlen, die da sind, spüre die Energien in deinem Körper, die damit verbunden sind, und laß sie durch dich hindurchfließen, ohne sie festzuhalten. Bleibe durchlässig. Fühle dabei in jedem Moment die Begleitung deines Höheren Selbst. Wenn du meinst, in einer Sackgasse festzustecken, zögere nicht, es zu bitten, dir weiterzuhelfen, dir zu zeigen, wie du am besten loslassen kannst, um inneren Frieden zu finden.
Wenn du soweit bist, sage dir innerlich: Ich bin jetzt bereit, diese Situation loszulassen und mich zu öffnen für die neue ganzheitliche Sichtweise meines Höheren, göttlichen Selbst. ▲

Allmählich wirst du so erkennen können, *daß es im Grunde nur zwei Arten des menschlichen In-der-Welt-Seins gibt: den Ruf nach Hilfe und Liebe oder den Akt der Liebe*. Je tiefer du bereit bist, dich auf eine solche Sicht- und Fühlweise einzulassen, um so mehr wird dir dein Höheres Selbst offenbaren, wie dies zu verstehen ist und welche Konsequenzen es letztlich für dich hat.
Solltest du das Gefühl haben, dich auf den Vergebungsprozeß lieber innerhalb einer therapeutischen Begleitung einzulassen, so akzeptiere das und handle entsprechend.

Zitate zur Vergebung aus *Ein Kurs in Wundern*:

»... jede Vergebung [ist] eine Gabe an dich selbst.«
(Übungsbuch-Teil I, Lekt. 62. 2:2)

»Vergib der Vergangenheit und laß sie los, denn sie ist vergangen.«
(Textbuch-26.V.14:1)

»Angst verurteilt, und Liebe vergibt. Vergebung hebt auf diese Weise auf, was die Angst hervorgebracht hat…«
(Übungsbuch-Teil 1,Lekt.46.2:2-3)

»Du, der du Frieden willst, kannst ihn nur durch vollständige Vergebung finden.«
(Textbuch-1.VI.1:1)

»Hier zu vergeben, ist der Weg zu Gott. Es gibt keinen anderen Weg.«
(Übungsbuch-Teil II, Lekt.256.1:1-2)

* * *

Wir möchten dich im folgenden zu einer Vergebungs- Meditation einladen. Sie beinhaltet das Vergeben, bei dem es um andere Menschen geht, und auch das Sich-selbst-Vergeben, wobei letzteres für viele von uns die schwierigste Herausforderung zu sein scheint. Es gibt so viele Gelegenheiten, in denen eine solche Meditation hilfreich für uns sein kann: Wenn wir von Schmerz oder Leid überwältigt sind, wenn wir das Gefühl haben, daß alte oder junge Verletzungen unser Herz abschnüren, wenn wir Groll und Ärger oder Trauer spüren, wenn wir uns schuldig fühlen – immer dann, wenn es uns unmöglich scheint, uns für Mitgefühl, Akzeptanz und Liebe zu öffnen, sei es für uns selbst oder für andere.
Manchmal mag es geschehen, daß wir uns im Rahmen des Vergebungsprozesses vorkommen wie der Eiserne Heinrich im Märchen. Wir meinen, ein eisernes Band um unser Herz zu fühlen. Dann ist es nötig, daß wir sanft, geduldig und liebevoll mit uns selbst umgehen; nur so wird unser Herz Vertrauen schöpfen, den Schutzring loszulassen, so daß Vergebung uns berührt und heilt und Mitgefühl und Liebe wieder fließen können.
Die heilenden Auswirkungen dieser Meditation sind oft sehr überraschend für alle Beteiligten. So ist es möglich, daß

Menschen wieder mit uns in Verbindung treten, mit denen es seit langem keinen Kontakt mehr gegeben hat, meist aus gegenseitigem Groll heraus. Wir alle sind Energiewesen in Schwingung und die Schwingungen einer solchen Meditation finden ihr Ziel, wenn die Zeit dafür reif ist.
Wir empfehlen dir, den folgenden Text auf ein Band zu sprechen, damit du ganz in deine innere Erfahrung eintauchen kannst.

### ▲ *Vergebungs-Meditation*

Setze dich aufrecht hin. Laß den Atem sanft in deinen Körper strömen und wieder hinausfließen, wie eine leichte Brise, sanft und weich. Laß die Kontrolle los. Gehe mit deinem Gewahrsein immer wieder zurück zu deinem Atem, von Moment zu Moment.
Nach einer Weile erlaube Bildern, Erinnerungen und Gefühlen in dir aufzusteigen und vor deinem geistigen Auge vorüberzuziehen. Beginne damit, nachzuschauen, wie und wo du anderen Schaden zugefügt hast. Erlaube dir, dich mit offenem Geist und offenem Herzen an das Geschehene zu erinnern.
Nun bitte all jene um Vergebung, die du verletzt hast, denen du Schaden zugefügt hast, bewußt oder unbewußt, durch deine Gedanken, Worte oder Handlungen. Bitte für all das um Vergebung, was du aus deiner Verwirrung, aus Schmerz oder Angst heraus bewirkt hast. Schicke deine Bitte um Vergebung hinaus und spüre, wie sie empfangen und akzeptiert wird. Fühle die Heilung, die damit verbunden ist – für dich und andere.
Löse dich dann von den Bildern, laß sie gehen und wende dich nun dir selbst zu. Spüre die Härte, die du oftmals gegen dich selbst hast walten lassen. Erlaube der Energie der Vergebung, die Barrieren um dein Herz herum sanft zu lösen. Laß dich selbst in dein Herz kommen. Werde dir all der Arten und Weisen bewußt, wie du dich selbst verletzt hast, dir Schaden zugefügt hast, im Körper, im Herzen – aus deiner Angst, aus deinem Leid heraus, aus Nichtwissen

und Unbewußtheit; all die Male, die du dich selbst vernachlässigt oder ignoriert hast.
Vergib dir das, was du dir in der Vergangenheit angetan hast. Entdecke das liebenswerte Selbst in dir, wende dich ihm zu. Sage zu dir selbst: Ich vergebe mir für all das, was ich mir in der Vergangenheit angetan habe. Es ist genug gelitten. Ich habe gelernt und bin gewachsen, und jetzt bin ich bereit, mein Herz für mich selbst zu öffnen. Ich möchte befreit sein vom Leid, möchte glücklich sein und mich berühren lassen von der Freude, mein wahres Selbst zu erkennen. Und nun laß auch diese Bilder gehen.
Jetzt erinnere dich an die Wunden, die Sorgen, die Schmerzen, die du durch andere erlitten hast, die Härte, den Groll, die Aggressionen, die sie auf dich gerichtet haben. Erinnere dich an jene, die dich bewußt oder unbewußt verletzten oder dir Schaden zufügten, aus ihrer Angst, aus ihrem Leid, aus ihrer Verwirrung heraus. Schicke deine Vergebung in dem Maße, wie es dir jetzt möglich ist, hin zu ihnen. Fühle die Orte in dir, wo du das Alte, Vergangene bisher festgehalten hast – berühre sie liebevoll, vergebend.
Schicke Vergebung hin zu allen Beteiligten und bitte auch sie, dir zu vergeben, für die Art, wie du sie verletzt hast. Stell dir vor, wie du und sie über die Ursachen des Leids hinauswachsen werden, wie ihr sie transformiert. Stell dir vor, wie du dich öffnest für die Freude des tiefen Verständnisses füreinander, wie eine neue Kommunikation möglich wird. Wie ihr eure Herzen, euren Geist füreinander öffnet und euch in Harmonie begegnen könnt. Sei dir gewahr, wie diese Gedanken und Bilder empfangen und akzeptiert werden.
Spüre die Heilung, die geschieht.
Nun laß die Bilder gehen. Komm zurück zu deinem Atem: Einatmen – Ausatmen. Atme Liebe ein – atme Mitgefühl aus. Komm zurück ins Hier und Jetzt. ▲

## Die Geschenke der Vergebung

»Was könntest du dir wünschen,
was die Vergebung dir nicht geben kann?
Möchtest du Frieden? Die Vergebung schenkt ihn dir.
Möchtest du glücklich und ruhigen Geistes sein,
eine Gewißheit über Sinn und Zweck
und ein Gefühl für Wert und Schönheit haben,
das über diese Welt hinausgeht?
Möchtest du immerfort Fürsorge, Geborgenheit
und die Wärme eines sicheren Schutzes? …
All das und mehr schenkt die Vergebung dir.«

*Ein Kurs in Wundern:* Übungsbuch-Teil I, Lekt. 122. 1:1-5 und 2:1

# 4
# Erfahrungen und Beispiele aus der spirituellen Arbeit

## Vergangene Leben – dieses Leben – symbolische Erfahrungen

Wir möchten nun Beispiele aus unserer Praxis als spirituelle Wegbegleiter schildern. Sie sollen Einblicke geben in weitere Möglichkeiten der Selbst-Erfahrung und Heilung. Einen therapeutischen Alleingang empfehlen wir bei dieser Form der inneren Klärung nicht, denn unser Emotionalkörper neigt dazu, mit seinen Ängsten und Mustern, eine solche Arbeit zu kontrollieren oder auch zu torpedieren. Für die eigene Selbsterfahrung kannst du die zahlreichen Übungen und Meditationen nutzen (siehe dazu das *Übungsverzeichnis* am Ende des Buches).
Während du die Erfahrungen der folgenden Beispiele liest und nachvollziehst, wirst du vielerlei Parallelen zu eigenen Erlebnisweisen entdecken. Dabei werden immer wieder ›Funken‹ zu dir überspringen, die dir Impulse geben und Einsichten schenken, um eigene innere Prozesse zu erhellen.

# Innere Reisen der Selbsterforschung – Das Höhere Selbst führt Regie

In den Sitzungen stellen wir in einem entspannten Bewußtseinszustand den Kontakt zum Höheren Selbst her. Es führt uns durch Raum und Zeit auf eine innere Reise, in vergangene Leben, in symbolische Erfahrungen oder in Szenen unseres aktuellen Lebens. Dabei sind wir angeschlossen an all unsere Erinnerungen und Erfahrungen. Über Bilder, Gefühle, Gedanken, Energien, Symbole, Farben, Körperempfindungen und andere Wahrnehmungen tauchen wir ein in die Vielfalt des Erlebens unserer Wirklichkeiten. Während einer solchen Klärungssitzung haben wir Gelegenheit, unsere begrenzenden Lebensthemen in verschiedenen Szenarien wiederzuerfahren, zu erkennen und schließlich überholte Verhaftungen an sie energetisch loszulassen. Wenn es sich bei diesen Reisen oftmals um frühere Leben handelt, so stehen diese als solche nicht im Vordergrund. Es spielt eine untergeordnete Rolle, ob wir uns als Bettler oder als Pharao sehen und erfahren. Andere Leben dienen bei der spirituellen Klärungsarbeit nur als Projektionsfläche, auf der sich unsere emotionalen Muster und Schattenbereiche deutlich abzeichnen, so daß sie für uns erkennbar werden. Für viele von uns ist es wesentlich leichter, sich über das Medium ›vergangene Leben‹ auf Erfahrungen und Einsichten einzulassen. Es werden meist weniger Vermeidungsmechanismen aktiv, als wenn wir uns das heutige Leben anschauen. Die Innere Führung wird uns jeweils genau das Erlebnis mit jenen Themen zeigen, die auch heute noch unser Leben steuern und uns hindern, unserer wahres Potential in Besitz zu nehmen.
Während der inneren Reisen durch Raum und Zeit erfahren wir uns als Opfer und als Täter, als Mann und als Frau, auf diesem Planeten oder auch auf anderen. Was immer wir erleben – es geht letztlich um die Klärung unserer karmischen, sich wiederholenden Themen, um die Öffnung und

Vertiefung unserer Inneren Führung, um unsere Entwicklung, unser Wachstum.
Während der Rückführung bzw. Hinführung begleitet uns das Höhere Selbst und unterstützt den Prozeß mit vielerlei Hilfestellungen und Botschaften, die uns Einsichten vermitteln in unsere wahre spirituelle Natur. So können wir die eigene Verstrickung in die ›Dramen des Lebens‹ immer klarer erkennen und transzendieren.
Die meisten Sitzungen verlaufen nach außen hin eher unspektakulär. Wenn wir bereit sind, gemeinsam mit dem Höheren Selbst unsere Schatten anzusehen und zu konfrontieren, ist es keineswegs nötig, sie dramatisierend auszuagieren oder große Schmerzen zu erleiden. Während sich die dichten, langsamen Schwingungen als Gefühle – Ängste, Schmerzen, Trauer, Wut und Schuld –, als Erinnerungen und Bilder lösen, dehnt sich unser Bewußtsein aus. Wir lassen alte Begrenzungen und Verhaftungen mit Hilfe der spirituellen Energie los und erleben dabei Gefühle der Befreiung und Erleichterung. Der Emotionalkörper beginnt höher zu schwingen, wir spüren Ausdehnung, Freude, Glück und inneren Frieden.

## Erfahrungen auf dem Planeten der Dualität

Über die Botschaften unseres Höheren Selbst wird uns der tiefere Sinn dessen, was wir erlebt haben, offenbart. Es wird klar, warum wir gerade diese bestimmte Rolle übernommen haben: als schwaches, hilfloses Opfer oder als rechthaberischer Tyrann, als verbitterter alter Mann oder als intrigante Herrscherin. Das Höhere Selbst vermittelt uns, was wir gerade als diese Person erfahren und lernen konnten und wollten. Auch die Mitglieder unserer karmischen Familie (siehe dazu den Kommentar im 3. Kapitel *Das Meer der Gefühle*) sind in diesen Szenarien dabei – in unterschiedlichen Rollenbesetzungen. Die Erkenntnis, wie und warum wir mit ihnen verbunden sind und was der Hintergrund für unser gemeinsames Reisen ist, wird uns auf besondere Weise berühren. Dabei können unsere Urteile über das Opfer- oder Tätersein dahinschmelzen – wie im folgenden Beispiel –, während wir uns öffnen für die bedingungslose, allumfassende Liebe und Weisheit unseres Höheren Selbst. Es begleitet uns durch all unsere Erfahrungen hindurch und es weiß, wir haben sie gewählt, um zu lernen und zu lieben, und um letztlich das Gefühl des Getrenntseins von unserem göttlichen Selbst zu überwinden.

## Jürgens Erfahrung als Bettler und die Begegnung mit einem Bettler heute

Wir möchten ein ganz konkretes Beispiel schildern, wie es in der Praxis aussehen kann, wenn uns unser Urteil bewußt wird und wir es loslassen. Unser Beispiel bezieht sich auf eine Erfahrung des Opferseins, sie läßt sich aber genauso übertragen auf das Tätersein. Jürgen berichtet:

Im Rahmen meiner ersten Sitzungen habe ich mich in der Rolle eines Bettlers gesehen. Ich führte ein passives, ergebenes Leben ohne jede Perspektive. Vollkommen identifiziert mit dem Gefühl der Sinnlosigkeit resignierte ich und suchte den Freitod, um aus diesem Leben endlich aussteigen zu können.

Ohne tiefer darauf einzugehen, möchte ich jetzt über mein Erlebnis nach der Sitzung sprechen. Es war mitten in Frankfurt, ich wollte mich zurück in meine Pension begeben, da kam ich an einem Bettler vorbei. Er saß auf dem Gehweg und hielt ein Schild in der Hand mit der Bitte um ein Almosen. Und in dem Moment fiel es mir wie Schuppen von den Augen: Wie kann ich über diesen Menschen irgendein Urteil fällen, wo ich gerade selber mittendrin in dieser Erfahrung war, wo ich hautnah gespürt hatte, wie es sich anfühlt, ein Bettler, ein Opfer zu sein. Wie könnte ich nun – hier und heute – irgendein Urteil fällen. Es gab nichts

als eine Zeitverschiebung, ich hatte diese Erfahrung irgendwann früher erlebt, und dieser Mensch machte die Erfahrung jetzt, das war alles.
Und genauso wenig kann ich über jemanden urteilen, der zum Täter wurde. Das bedeutet nicht, daß ich es gutheiße oder der Handlung bzw. dem Verhalten gegenüber gleichgültig bin. Es geht darum, daß sich meine bewertende, urteilende und damit trennende Sicht- und Fühlweise verändern wird und das geschieht von allein, je tiefer ich in die eigene Klärungsarbeit einsteige. Jeder von uns macht immer gerade die Erfahrungen auf dem Wege der Erkenntnis die für ihn wesentlich sind. Wenn ich heute in der Zeitung lese, daß jemand einen anderen Menschen mißhandelt oder daß jemand seine Macht mißbraucht hat, um an Geld heranzukommen, erinnere ich mich an meine eigenen Erfahrungen, die ich in den Rückführungen gesehen habe und mir wird klar, daß ich über diesen Menschen nicht urteilen kann. Ich weiß nichts Näheres darüber, warum er diese Erfahrung jetzt macht. Auf der Seelenebene mag er aus einer größeren Perspektive heraus eine ganz bestimmte Erfahrung gewählt haben und diese Wahl gilt es bei anderen Menschen genauso zu respektieren, wie bei uns selbst.
Unsere Erfahrungen, unsere Leben sind wie Mosaiksteine, wir erleben uns viele Male als Opfer und viele Male als Täter in den verschiedensten Variationen, um so Stein für Stein zusammenzutragen und ein Gesamtbild zu erstellen, bis die Zeit reif ist, daß wir uns nicht länger einzuhaken brauchen in irgendeine Täterenergie, in irgendeine Opferenergie, bis wir nicht mehr unbewußt im Kreislauf des Emotionalkörpers herumschwimmen, sondern zum Mit-Schöpfer werden und unser Leben aktiv gestalten.
Den Kreislauf von Ursache und Wirkung, von Wirkung und Ursache zu durchschreiten und zu überkommen, zum Mitgestalter unseres Lebens zu werden, das ist es, wonach wir uns in Wahrheit sehnen. Dazu brauche ich diese Innenschau mit meinem Höheren Selbst, um meine Themen zu klären und mich mehr und mehr an die übergeordnete Perspektive

anzuschließen. Und wenn jemand nicht von früheren Leben ausgeht, so spielt das keine Rolle bei dieser Arbeit, denn es geht letztlich nur um unsere begrenzenden Muster und Themen, und die finde ich auch in diesem Leben oder in symbolischen Erfahrungen.
Wenn ich bereit bin, Verantwortung zu übernehmen für die Erschaffung meiner Realität, wenn ich meine Lernerfahrungen akzeptiere und dabei meine Urteile loslasse, kann ich mich öffnen für die Heilung durch Vergebung und Mitgefühl für mich und meine Mitmenschen entwickeln.
Ich werde kein Verlangen mehr spüren, den Kreislauf des Emotionalkörpers weiterhin mit meiner Energie am Leben zu erhalten, sondern diese Energie wird dann frei sein, um mich meiner Inneren Führung, meinem innersten Selbst zuzuwenden. Mit dem Ausstieg aus dem Hamsterrad gelange ich hinaus in die Freiheit, um gemeinsam mit dem Höheren Selbst mein Leben zu gestalten, im Einklang mit allem, was ist.
Bei aller Bewußtseins- und Schattenarbeit wollen wir nicht aus den Augen verlieren, warum wir diese Klärungsarbeit überhaupt tun. Es gilt, damit den Raum zu bereiten für unser eigenes Hineinwachsen in neue Dimensionen, in Zukunfts-Welten, wo es einmal möglich sein wird, unsere Urteile zu transzendieren, die Polarität hinter uns zu lassen uns zu öffnen für das Nachhausekommen in die Einheit.

Um unsere Bewußtwerdung zu unterstützen, schließt sich an jede praktische Erfahrung in den Sitzungen eine ausführliche Besprechung und Interpretation des Erlebten an. Dabei kann sich unser Verstand – unser Mentalkörper – Klarheit verschaffen über die emotionalen Muster und Kreisläufe unseres Emotionalkörpers, die sich in der jeweiligen Erfahrung gezeigt haben. Wir beleuchten die verschiedenen Lebensthemen und ihre Auswirkungen, wobei die Parallelen und Zusammenhänge mit unserem aktuellen Leben sehr deutlich werden und wir feststellen, daß es oftmals genau

diese Themen sind, die sich noch *heute* in unserem Leben wiederholen, es beeinflussen und einschränken. Tiefe Einsichten und Aha-Erlebnisse können uns überraschen und die alten Festungen und Begrenzungen unseres bisherigen Lebens er-schüttern. Dadurch sind wir in der Lage, uns von altem Ballast zu befreien und wir fühlen uns motiviert, das, was uns bewußt geworden ist, in unserem Alltag umzusetzen. Wir spüren eine Öffnung für neue Erfahrungen in der Begleitung unserer Inneren Führung, sei es zu Hause, in unseren Beziehungen oder bei der Arbeit. Manchmal geschehen die Veränderungen auf recht spektakuläre Weise. Meistens jedoch erleben wir eher subtil und allmählich, wie die energetische Klärung und die gewonnenen Einsichten bisherige Kreisläufe durchbrechen, wie wir alte, begrenzende Gedanken-, Gefühls- und Verhaltensmuster hinter uns lassen und uns mehr und mehr öffnen für die Stimme unseres Höheren Selbst.
Die innere Klärungsarbeit ist ein tiefgehender, individueller Prozeß der persönlichen Transformation. Wir vertrauen uns der Inneren Führung an, um die eigenen Schattenbereiche ans Licht zu holen und mehr über unsere wahre Essenz zu erfahren. Dabei bekommen wir einen immer tieferen und bewußteren Zugang zur spirituellen Dimension in uns. Unsere wahren Fähigkeiten und Talente und der Weg zur Verwirklichung unserer Lebensaufgabe zeigen sich uns in dem Maße, wie wir bereit geworden sind, die Identifikation mit unseren Lebensthemen loszulassen, uns anzuschließen an das intuitive Wissen, die Liebe und die Kraft in uns.

# Möglichkeiten der spirituellen Arbeit mit dem Höheren Selbst

Was auch immer die Themen und Muster sein mögen, die wir nicht länger gewohnheitsmäßig in unserem Leben fortsetzen möchten, wir können uns vom Höheren Selbst in *das* vergangene Leben oder in *die* Erfahrung führen lassen, wo der *Ursprung* unseres Themas, Musters oder Problems liegt. Vielleicht möchten wir Zusammenhänge über sich ständig in unserem Leben wiederholende Ängste erkennen und klären oder wir suchen die Quelle unserer Trauer, Schuldgefühle, Süchte, Zwänge, unserer Einsamkeit, unseres Nichtwert-Fühlens, um diese Themen zu bearbeiten.

*Beispiele für mögliche Themen und Erlebnisbereiche sind:*
- Begegnungen mit dem inneren Kind
- Leben als Opfer und Täter
- Beziehungen zu wichtigen Personen in unserem Leben – zu unser karmischen Familie
- Besitzergreifende Energien (Gedankenformen, lebende Personen, erdgebundene Seelen, Geister)
- Krankheiten: ihre Botschaft, ihr tieferer Sinn
- Suchtverhalten (Drogen, Alkohol, Essen, Süßes, Arbeit, Fernsehen, Sex, Geld usw.)
- Co-Abhängigkeit
- Lösen von Flüchen, Schwüren, Eiden, Versprechen
- Kontakt mit Verstorbenen oder ungeborenen Wesen (Fehlgeburt, Schwangerschaftsabbruch oder werdendes Leben)
- Hintergründe für das Hadern mit Gott
- Begegnungen mit der inneren Frau, dem inneren Mann
- Lebens- und Seinsformen in anderen Dimensionen

Zwischendurch und nach intensiver Klärungsarbeit wird uns das Höhere Selbst auch *unsere lichtvollen Seiten zeigen, unser wahres Potential:*

- Mystische Erfahrungen – Erlebnisse des Lichts und der Einheit
- Erfahrungen unserer spirituellen Kraft, der bedingungslosen Liebe, des inneren Friedens
- ekstatische Glückszustände
- Kanal werden für unser Höheres Selbst
- Zukunfts-Visionen

## Klärungssitzungen – Interpretationen – Kommentare

Im folgenden haben wir Beispiele von Sitzungen ausgewählt, die uns hilfreich erscheinen, die Praxis der Klärungsarbeit zu veranschaulichen. Durch diese Ein-blicke soll aufgezeigt werden, welche Möglichkeiten die innere Klärung bietet. Wir können unseren Emotionalkörper nutzen und wertschätzen als ein Lernvehikel, das uns dazu dient, über selbstgesetzte Grenzen hinauszuwachsen. Unter Anleitung unseres Höheren Selbst wird dieser Energiekörper beginnen, die dichten Schwingungen des Leids zu überkommen. Er dehnt sich aus und schwingt höher und schneller, um uns auf dem Weg der Verwirklichung unseres Potentials voranschreiten zu lassen.

Da jeder von uns einmalig ist und jeweils seine ureigenen Lernerfahrungen für diese Existenz gewählt hat, gibt es keine typischen, allgemeingültigen Sitzungen bzw. Erfahrungen. So kann und will das Lesen und Mitvollziehen der Erlebnisse unserer Mitmenschen den Selbsterfahrungsprozeß und die eigene Klärungsarbeit nicht ersetzen. Dennoch mag es geschehen, daß wir beim Lesen Aspekte von uns selbst wiederfinden, indem wir uns einlassen und teilhaben an den geschilderten inneren Reisen und den damit verbundenen Gefühlen, Bildern und Einsichten.

Auf dem Weg der Selbsterkenntnis und Klärung ist inneres Engagement nötig, um auch manchmal dornenreiche und mühselige Strecken zu durchwandern, bei denen es Umwege und Rückschläge geben kann. Die spirituelle Klärung und Heilung mit dem Höheren Selbst ist *kein* Kurzweg zur Erleuchtung, sondern eine Möglichkeit, dem inneren Selbst zu folgen und mehr und mehr ›erleuchtete Tage‹ zu erleben. Mit Vertrauen, Ausdauer und Hingabe an die Innere Führung wird uns dieser Weg die eigene innere Autorität erschließen und uns in ein Leben der Klarheit, Erfüllung und des Mitgefühls führen, das ausstrahlt auf unsere Umgebung in Güte, Freude und Liebe.

## Vom inneren Kind zum Höheren Selbst

In der spirituellen Klärungsarbeit beginnen wir mit der Kontaktaufnahme zu unserem inneren Kind. Wir haben bereits im dritten Kapitel über das göttliche Kind in uns gesprochen, das als Aspekt unseres Höheren Selbst mit der Quelle der intuitiven Erkenntnis verbunden ist. Da es Teil von uns ist, können wir uns von ihm führen lassen. Indem wir uns bewußt öffnen für das Kind in uns, wird es uns mit seiner spirituellen Energie berühren, mit seinem Wissen und seiner Liebe, mit seiner Reinheit und Unschuld, seiner Leichtigkeit und seinem Humor. Das göttliche innere Kind wird uns daran erinnern, daß diese Qualitäten noch heute in uns schlummern und es zeigt uns, wie wir sie wieder wachrufen können.

### Das innere göttliche Kind und die verletzten Kinder in uns

Wenn wir uns neugeborene, kleine Kinder anschauen, dann können wir die Dimension des göttlichen Kindes noch in ihnen spüren. Das kleine Kind kommt erst einmal aus einer anderen Sphäre, und es hat anfangs noch den Zugang zu den geistigen Bereichen jenseits des Schleiers. Aber der Zugriff der materiellen Ebene bleibt nicht aus, es verspürt Hunger, körperliches oder seelisches Unwohlsein und verstrickt sich immer mehr in die Erfahrungen dieser Welt und identifiziert sich mit den erlebten emotionalen Erfahrungen. Dabei senkt sich der Vorhang herab, der die Sphären des Lichts zudeckt und die Erinnerung daran schwinden läßt. Von neuem beginnt die Trennung, der individuelle ›Sündenfall‹, wir sondern uns ab, fühlen uns getrennt von unserem göttlichen Selbst.

Die Prägungen und Wunden unserer Kindheit hinterlassen ihre Spuren. So geschieht es, daß unser göttliches Kind überschattet wird von den Themen unseres Emotionalkörpers. Auf dem Wege zum göttlichen Kind zeigen sich unsere verletzten Kinder, das traurige, hilflose, mißbrauchte, abgelehnte, verlassene oder das trotzig-rebellische und aggressive Kind. Während dieses Prozesses erfahren wir viel über unser heutiges In-der-Welt-Sein und besonders über unseren Umgang mit den Gefühlen. Die Arbeit mit dem inneren Kind gibt uns die Chance, lange abgewehrte und unterdrückte Gefühle zum Vorschein kommen zu lassen. Die verschiedenen Anteile unseres verletzten Kindes suchen Aufmerksamkeit, Zuwendung, Trost und Heilung.

Die erste Sitzung ist der Einstieg, der Beginn einer Öffnung für die oftmals überlagerten Gefühle des inneren Kindes. Mit viel Geduld und Einfühlungsvermögen legen wir den Grundstein für dieses Geschehen. Wir schälen die Zwiebelschalen, die den Kontakt zum inneren Kind bisher eingeschränkt, vielleicht gänzlich unmöglich gemacht haben. In diesem Sinne geht es erst einmal darum, dem Kind zu erlauben, seine Gefühle zu haben und auszudrücken. Wir hören ihm zu und machen uns bereit, ihm das zu vermitteln und zu geben, was es sucht und wirklich braucht.

Der Kontakt mit dem inneren Kind in der ersten Klärungssitzung ist manchmal leicht und direkt (unser Beispiel) und manchmal gestaltet er sich problematisch, wenn etwa tiefe Ängste und Verletzungen die Begegnung kaum zulassen.

Die Wunden und Verletzungen können derart tief sein, daß wir die schmerzhaften Erinnerungen abgespalten, verdrängt, ›vergessen‹ haben, um weiterleben zu können. Das innere verletzte Kind hat sich dann verbarrikadiert hinter Mißtrauen, Angst, Trotz, Aggression und Feindseligkeit oder es scheint überhaupt nicht zu existieren. Unter diesen Umständen ist es oftmals angezeigt, sich dem Emotionalkörper auf andere Weisen zu nähern, bevor in späteren Sitzungen der Versuch wiederholt wird, die Verletzungen des inneren Kindes ans Licht zu holen und zu heilen.
Nach unserer Erfahrung ist dieser ›Geburtshilfe-Prozeß‹ im Alleingang oder über ein Buch kaum möglich. So haben wir uns entschlossen, hier ein relativ unkompliziertes Beispiel für die erste Begegnung mit dem inneren Kind auszuwählen.
In allen folgenden Beispielen haben wir die Namen geändert. Im wesentlichen geben wir nur das wieder, was der Klient sagt, ohne unsere therapeutischen Interventionen. Wenn wir an einigen Stellen zum besseren Verständnis dennoch unsere Anleitungen einfügen, dann haben wir sie mit einem Gedankenstrich versehen oder in Klammern angemerkt.
Unsere Kommentare bzw. Interpretationen werden wir mal knapper, mal ausführlicher gestalten und dabei verschiedene Punkte oder Bereiche hervorheben, ohne Vollständigkeit anzustreben.

## Karls Begegnung mit dem inneren Kind

Karl ist Ende dreißig, verheiratet und hat eine achtjährige Tochter. Bisher war er Geschäftsmann. Seit einiger Zeit befaßt er sich zunehmend mit geistigen Ebenen und sucht auch beruflich eine Neuorientierung. In unserem ersten Gespräch erlebe ich ihn emotional verhalten, eher mental ausgerichtet.

Beim Lesen und Nachvollziehen seiner Begegnung mit dem Kind gilt es zu berücksichtigen, daß das Folgende sich etwa über eine dreiviertel Stunde hinzog. Manchmal geriet der Prozeß ins Stocken oder wurde von der Angst, sich tiefer einzulassen, unterbrochen. Auch das Durchleben der Gefühle, die mit dem Erlebnis verbunden waren, brauchte seine Zeit. Gleich zu Beginn meinte Karl, er könne nicht so gut visualisieren (sich innere Bilder vorstellen). So bitte ich ihn, sich an ein Foto zu erinnern, das ihn als kleinen Jungen zeigt. Auf dem Foto, das ihm in den Sinn kommt, sieht er sich als drei- bis vierjährigen Buben. Er beschreibt das Kind als lachend und fröhlich, ganz offen und abenteuerlustig.

(Laß das Kind auf dem Foto lebendig werden und mach Kontakt mit dem Buben)

Ich gehe auf ihn zu – er guckt mich ganz erstaunt an,

(Karl ist berührt und beginnt zu weinen)

ich bin traurig – es tut so weh ...

es macht mich so traurig, daß nicht mehr viel da ist von dem, was dieses Kind ausstrahlt. Ich würde so gern in seiner Nähe sein. Aber es fällt mir schwer, auf es zuzugehen.

(Hier zögert Karl, es ist spürbar, daß er sich überwinden muß, sich emotional mehr zu öffnen. Das Blockiertsein äußert sich in körperlicher Unruhe, der Verstand mischt sich ein: er soll doch lieber aufhören mit dem, was er da tut ... einige Zeit verstreicht. Er sagt, daß es ihm unangenehm sei, mit unkontrollierbaren Gefühlen konfrontiert zu werden. Indem er dies ausspricht, bahnt sich die bislang zurückgehaltene Trauer über den verlorenen Kontakt einen Weg. Er erlaubt sich zu weinen. Nach einigen Minuten wird er ganz ruhig und still.)

Dann sagt er: Es wird ganz hell, ich empfinde Freude, es ist, als hätte jemand das Licht eingeschaltet. Das Kind und ich, wir sind jetzt zusammen, wir sind an meinem Lieblingsplatz. Es ist auf einem Feld, ganz in der Nähe, wo wir früher gewohnt haben. Wir gehen zu einem Heuballen und verstecken uns da drin. Dort ist es ganz still und schön dunkel. Von drinnen kann man die Sonne gut sehen. Es riecht so

gut, alles fühlt sich so wohlig und geborgen an. Wir liegen ganz weich und sinken richtig ein ins Heu. Der Duft ist berauschend. Wir sind mittendrin, hier ist Platz für uns. Niemand kann uns finden.
Jetzt zeigt das Kind mir zwei Finger. Es vermittelt mir, daß wir zwei zusammengehören …
(Frag es, ob es sich etwas von dir wünscht)
Es möchte mehr Zeit von mir bekommen, ich soll Zeit haben und für es da sein. Es in den Armen halten, mit ihm schmusen, ihm zuhören, wenn es mir etwas sagen möchte. Ich sage ihm, daß ich froh bin, es wiedergefunden zu haben und daß ich jetzt mehr für es da sein möchte.
Das Kind legt seine Arme um meinen Hals. Ich halt es eng an mich geschmiegt. Es ist wunderschön.
Wieder wird alles ganz hell, die Sonne kommt zu uns. Ich fühl mich so warm, so weich und geborgen. Alles ist schwerelos und leicht. Mein inneres Kind flüstert mir zu: ›Wir gehören zusammen. Ich liebe dich!‹

Karl war tief berührt von seinem Erlebnis und voller Freude über das wiederentdeckte innere Kind. In der Sitzung zeigt sich eine ganz andere Seite von ihm als die des sachlichen, mental ausgerichteten Geschäftsmannes. Er tastet sich wieder an seine langunterdrückten Gefühle heran, und sein inneres Kind unterstützt ihn dabei in seiner Fröhlichkeit und Offenheit. So erlaubt er sich Schritt für Schritt seine Gefühle und fühlt sich wohl dabei. Indem er sich verschollen geglaubten eigenen inneren Anteilen öffnet, fühlt er, wie Wandel und Heilung geschieht.

Durch die Arbeit mit dem inneren Kind beginnen wir zu erfassen, wie oft sich das Kind in unserem Alltagsleben über unsere Gefühle, über unsere Stimmungen, zu Wort meldet, wenn es wahrgenommen werden möchte. Wir können unsere Bereitschaft wachsen lassen, es zu hören, es ernst zu nehmen. Wir können lernen, ihm mehr und mehr das zu geben, was es jeweils von uns braucht: Aufmerksamheit, Zuwendung, Trost, Hilfe, Beistand, Mitgefühl und Liebe. So berei-

ten wir den Boden für die Heilung unserer Gefühle. Gleichzeitig wird Raum geschaffen für die Stimme und Führung unseres göttlichen inneren Kindes. Das wird unser Leben verwandeln, es leichter, unbeschwerter und freudvoller machen. Dieses innere Kind möchte uns mit seiner bedingungslosen Akzeptanz und Liebe unterstützen und uns nähren. So können wir den Weg der Umkehr wählen und wieder werden wie die Kinder, mit all ihren schöpferischen Fähigkeiten und Möglichkeiten, mit ihren göttlichen Eigenschaften, die uns erinnern an unsere wahre Lichtnatur, an das Himmelreich in uns.
Wenn du jetzt selbst in die Praxis gehen möchtest, kannst du zurückblättern zu den Übungen *Kontakt mit dem inneren göttlichen Kind* im Kapitel 2 und *Zwiesprache mit dem inneren Kind* im Kapitel 3 oder dich den folgenden Übungen zuwenden, die dich öffnen für die besonderen Eigenschaften und die Schönheit des Kindes in dir.

▲ ***Ein Liebesbrief an mein inneres Kind***

Male ein Bild von dir als glücklichem kleinen Wesen oder wähle eines deiner Lieblingsfotos, das dich zu einem solchen Brief inspirieren kann. Hier einige Anregungen dazu:
Nimm ein besonders schönes Briefpapier oder bemale dein eigenes Papier und verziere es selbst mit bunten Stiften.
Nun lasse dich auf das gemalte Bild oder das Foto von deinem Kind ein. Betrachte es, spüre seine Energie und seine Ausstrahlung. Fühle eure Verbundenheit und beginne deinen Liebesbrief. Laß dein inneres Kind über deine Worte spüren, wie sehr du es wertschätzt und liebhast. Vergegenwärtige dir all die guten Eigenschaften, Fähigkeiten und Talente, die es in sich trägt. Was gefällt dir ganz besonders an deinem Kind?
Woran möchtest du von ihm erinnert werden, heute in deinem Leben?
Gibt es etwas, wofür du ihm danken möchtest?
Was möchtest du mit ihm aus deinem Herzen heraus teilen?
Laß deiner Phantasie freien Lauf! ▲

Wenn du diesen Brief gerne per Post zugeschickt haben möchtest, dann adressiere ihn an dein inneres Kind mit deiner Anschrift und bring ihn zum Briefkasten.

### ▲ *Das innere Kind und sein Lieblingsort*

Wir empfehlen dir, die Übung einzuleiten mit dem Entspannungsprozeß, den du zu Beginn des Übungsteils im 3. Kapitel *Das Meer der Gefühle* findest.

Versetze dich in deiner Vorstellung auf eine wunderschöne Wiese voller Sommerblumen. Spüre mit all deinen Sinnen die Atmosphäre hier: das Zirpen der Grillen und das übermütige Vogelgezwitscher. Verfolge den Tanz der Schmetterlinge von Blume zu Blume. Spüre den sanften Wind, wie er liebkosend über die Gräser und Blumen streift. Atme den Duft ein, der sich über allem verströmt. Spüre die wohltuende Wärme der Sonne. Und nimm die Weite des endlos blauen Himmels wahr.

Jetzt sieh vor deinem inneren Auge, wie *du* – als kleines Mädchen / kleiner Junge – über diese Wiese gehst. Du bist vielleicht zwei, drei oder vier Jahre alt und hast deine Lieblingskleider an. Sieh dich mit den ›göttlichen‹ Augen an (schicke dabei die Liebe aus deinem Herzen hin zu deinen Augen). *Er-kenne* dieses goldige, allerliebste Wesen, das über die Wiese geht in all seiner Schönheit und Vollkommenheit. Sieh, wie es alles, was es je brauchen könnte, in sich trägt. Und spüre, wie es im Hier und Jetzt ganz gegenwärtig ist: heiter, froh, spielerisch, leicht und gelöst. Es ist eins mit sich und allem um es herum. Vertrauend, geborgen, aufgehoben genießt es sein Da-Sein.

Phantasiere nun selbst weiter, was es alles tut und erlebt, wie es spielt und in der Natur ist ... was immer dir, als kleinem Mädchen oder Jungen, Spaß macht ...

Wenn sich dein Erlebnis rund und vollständig anfühlt, laß es ausklingen und komm zurück ins Hier und Jetzt. ▲

# Die Klärung des Emotionalkörpers mit dem Höheren Selbst

## Schattenarbeit

Es folgen jetzt zwei Beispiele von Klärungssitzungen mit dem entsprechenden Kommentar. Dabei erlebte sich der Klient, den wir Peter nennen wollen, einmal als Opfer und einmal als Täter.

Wie schon an früherer Stelle erwähnt, waren wir in unseren vergangenen Leben alle Opfer und Täter und haben uns mal als Frau, mal als Mann inkarniert. Diese polaren Erfahrungen tragen wir noch heute in uns. Wenn wir in den Beispielen von Karl, Peter, Heidi oder Ursula sprechen, so ist jeder von uns eingeladen, die Mann- und Frau-Einteilung beim Lesen zu überwinden. Wir alle wählen auf dieser Ebene der Dualität jeweils die Form, die uns am besten unterstützt, bestimmte Erfahrungen zu sammeln und daraus zu lernen. Und eines Tages erkennen wir, daß es in erster Linie um menschliche Erfahrungen geht, die uns dazu dienen, die Ganzheit und Göttlichkeit in uns wieder zu entdecken.

Peter wuchs bei Pflegeeltern auf. Diese Eltern betreuten noch mehrere Kinder, die das Jugendamt ihnen zugewiesen hatte, weil die äußeren Verhältnisse einen guten Eindruck machten. Allerdings konnten die Pflegeeltern die Liebe nicht weitergeben, die sie selbst nicht erfahren hatten. So bekam Peter als Kind kaum liebevolle Zuwendung. Er fand sich damit ab, suchte und fand Anerkennung über gute Schulleistungen und übernahm nach außen die Rolle des Vorzeigekindes. Das schützte ihn jedoch nicht davor, innerhalb der Familie immer wieder körperlich gezüchtigt und seelisch mißhandelt zu werden.

Jetzt ist Peter Anfang dreißig, lebt allein und arbeitet in der Medienbranche. Schon vor Jahren entschied er sich für den therapeutischen und den spirituellen Weg. Doch noch immer holen ihn seine Depressionen, seine Tendenz zur

Aufgabe und Resignation ein oder er flüchtet in rauschhafte Zustände mit Hilfe von Alkohol. Äußerlich wirkt Peter recht burschikos und klagt darüber, keinen Zugang zum eigenen Herzen zu finden.

## Peters Erfahrung als Opfer

In der Sitzung erscheint sein Höheres Selbst als eine lichtvolle Gestalt, die Trost spendet und ihn am Herzen berührt. ›Ich sehe einen alten Mann mit Holzschuhen, er geht über ein ehemaliges Feld, nur eine Vogelscheuche steht einsam da. Der alte Mann geht am Stock, ganz verbittert. Er sieht sehr alt aus, wirkt viel älter als er ist. Während er übers Feld geht, denkt er über die Trostlosigkeit seines Lebens nach. Im Hintergrund hört er Getrommel. Es erinnert ihn an etwas Unheilvolles, was sein Land zerstört hat. Er hadert mit Gott. So ein schweres Leben. Er führt einen inneren Monolog mit Gott. Warum hat Gott ihn nicht beschützt? Seine Frau ist auch umgekommen. Er ist verzweifelt. (Weinen...)
Ich bin dieser Mann! Schreckliche Sachen sind passiert im Krieg, Frau und Kinder sind umgekommen. Tiefes Mißtrauen ist da. Ist das ein Gott, der uns schützt, der diese Dinge zuläßt? Ich klage Gott an. Habe den Wunsch zu sterben. Ist ja alles egal – die Soldaten können kommen, ich brauche nicht mehr wegzulaufen. Der Anführer der Soldaten spricht mich in rüdem Ton an. Bin ergeben ins Negative. Die ziehen weiter, haben mich nur nach dem Weg gefragt. Ich möchte am liebsten sterben. Warum haben die mich nicht umgebracht? Das Leben ist so quälend. Habe auch Angst vor dem Sterben. Kenn das so gut, dieses Quälende. Als wär's eine Strafe zu leben. Warum macht Gott das alles so?
Das Bild verändert sich nicht mehr. Nur Verzweiflung.
Sehe jetzt den alten Mann in einer ärmlichen Hütte auf einer Holzpritsche. Er liegt da, will nicht mehr. Er stirbt.

Hatte eine Verletzung in der Brust. Es gab keine Behandlung für ihn. Ein Blutgerinnsel.
Ich war so einsam nach dem Tod der Frau. Wir hatten auch ein totgeborenes Kind. So viel Gram. Dachte, Gott hat uns verflucht. Das war eine Strafe für uns. Frage an Gott: wofür?
Sehe noch ein Bild. Stehe vor einem herrschaftlichen Haus, erbitte etwas, werde zurückgewiesen.
Letzte Gedanken: Es war alles so schmerzhaft. Ich wußte nicht wohin. Ich war so einsam, nachdem die Frau gestorben war.
Ich möchte erlöst sein.‹

Kommentar:
Es fällt auf, daß das Höhere Selbst Peters Herz gleich zu Anfang berührt – wie um ihn zu erinnern, sein Herz zu öffnen, für die Liebe, die in ihm ist – zu der er dann allerdings während seiner Erfahrung als Opfer keinen Zugang findet. Das Höhere Selbst gibt oder vermittelt uns immer das, was fehlt, was wir eben gerade nicht sehen, nicht leben können. In dem nun folgenden Szenarium prägen Trostlosigkeit, Verbitterung, Hadern mit Gott, Ohnmacht und Resignation Peters Erlebnis als Opfer. Die Vogelscheuche charakterisiert seinen eigenen Zustand: hölzern, leblos, ausgemergelt, reduziert auf das Nötigste – den jeweiligen Witterungsverhältnissen ohnmächtig ausgeliefert.
Der Mann wirkt viel älter als er ist und braucht einen Stock, eine ›Krücke‹, um sich überhaupt noch zu bewegen durch die zerstörte Innen- und Außen-Welt. Das Leben ist schwer, ist Mühsal, voll des Un-Heils. Ergeben ins Negative sieht er nur Schmerz und Gram und Leid auf dieser Welt. Herausgefallen aus der Einheit, ist er identifiziert mit der Ver-zweiflung, der Zwei-heit, dem Zweifel und damit gänzlich abgespalten von seiner inneren Führung, vom göttlichen Selbst. Sein mangelndes Vertrauen spiegelt das verlorene Selbst-Vertrauen. Er spürt nur Einsamkeit, Schwäche, Ausweglosigkeit, fühlt sich völlig alleingelassen, wie übriggeblieben. Allein und voller innerer Vorwürfe bleibt ihm nur

Gott als Zielscheibe für seine Anklagen. Gott ist schuld, hat alles so verursacht, einen Fluch auf ihn gelegt, um ihn zu bestrafen. Er ist das Opfer, kann nichts dafür, daß es so gekommen ist. Es fällt auf, daß der alte Mann einen Monolog führt mit Gott. Es gibt keinen Austausch, kein nach Innenlauschen, der Kanal ist sozusagen verstopft durch die Sichtweise und Identifikation mit dem Emotionalkörper.
Vom Schicksal und von Gott im Stich gelassen, keine Perspektive, nur Sinnlosigkeit – aus einer solchen Einschätzung und Sichtweise des Lebens entsteht zwangsläufig der Wunsch, auszusteigen, zu flüchten, die gesamte Situation zu verlassen.
An diesem Beispiel läßt sich die *Funktionsweise des Emotionalkörpers* sehr klar ableiten. Immer dann, wenn wir in der Ohn-macht steckenbleiben und nicht Verantwortung übernehmen wollen für unser Leben, für das Erschaffen unserer Wirklichkeit, wenn wir nicht bereit sind, den tieferen Sinn unserer Erlebnisse zu hinterfragen und daraus zu lernen, klagen wir an und lamentieren – suchen den Schuldigen im Außen. Wenn wir keine konkrete Person finden, um sie anzuklagen, dann nehmen wir das ›Schicksal‹ oder hadern mit Gott. Die Frage, ›warum Gott das alles so gemacht hat‹, dient in diesem Zusammenhang nicht dem Ziel, sich aus der Verstrickung zu lösen.
Der Groll auf Gott, das Hadern mit Gott ist oftmals verbunden mit der ungeklärten Beziehung zu unserem weltlichen Vater, gegen den wir Groll hegen. Bei Peter war es so, sein Pflegevater verhielt sich oft strafend, indem er ihn körperlich züchtigte.
Das Ergebensein ins Negative macht klar, wie süchtig der Emotionalkörper sein kann nach Schmerz und Leid. Wie er darin steckenbleibt, statt sich für neue Erfahrungen zu öffnen. Ziellos, orientierungslos irrt der Mann umher: ›Ich wußte nicht wohin, war so einsam, nach dem Tod der Frau‹. Damit drückt er aus: Ich allein bin nicht vollständig, ich allein schaffe es nicht. Zuwendung, Liebe, Erlösung können nur von außen kommen. Auch in seinem Leben heute meint Peter,

daß er einen anderen Menschen braucht, um klar zu kommen und glücklich zu sein. Mangelndes Selbstvertrauen, kein Selbstwertgefühl und damit Abhängigkeit von jemand außerhalb von ihm selbst, sind tiefe Themen des Emotionalkörpers, die sich hier zeigen. Und so wird er überall als Opfer behandelt: Die Soldaten sprechen ihn im rüden Ton an; bei dem herrschaftlichen Haus wird er zurückgewiesen. Er strahlt aus: ›Ich bin's ja doch nicht wert‹, und am Ende gibt es auch keine Behandlung – die er sich wiederum nur von außen vorstellen kann – für die Verletzung in der Brust.
Er fühlt sich insgesamt vom Leben zurückgewiesen, was letztlich wieder den mangelnden Selbstwert und damit das massive, wenn auch verdeckte Selbsturteil spiegelt. Auch der ›Fluch Gottes‹, der vermeintlich auf ihm lastet, ist ein Urteil in Potenz. Dieses Sich-verflucht-Fühlen gibt uns einen Hinweis auf tiefsitzende unterschwellige Schuldgefühle, die zu tun haben mit Erlebnissen des Machtmißbrauchs, also mit Täterleben, die wir noch nicht geklärt und für die wir uns noch nicht vergeben haben. Diese unbewußten Zusammenhänge agieren wir in Form von eingefleischtem ›Sünde-Schuld-Strafe-Denken‹ aus.
Zurück zu der als auswegslos erlebten Situation des alten Mannes. Die einzige Wahl, die ihm zu bleiben scheint, ist die Flucht in den Tod. Er will nicht mehr, er hat sich selbst aufgegeben. ›Ich möchte erlöst sein‹ – drückt den Wunsch aus, es möge etwas von außen geschehen, alles möge ihm abgenommen werden. Er kann sich nicht vorstellen, sich selbst – in und während dieses Lebens – zu erlösen. Er möchte sterben, um der Qual seines Daseins zu entgehen. Daß gleichzeitig Angst vor dem Sterben vorhanden ist, bedeutet keinen Widerspruch, sondern zeigt ebenso die innere Beziehungslosigkeit zu sich selbst. Weder im Leben noch im Sterben sucht er Kontakt zu sich und seinen wahren Gefühlen. Die Vermeidung, das Fluchtverhalten, zeigen sich heute in der Tendenz, zu Suchtmitteln zu greifen und auch in den Depressionen, in die er immer wieder hineinsinkt und über die er sich ›ausklinkt‹.

Die Form des Todes ist symbolisch: eine Verletzung in der Brust, ein Blutgerinnsel: Energie und Liebe konnten nicht fließen, das Herz wurde ignoriert. Es gab keine Lebensfreude: das Blut, der Saft des Lebens, ist geronnen. Hier schließt sich der Kreis. Die Botschaft für Peters heutiges Leben heißt: Öffne dein Herz für dich selbst, nimm dich an und hab dich lieb, so wie du bist.

Nach dieser Sitzung, in der sich Peter als Opfer gesehen hat, bat er sein Höheres Selbst, ihm in einer weiteren Sitzung ein Leben zu zeigen, wo er die andere Polarität gelebt hat, das Tätersein.
Bevor wir auf diese Erfahrung eingehen, empfehlen wir dir, jetzt eine Pause einzulegen und selbst aktiv zu werden. Im 2. Kapitel *Der Emotionalkörper – Die Innere Führung* haben wir uns am Beispiel der Liebesgeschichte des 1. Kapitels ausführlich mit dem Kreislauf des Emotionalkörpers beschäftigt und ihn auch skizziert. An dieser Stelle schlagen wir dir nun vor, selbst einmal einen solchen Kreislauf für Peters Erfahrung als Opfer zu entwickeln.

▲ ***Skizzierung des Kreislaufs von Peters Opferleben*** ▲

Dieselbe Übung kannst du später nach der nun folgenden Schilderung des Erlebnisses als Täter wiederholen.

## Peters Erfahrung als Täter

›Eine weite Steppe… Ich sehe viele Reiter, sie sind sehr wild. Ihre Haut ist gelb, ihre Haare sind lang. Eine reitende Horde wilder Männer. Sie sind brutal, zerstörerisch, reiten über alles hinweg. Ein kleines Zeltdorf wird einfach vernichtet. Der Anführer ist gehässig und brutal. Er berauscht sich an der Macht und Stärke. Lebensverachtung geht von ihm aus. Ich bin dieser Anführer. Wenn jemand gegen mich ist, geht's ihm schlecht. Ich bin dann im Zornesrausch, genieße es, zu beweisen, daß ich der Stärkere bin. Es tut mir gut, zu spüren, daß die Leute sich vor mir fürchten. Ich kenne keine ethische Moral. Frauen und Kinder werden auch brutal behandelt, ohne jede Rücksicht. Ich verbreite viel Angst und Schrecken.

– Vorher –

Als ich geboren wurde, war schon klar, wie ich zu werden hatte. Ich sollte Anführer werden. Ich sehe da nur Männer, denen ich überlassen wurde. Sie machten einen Stammes-Führer aus mir. Die Erziehung war sehr hart. Hatte nichts mit Kindsein und Spiel zu tun. Immerzu Trainieren und Reiten lernen. Härte und Stärke wurden bewundert, nicht das Kindsein.

Habe aufgegeben, mich dem gefügt, alles übernommen. Wenn die das so wollen, dann mach ich's auch richtig – bis zum Extrem. Manche sagten: Gott wird dich strafen, ich hab nur hämisch gelacht.

Die Männer sind mir ergeben, unterwürfig, abhängig, aber keine Freunde, ich bin einsam.

Es ist wie ein Rausch – wenn jemand Angst hat, fordert mich das heraus. Wenn jemand um Gnade fleht, steigert das meinen Machtrausch. Es gibt kein Mitgefühl.

Viel Einsamkeit umgibt mich, je älter ich werde. Als ich Hilfe brauche, ist keiner da. Ich denke über mein Leben nach. Ich wollte doch für den Stamm das Beste. Am Ende bin ich ganz allein, nur ein alter Hund ist bei mir. Der Rausch ist vorbei, nur innere Leere bleibt. Ich bekomme Angst, ein Gefühl, mich schützen zu müssen, damit nicht andere dasselbe mit mir tun. Ich frage mich, ob das wirklich alles gut war, was ich tat.

Ich werde älter und schwächer.

Eines Tages erwischt mich ein Speer. Ich spüre keinen Schmerz. Der Speer trifft mich von hinten, im Rücken. Jemand, den ich kenne, hat's getan. Einer von den ›Ehemaligen‹. Bin froh, daß es vorbei ist. Um mich wird's dunkel. Spüre Trauer über die Einsamkeit, das Getrennt-Sein.‹

Kommentar:
So verschieden Peters Erfahrungen als Opfer und als Täter auf den ersten Blick erscheinen mögen, das zentrale Thema, das Kern-Thema, ist dasselbe: *er fühlt sich abgetrennt von seiner Inneren Führung, ist nicht im Kontakt mit seinem Herzen, mit der Liebe in sich.* Wieder wird sein Emotionalkörper angetrieben vom Urteil und hat damit das Ruder fest in der Hand – mit den entsprechenden Konsequenzen.
Diesmal sieht er sich als Anführer einer wilden Horde, brutal und rücksichtlos im Machtrausch über Schwächere hinwegfegend. Angetrieben von Haß und Lebensverachtung kostet er seine Stärke aus, mißbraucht seine Macht, um Vernichtung und Zerstörung zu hinterlassen.
Dieses Leben als Täter macht sehr deutlich, wie verführerisch es ist, dem Machtrausch zu verfallen. Hier ist jemand, der ständig seine Stärke beweisen muß und dabei vor nichts zurückschreckt, jemand, der sich über Macht Anerkennung verschaffen will und muß; nur so kann er sich, wenn auch vorübergehend und flüchtig – wie im Rausch – gute Gefühle verschaffen. Er ist süchtig danach, sich selbst nach außen hin zu beweisen, denn er weiß nichts von seinem inneren Selbst. So wird klar, daß es im Grunde das mangelnde Selbstwertgefühl ist, das ihn antreibt, so zu handeln. Das Selbst-Urteil, die fehlende Selbst-Liebe, läßt ihn süchtig werden nach Macht, führt hinein in den Machtmißbrauch, in das Tätersein.
*Mangelnder Selbstwert ist letztlich das Ergebnis des Urteils, das ich über meine eigene wahre göttliche Natur fälle.* Und hier können wir eine Parallele ziehen zur Erfahrung des Opferseins: auch dort liegt die Wurzel im Selbsturteil, im mangelnden Selbstwertgefühl.
Solange ich mein Selbstwertgefühl abhängig mache von der Sichtweise meines Emotionalkörpers, werde ich gefangen sein im Kreislauf von Opfer- und Tätersein.
Peters Leben als Reiter und Anführer zeigt, wie diese Art der egoistischen Machtausübung und die damit verbundene Lebensverachtung einsam machen. Letztlich bewirkt der

Machtmißbrauch immer das Gegenteil von dem, was wir uns eigentlich wünschen und somit ist er nur Ersatz für den mangelnden Zugang zur Liebe – denn da, wo Macht vom Emotionalkörper gesteuert wird, ist keine Liebe und wo Liebe ist, hat Machtmißbrauch keinen Platz.

Übergreifend erleben wir, wie Peter hier, wie auch im vorangegangen ›Opferleben‹, in Ersatzgefühle ausweicht – nämlich in Ohnmacht und Resignation oder aber in den Machtrausch – statt die Wahrheit zu fühlen, den Schmerz, die Verletzungen und Wunden, die er erlitten hat. Beide Male läuft er vor sich selbst weg. War es in der ersten Sitzung die Flucht in den Tod, so ist es hier die Flucht in die Sucht – in den Rausch. *Beide Male geht es um Vermeidung, statt um Bewußtwerdung.* Auch in seinem aktuellen Leben kennt er die Neigung, dem Schmerz auszuweichen, indem er seine wahren Gefühle niederdrückt und depressiv wird oder indem er dem Alkohol zuspricht und in den Rausch flüchtet.

Eine weitere Parallele zeigt sich in der Verleugnung des inneren Kindes, symbolisch zu sehen im totgeborenen Sohn des ersten Lebens und nun im Verleugnenmüssen allen Kindseins bei der Ausbildung zum Anführer. Im Grunde ist seine Entwicklung zum Täter vollkommen logisch und folgerichtig – wie vorprogrammiert –, wenn wir uns die vorangegangene Erziehung anschauen: Nur Männer hatten das Sagen, ständiges Training in Härte und Stärke wurde gefordert und war das Vehikel für Anerkennung. Selbst-Verleugnung wurde belohnt, Gefühle und Kindsein mußten unterdrückt und abgespalten werden. Und Peter hat alles übernommen, sich abhängig gemacht, sich fremdbestimmen lassen, sich ergeben – genauso wie er sich auf andere Weise in das Opferleben ergeben hat.

Als Reiter in der Ausbildung erlebte er sich zunächst als Opfer, das keine Wahl hatte, das sich ohnmächtig ergab. Später hat er unbewußt diese anfängliche Ohnmacht zu kompensieren gesucht, indem er die innere Zerstörung, die er erlitten hatte, nach außen weitergab.

Wir agieren immer wieder jene Ersatzgefühle in unserem Leben aus, setzen das in Szene, was unser Unbewußtes gespeichert hat, wenn wir keine Möglichkeit sehen, mit unseren wahren Gefühlen, Bedürfnissen und Wünschen in Kontakt zu kommen, sie kennenzulernen.

Die ursprünglich erzwungene Anpassung, Selbstaufgabe und Unterordnung, die mangelnde Liebe, die Härte, die Peter erlebt hat, kehren sich später um in Machtausübung, in Rache und Vergeltung, im Verlangen nach Unterwürfigkeit, in der Ahndung von Widerspruch und indem nun den Schwächeren Angst eingejagt wird. Ohne Kontakt zur Liebe, zum Mitgefühl, gibt es hier nur das rauschhafte, süchtige Ausagieren des Emotionalkörpers ohne jedes Maß. Und letztlich ist das alles ein Davonlaufen vor sich selbst, vor den Schmerzen und Wunden, die das Kind erlitten und verdrängt hat. Das Kind hat sich niemals um seiner selbst willen gewürdigt und geliebt gefühlt. Es kannte Zuwendung und Anerkennung nur bei Härte, Unnachsichtigkeit und Selbstverleugnung. Ein Mensch mit solchen Prägungen muß sich ständig beweisen, sich gegenüber Schwächeren aufwerten, um seine Daseinsberechtigung zu spüren.

In diesem Szenarium setzt sich der Reiter über Gott hinweg – oder er will es ›ihm‹ zeigen, nachdem er sich in der Erfahrung als Opfer so ›schlecht behandelt‹ gefühlt und mit ihm gehadert hat.

Am Ende, älter geworden, ist er allein, ohne Hilfe und Unterstützung. Der Rausch ist vergangen, was bleibt, ist – Leere. Es kommen Zweifel über seine Taten, unterschwellig mögen Schuldgefühle eine Rolle spielen, die allerdings nicht zur inneren Bearbeitung führen, zum Verantwortung übernehmen, sondern in die Rationalisierung: ›Ich wollte doch nur das Beste‹ oder in die Projektion nach außen, die sich in der Angst vor Heimzahlung äußert.

Hier zeigt sich, wie eingefleischt die Muster von Rache und Vergeltung, von Schuld und Strafe im Emotionalkörper verankert sind und damit verbunden der Glaube an einen strafenden Gott außerhalb von uns.

Als ihn der Speer trifft, schließt sich für dieses Leben der Kreislauf von Rache und Vergeltung. Schmerz empfindet er keinen dabei, auch hier ist der Kontakt zu den eigenen Gefühlen nicht vorhanden. Im Vordergrund steht: Endlich ist es vorbei, endlich hat alles ein Ende. Auch dieses Leben als Täter hat er unterm Strich nicht als lebenswert empfunden – wieder eine Parallele zum ersten Leben: Ich möchte erlöst sein. Letztlich hat er den Speer angezogen, um dies zu erreichen. Hier wird deutlich, wie wir auf unbewußten Ebenen den Zeitpunkt und die Art und Weise unseres Sterbens anziehen.

Am Ende seines Lebens ist der Anführer allein – wie der verbitterte Mann im ersten Leben. Nur einen alten Hund gibt es in seiner Nähe. Tiere können bedingungslos lieben, aber wenn keine Liebe in mir ist, werde ich auch die Liebe von draußen nicht wahrnehmen, nicht empfinden können.

Im Tod wird der einstige Täter wieder zum Opfer. In dieser Sitzung erleben wir, wie nah Opfer- und Tätersein miteinander verwoben sind. Zu Beginn erlebt Peter sich als Opfer, seinen männlichen Erziehern ausgeliefert, dann wird er zum Täter und mißbraucht die erlangte Macht, um schließlich als Opfer zu sterben. Wir erkennen, daß beide Erlebnisweisen immer Ausdruck der ungeklärten Themen und Muster in uns sind.

Als Fazit dieser Erfahrung bleibt: Trauer über die Einsamkeit und das Gefühl des Getrenntseins. Was hier wirklich gemeint und erfahren wird, ist *das Gefühl der Trennung vom wahren Selbst, vom göttlichen, vom Höheren Selbst.*

Wir fühlen uns immer dann einsam, verlassen, allein, ohne Liebe, wenn wir nicht im Kontakt sind mit unserem göttlichen Kern, wenn die wirkliche Kommunikation und Beziehungsfähigkeit fehlt. In diesem Leben gab es für Peter keine echte Kommunikation, weder mit den Menschen – sie verhielten sich unterwürfig, zogen sich später zurück – noch mit der Inneren Führung.

### ▲ *Skizzierung des Kreislaufs von Peters Täterleben* ▲

Wir wollen und können diese früheren Leben nicht verändern, sondern wir wollen *jetzt* schauen, wie wir die Qualität unseres Lebens *heute* verbessern können. Unser Höheres Selbst zeigt uns die Szenarien früherer Leben, damit sie unserer Erkenntnis und Transformation in diesem Leben dienen.
Übertragen auf unser Leben heute, sind wir nicht mehr so ein verbitterter alter Mann, aber wir sind vielleicht im Büro verzweifelt oder in der Ehe und haben das Gefühl, ich schaff's ja doch nicht, ich kann nur die Flucht ergreifen. Oder wir haben heute die Tendenz, anderen zu zeigen, wer das Sagen hat, laufen der Macht hinterher, setzen unsere Ellbogen ein, um Karriere zu machen. Also begegnen wir auch in diesem Leben den alten Themen, und genau das ist der Wiederholungszwang, von dem wir schon gesprochen haben.
Es geht nicht darum, Vergangenes rückgängig zu machen oder zu bewerten, denn die Erfahrungen in jenen Leben entsprachen unserer damaligen Bewußtseinsebene.
Wenn wir uns in einer Rückführung als Täter erlebt haben, gilt es, achtsam zu sein im Hinblick auf unsere Reaktionen nach einer solchen Erfahrung. Für viele von uns erscheint es in unserem gesellschaftlichen Rahmen sehr viel leichter, uns als Opfer zu erleben, denn als Täter. Wenn ich Opfer bin, bekomme ich viel Zuwendung und Mitleid. Während der Täter meist als verachtenswerte Person gilt. Unser Höheres Selbst zeigt uns ein Erlebnis als Täter jedoch nicht, damit wir schlaflose Nächte bekommen oder in masochistische Schuldgefühle verfallen, sondern damit wir daraus lernen können. So müssen wir bewußt bleiben, daß wir nicht hineinrutschen ins Selbsturteil. Wenn wir merken, daß wir uns selbst bestrafen, uns schlecht fühlen oder uns anklagen: ›Oh mein Gott, was hab ich da getan‹, dann sind wir steckengeblieben im Festhalten und das wird uns daran hindern voranzuschreiten.

Wir benutzen ja diese früheren Leben oder symbolischen Erfahrungen, um aus dem Abstand heraus – heute – hinzuschauen, wie wir unser Leben jetzt leben – wo sich blinde Flecken verbergen und wo liebgewordene Gewohnheiten sich automatisiert haben. Wir wollen die Wahrheit herausfinden über die uns begrenzenden Themen, damit wir darüber hinauswachsen können.

### Die Antwort auf all unsere Fragen ist Liebe

Bei Peters Beispielen wird der Bezug vom damaligen zu seinem heutigen Leben offensichtlich. In diesem Leben wuchs er in einer Familie auf, wo er lieblos behandelt wurde.

Nehmen wir einmal an, daß er sich auf der Seelenebene – als er seinen Lebensplan zusammen mit seinem Höheren Selbst entwarf – sozusagen erschwerte Bedingungen ausgesucht hat, um endlich klar zu erkennen und umzusetzen, daß es nicht darum geht, der Liebe im Außen nachzulaufen, auf der Suche nach Anerkennung zum ›Vorzeigekind‹ zu werden, sondern daß es auf diesem Planeten darum geht, *die Liebe im Innern zu entdecken.* Letztlich ist das unser aller Lebensaufgabe, uns selbst lieb zu haben, bedingungslos anzunehmen mit all unseren Begrenzungen – und nicht erst in einem anderen Leben, wenn wir perfekt und erleuchtet sind. Wenn wir ja zu uns selbst sagen können und uns lieben, dann wird diese Liebe von ganz allein ausstrahlen und das Bedürfnis haben, hinauszureichen, zu unseren Mitmenschen.

Dafür ist innere Arbeit nötig. Peter wird erst Liebe und Freude empfinden können, wenn er Verantwortung übernimmt, für sich selbst, für sein Lernen und sein Wachsen. Dazu gehört die Bereitschaft, nicht länger auszuweichen vor seinen wahren Gefühlen, vor den Wunden seiner Kindheit, vor den Verletzungen seines inneren Kindes. Es gilt, die verdrängten, in der Depression niedergedrückten

Schmerzen ans Licht zu holen, sie zu fühlen. Vielleicht ist das totgeborene Kind seines Opferlebens ein Symbol für die abgestorbenen, getöteten Gefühle des inneren Kindes in ihm. Heilung wird in dem Maße möglich sein, wie Peter bereit ist, für sein inneres Kind zu sorgen, es liebzuhaben, seine wahren Wünsche und Bedürfnisse zu ehren. Indem er alte, verdrängte schmerzhafte Gefühle bewußt wiedererlebt, werden sie sich lösen, es wird Raum geschaffen für Neues. Die Energie, die er braucht, um das Alte zu unterdrücken, kann endlich frei werden, steht zur Verfügung für das Hier und Jetzt. Emotionen sind Energie in Bewegung, das heißt sie gehen vorüber – kein Schmerz, den wir wirklich gefühlt haben, bleibt. Das Festhalten und der damit verbundene Widerstand schmerzen viel länger als der eigentliche Schmerz.

In der Symbolik des Beginns und des Endes seiner Erfahrung als Opfer wird besonders klar, daß Liebe in Peters Leben nicht fließen konnte: zu Beginn die Berührung am Herzen, dann im Tod die Verletzung in der Brust. So vermittelt das Höhere Selbst Peter, daß es für ihn in seinem heutigen Leben darum geht, zu beginnen, sich liebzuhaben, sich mit sich selbst zu versöhnen, sich mit dem inneren Kind zu verbinden, mit der göttlichen Führung, um das Gefühl des Getrenntseins zu heilen. Und in dem Moment, wo das geschieht, wird der Kreislauf des Emotionalkörpers sich nicht länger fortsetzen, weil der Antriebsmotor – das Urteil – keine Nahrung mehr bekommt.

Und damit haben wir eine neue Wahl getroffen, wir sind ausgestiegen aus der Identifikation mit den uns begrenzenden Mustern und Themen und haben bewußt gewählt, heilzuwerden.

# Besitzergreifende Energien – Phantasie oder Wirklichkeit?

Das Thema besitzergreifende Energien und Besetzungen umfaßt ein weites Feld unterschiedlicher Darstellungen und Erlebnisweisen. Wir wollen uns hier auf die Erfahrungen und Formen beschränken, denen wir in unserer spirituell-therapeutischen Praxis vorwiegend begegnen.
Es ist uns bewußt, daß dies ein heikles Thema ist. Da besitzergreifende Energien jedoch weit verbreitet sind, gehören sie in unserer Klärungsarbeit zum Alltag. Für denjenigen, der sie erfährt, sind sie Wirklichkeit, eine reale Erfahrung. Unser Verstand mag solche Erscheinungen als Phantasien abtun, als Hirngespinste, als Traum, aber für unseren Emotionalkörper ist das Erleben real. Auch wenn wir selber eine distanzierte Haltung einnehmen, sind wir immer wieder überrascht, welche Veränderungen sich für das Leben des Betroffenen ergeben, nachdem besitzergreifende Energien geklärt – ›ins Licht geschickt‹ – wurden.

## Was sind besitzergreifende Energien und wie zeigen sie sich?

Bevor wir uns später ein praktisches Beispiel anschauen, wollen wir einige theoretische Hintergründe darstellen.
Besetzungen können zunächst einmal Gedankenformen sein, die wir so mit ›Energie gefüttert haben‹, daß sie sich verselbständigen und ein Eigenleben führen. Sie nehmen eine Form an, entwickeln eine eigene Identität mit bestimmten Eigenschaften und emotionalen Mustern. Inzwischen haben sie sich entweder in unserem Körper eingenistet oder sie suchen sich einen Platz in unserem energetischen Umfeld, in unserer Aura. Nehmen wir ein Beispiel: Wenn unser Emotionalkörper das Thema ›Mißtrauen‹ hat, wird er ständig auf Absicherung aus sein. Dieses Sicherheitsdenken

breitet sich in uns aus, bis es unser Leben beherrscht. In der Klärungssitzung würden in diesem Fall vielleicht Netze zum Vorschein kommen, sozusagen ›Sicherheitsnetze‹, die den Betroffenen scheinbar schützen mögen, ihn aber auf der anderen Seite in seiner Bewegungsfreiheit einengen und gefangenhalten.

Besitzergreifende Energien können erdgebundene Seelen sein, verstorbene, jetzt körperlose Wesen, die – aus welchen Gründen auch immer – noch an der physischen Ebene festhalten. Auch lebende Menschen halten uns manchmal ›besetzt‹, wobei auch von unserer Seite ein ungelöstes Abhängigkeitsverhältnis besteht. Wir können uns eine Besetzung als eine Energieform oder Wesenheit – im Innern oder in unserem Umfeld – vorstellen, von der wir als Betroffene ›fremdbestimmt‹ werden. Das kann uns bewußt sein oder nicht. Eventuell ist da nur ein undefinierbares Gefühl, nicht wirklich ›Herr im eigenen Haus zu sein‹. Vielleicht meinen wir, wie unter einem Zwang zu stehen, wenn wir beobachten, daß bestimmte Glaubensmuster oder Verhaltensweisen sich ständig in unserem Leben wiederholen, ohne daß wir – trotz vielerlei Bemühungen – etwas daran ändern können.

In den Sitzungen, die wir begleiten, zeigt sich eine besitzergreifende Energie auf vielerlei Weisen. Verselbständigte ›Gedankenformen‹ lassen sich im Körper erspüren, zum Beispiel als Anker, Eisenkette, Schlauch, als Vorhängeschloß oder Ziegelstein. Oder die Energien ähneln einer Figur aus einem Zeichentrickfilm, erscheinen als ein garstiger Zwerg, ein Gnom, eine böse Fee, ein Kobold. Die Besetzung kann auch die Form eines Auges annehmen, einer Hexe, eines wilden Tiers oder Monsters, eines Drachens, einer Schlange, eines Dämons oder Teufels – das Spektrum ist sozusagen unbegrenzt.

Eine störende, ungute Energie geht von ihnen aus: bedrohlich, vereinnahmend, kontrollierend, uns kleinmachend oder uns zum Narren haltend. Manchmal spüren wir nur, daß sich da ein undefinierbares Etwas in uns verschanzt hat und unterschwellig in unserem Leben mitmischt. Vielleicht nehmen wir auch ständig wiederkehrende Stimmen in uns wahr, die kein gutes Haar an uns lassen, alles negativ kommentieren, uns Schuld zuweisen und zum ewigen Sündenbock machen.

## Sind wir die unbeteiligten Opfer dieses Geschehens?

Natürlich hat ein solches Geschehen immer etwas mit uns zu tun. Wir sind nicht die Opfer dieser Energien. Durch starke emotionale Verhaftungen, Abhängigkeiten, Süchte unseres Emotionalkörpers erlauben wir ihnen, von uns Besitz zu ergreifen. Bewußt oder unbewußt haben wir uns zur Verfügung gestellt, unser Einverständnis gegeben, sie oft regelrecht eingeladen. Letztendlich geben wir unsere Kraft und Eigenverantwortung an sie ab, wählen es, uns als Opfer zu erleben, fühlen uns abhängig von etwas, das wir meinen, nicht kontrollieren zu können. Wir lassen uns von ihnen beeinflussen und steuern, statt uns daran zu zu erinnern, daß wir es sind, die unsere Realität erschaffen, mit unseren Gedanken, unseren Verhaltensmustern, unseren Handlungen.

## Funktionen und Auswirkungen von besitzergreifenden Energien

Im Grunde sind besitzergreifende Energien da, um die bereits vorhandenen Themen, Muster und Abhängigkeiten unseres Emotionalkörpers zu verstärken, unser Augenmerk auf sie zu lenken, damit wir uns befreien können aus den Einschränkungen und Begrenzungen, die damit einhergehen. Zu den Themen des Emotionalkörpers, die besitzergreifende Energien uns bewußt machen können, gehören: Schuldgefühle, sich abhängig machen und fremdbestimmen lassen, sich etwas vormachen, die Realität nicht so sehen,

wie sie ist. Weitere Glaubens- und Verhaltensmuster, die es zu erkennen gilt, sind die Tendenz, am Altgewohnten festzuhalten, um unser Leben kontrollieren zu können und verborgene Ängste nicht anschauen zu müssen. Anders ausgedrückt: Wir halten Selbstbegrenzung und Unselbständigkeit aufrecht, indem wir die eigene Kraft weggeben. Die Folge sind Ohnmachtsgefühle, Resignation, Opfersein, Selbstverurteilung bzw. Schuldzuweisung nach außen.
Der ›Nutzen‹, den wir aus der Gegenwart besitzergreifender Energien ziehen, zeigt sich darin, daß wir dann nicht selbstbestimmt, unabhängig und eigenverantwortlich zu leben brauchen. Unterm Strich wollen wir die Verantwortung für unsere Wirklichkeit – für Veränderung und Wachstum – nicht übernehmen. Die Neigung der ›rauhen‹ Wirklichkeit zu entfliehen, erklärt, warum besonders alkohol- oder drogensüchtige Menschen besetzende Energien – meist unbewußt – anziehen und in sich aufnehmen.
Besetzungen haben eine schwere und langsam schwingende Energie, die uns als Betroffene überschattet. Wie ein Parasit leben sie mit uns und von uns, lassen sich von unserer Energie nähren, so daß wir uns auf unerklärliche Weise müde und erschöpft fühlen.

## Die Klärung von besitzergreifenden Energien

Es gibt viele unterschiedliche Wege und Methoden mit besitzergreifenden Energien umzugehen, je nachdem, wie lange wir sie in uns tragen, bzw. wie verhaftet oder identifiziert wir mit ihnen sind. Wenn sie sich in den Klärungssitzungen bemerkbar machen, ist die Zeit reif, mit ihnen in Kontakt zu treten und uns ihre Funktion bewußt zu machen. Dann ist der Weg nicht mehr weit, um uns von ihnen zu befreien. Wir schicken sie ins Licht, so daß sie sich transformieren und wir uns weiterentwickeln können.
Sollten sie sich hartnäckig weigern und ängstlich oder aggressiv gebärden, so gilt es zu erkennen, daß sich auch

hinter diesem Verhalten letztlich ein Hilferuf nach Unterstützung und Liebe verbirgt. Genauso, wie der ›Besetzte‹ noch am Altbekannten festhalten möchte, aus Angst vor der Selbst-Ständigkeit und Weiterentwicklung. Eine solche Entscheidung und Wahl gilt es erst einmal zu respektieren, bis die Zeit reif ist für weitere Klärung.
Eine Möglichkeit, den Zugriff sehr ›klebriger‹ Energien zu lockern bzw. die Hintergründe dafür zu beleuchten, ist die Rückverfolgung ihrer Präsenz in vergangene Leben. Dabei können – unter der Anleitung unserer Inneren Führung – tiefere Zusammenhänge erhellt werden. Meistens geschieht die Loslösung und Befreiung dann ganz leicht in einer späteren Sitzung.
Es kann hilfreich sein und uns bewußter werden lassen, wenn wir uns nach der Klärung mit dem Licht verbinden und hinausschicken: ›Ich bin ab sofort nicht mehr länger verfügbar!‹ Besetzungen können sehr machtvoll sein. Manche Menschen neigen dazu, derartige Energien und Fremdeinflüsse immer wieder von neuem anzuziehen. Nach unserer Erfahrung funktioniert die dauerhafte Klärung solcher Energien nur, wenn die Betroffenen selbst mitarbeiten.
*Wir* sind es, die den Fremdeinflüssen Macht gegeben haben, und so können auch wir sie ihnen wieder entziehen. Dazu ist Klärungsarbeit nötig – die Konfrontation mit dem eigenen Schatten. So wird es uns schließlich gelingen, eine neue Wahl zu treffen, die bewußte Wahl, in die Eigenverantwortung zu gelangen, uns zu befreien aus alten Abhängigkeiten und Begrenzungen und unsere innere, wahre Autorität in Besitz zu nehmen.

## Eine Erfahrung aus der Praxis

Wir haben *ein* Beispiel aus unserer Praxis herausgegriffen. Es ist wieder kein typisches Beispiel, weil es so etwas wie ›typische‹ Sitzungen gar nicht gibt. Wir wählten diese Sitzung aus, in der Hoffnung, daß sie nachvollziehbar ist. Jede

Besetzungs-Klärung verläuft unterschiedlich und oft ist der Vorgang als solcher auf der ›linear-kausalen Ebene‹ schwer verständlich für jemanden, der nicht betroffen ist. Die Auswirkungen jedoch sind immer wieder erstaunlich.
Anna sieht vielerlei Bilder, die kommen und gehen, ohne daß sich ein Zusammenhang zeigt. Sie sagt, sie fühlt sich wie in einem großen Durcheinander, als gäbe es etwas in ihr, daß die Kontrolle übernimmt und ihr nicht erlaubt, irgendwo tiefer einzusteigen. Wir machen Kontakt mit dieser ›Instanz‹ in ihr. Sie hat das Gefühl, daß sich unten im Magen-Darm-Bereich alles nach oben wölbt. Jetzt nimmt sie dort ein glibbriges, aufgeblähtes Tier wahr, fühlt sich von ihm bedroht, ja ganz und gar beherrscht. Sie will es zurückdrängen, was ihr nicht gelingt; im Gegenteil, es wächst noch und nimmt jetzt ihren ganzen Körper ein. Ähnliches hat sie schon als Kind erlebt: Abends im Bett, vor dem Einschlafen, spürte sie, wie sich etwas ihrer bemächtigte, und sie ganz groß werden ließ. Das hat sie sehr geängstigt.
Es kostet sie einige Überwindung, mit diesem Wesen Kontakt aufzunehmen. Sie möchte, daß es aus ihr verschwindet, aber es benutzt allerlei Tricks, um sie davon abzubringen. Wie ein Kobold ist es mal hier mal da, stört, wo immer es kann und amüsiert sich dabei. Das geht eine ganze Weile so.
Schließlich bitten wir ihr Höheres Selbst, es möge ihr *die* Erfahrung zeigen, wo sie jenes Etwas – in welcher Form auch immer – zum ersten Mal erlebt hat.
Sie sieht jetzt etwas Dunkles, Pulsierendes, das auf und zu geht, sehr groß, wie das Weltall. Eine riesige Hand zeigt sich, die etwas auf- und abdreht, viele Hebel werden bewegt. Dann macht sich ein großes Gespenst in ihr breit, es lacht und tut, was es will. Anna möchte es aus sich herauslösen und ans Licht schicken, aber es bockt.
Wir treten unter der Anleitung des Höheren Selbst in einen Dialog mit dieser Energie, wobei jede Seite Gelegenheit hat, sich auszudrücken und von sich zu sprechen. So kommt etwas in Bewegung, Öffnung geschieht. Die wahren Motive des Zusammenseins – das gegenseitige Sich-Brauchen, die

Abhängigkeit, die damit einhergeht – beginnen sich zu offenbaren. Allmählich wird die symbioseartige Beziehung zwischen beiden immer deutlicher. Im Laufe der Kommunikation zeigen sich auch die bisherigen Einschränkungen und Begrenzungen, die eine Weiterentwicklung in diesem einengenden Rahmen ausschlossen. Schließlich entwickelt sich die Bereitschaft, sich voneinander zu lösen. Die besitzergreifende Energie wünscht sich Verständnis, Akzeptanz und Liebe. Anna gibt ihr energetisch, was sie sich wünscht. Und dann verläßt das Wesen Annas Körper und erlebt eine Transformation im Licht.
(Wir haben unser Vorgehen während der Sitzung bewußt nur allgemein beschrieben, da wir nicht zu einem Alleingang bei der Klärung von besitzergreifenden Energien ermuntern möchten. Nach unserer Erfahrung ist es ratsam, einen neutralen, geschulten Begleiter für diese Art der Lösung von Besetztheiten in Anspruch zu nehmen.)
Nach der Klärung empfindet Anna eine große Leere in sich. Sie bittet Ihr Höheres Selbst, einen Regenbogen mit seiner ganzen Farbpalette in ihren Körper zu schicken. Energie und Kraft beginnen sie zu durchströmen. Der Regenbogen steigt über die Fußsohlen in ihr auf, fließt weiter über die Beine überall hin in ihren Körper. Sie fühlt sich dabei wie von einem besonderen Kraftschub erfaßt, der sie tief berührt. Es lösen sich alte, bisher festgehaltene Gefühle. Lange Unterdrücktes schafft sich Raum und Anna kann es einfach geschehen lassen.
Dabei kommen ihr viele Einsichten: »Ich möchte mir mehr Ruhe und mehr Zeit nehmen in meinem Leben, in meinem Alltag – für mich und meine Gefühle und Bedürfnisse; möchte mich neu kennenlernen und spüren, was ich wirklich empfinde. Ich wünsche mir so sehr, zu lernen, bei mir zu bleiben, ohne mich dabei von außen bedrängen und benutzen zu lassen.«
Jetzt steigt Energie in ihrer Wirbelsäule auf. Sie sagt, es fühlt sich phantastisch an. Ihr Höheres Selbst vermittelt ihr: ›Laß diese Energie dich durchströmen und erneuern,

laß sie durch dich hindurch strahlen, nähre dich daran und genieße es. Diese Erfahrung wird dich dabei unterstützen, die Energie deiner Gefühle ins Fließen zu bringen, mehr und mehr zu spüren, wer du bist, und daß alles in dir ist, was du wirklich brauchst.‹

## Rückmeldung nach der Klärungssitzung

Einige Wochen nach Annas Sitzung bekommen wir einen Brief von ihr, in dem sie das Erfahrene noch einmal aufschreibt: ›Es war ein ganz tolles, bisher unbekanntes Erlebnis für mich. Nach der Klärung fühlte sich der Bereich in meinem Körper, der vorher von einer Energie, die von mir Besitz ergriffen hatte ausgefüllt war, ganz leer an. Dann schoß durch meine aufgestellten Füße eine Kraft in mich hinein und breitete sich wohlig aus; diese kraftvolle wunderbare Energie stieg dann entlang der Wirbelsäule nach oben, in den Kopf hinein, und der Überschuß strömte aus über das Scheitelchakra. Gefühlsmäßig erinnerte es mich an das Fließen der sexuellen Energie. Ich fühlte mich leicht, offen und durchlässig.

Auch danach konnte ich mir dieses Erlebnis wieder zurückholen. Es war wie ein wundervolles Geschenk von meinem Höheren Selbst.

Die besitzergreifende Energie in mir hatte so vieles verhindert, zum Beispiel war ich oft abgelenkt, sprunghaft, es fiel mir schwer, mich zu konzentrieren und ich fühlte mich immer schnell erschöpft. Oft wurde es mir zu eng in mir drin – da war ja schon dieser massige Geistkörper, der mich unsichtbar und undefinierbar beeinflußte. Dieses Wesen hat auch den Kontakt zu meinem Höheren Selbst eingeschränkt. Ich erlebte es so, als würde die Verbindungsschnur zur Inneren Führung von etwas, das außerhalb meiner Kontrolle lag, unterbrochen und abgeschnitten. Jetzt kann ich die Stimme meines Höheren Selbst viel leichter wahrnehmen und fühle mich offen für seine Botschaften.‹

Natürlich ist es nicht so, daß sich Annas Leben nach der Klärungssitzung nun schlagartig und für alle Zeit geändert hat, aber diese Erfahrung war für sie ein Augenöffner, ein Wachmacher auf ihrem Weg, der sicherlich neue Weichen gestellt hat.

## Besetzende Energien auf anderen Ebenen

Nachdem wir das Thema der ›besitzergreifenden Energien‹ auf der individuellen Ebene angeschaut haben, möchten wir noch weitere Möglichkeiten von Besetzungen miteinbeziehen, die über das Persönliche hinausgehen.
Es gibt Wohnungen, Häuser, Plätze, Orte, wo wir uns einfach nicht wohlfühlen, so als läge dort etwas Undefinierbares, Dunkles und Schweres in der Luft. Vielleicht bekommen wir eine Gänsehaut, unerklärliche Angstgefühle, Kopfschmerzen oder andere emotionale oder körperliche Symptome.
Dies können Orte sein, wo Menschen ihre Macht mißbrauchten und zu Tätern wurden. Die Energien, die wir dort spüren, mögen von Wesenheiten stammen, die sich einst hier aufhielten, die aber nicht wirklich loslassen konnten oder wollten, etwa Menschen, die ihren Groll, ihre Mißgunst, Eifersucht, Neid, Gier, Schmerz, Schuldzuweisung, ihren Haß, ihre Negativität auch im Tod noch festgehalten haben. Manchmal irren sie umher – in ihrem früheren Lebensraum –, immer noch auf der Suche nach Rache, Vergeltung, Genugtuung oder der Erfüllung anderer Bedürfnisse und Süchte des Emotionalkörpers. In solcher Umgebung begegnen wir dem Phänomen, das wir vorher individuell beschrieben haben, auf einer umfassenderen Ebene.
Ganz extrem sind derartige Energien an Orten zu spüren, die für grausame Geschehnisse bekannt sind, bei ehemaligen Konzentrationslagern, an Kriegsplätzen oder auf Schlachtfeldern etc. Wenn wir empfänglich sind für solche Energien, dann können wir unseren Beitrag zur Klärung und Heilung

dieser Orte geben. Wir fragen nach innen – ob nun allein oder in der Gruppe –, was wir tun können, um diese Energien zu lösen und zu klären. Dabei erinnern wir uns, daß Liebe die stärkste Kraft im Universum ist. Dann öffnen wir unser Herz und bitten um die Führung unseres Höheren Selbst. Wir können seine Liebes- und Heilkraft durch uns hindurch strömen lassen, hin zu diesen Plätzen, diesen Wesenheiten und Energien – sei es durch Reinigungszeremonien, im Gebet, in der Meditation, durch Vergebung oder Singen. Hinter aller Not und ›Negativität‹ dieser Energieformen, Wesenheiten, erdgebundenen Seelen verbirgt sich Nichtwissen, mangelnde Erkenntnis, Unbewußtheit. Lassen wir alle Urteile los und stimmen uns ein auf ihren Hilferuf nach Liebe, geben wir ihnen, wonach sie sich in Wahrheit sehnen und unterstützen sie, endlich frei und erlöst zu sein, auf ihrem Weg ins Licht, nach Hause.

Wenn wir uns innerlich dazu aufgerufen fühlen, können wir unser Tun auch ausdehnen auf die globale Ebene. Hellsichtige Menschen nehmen um unsere Erde herum eine Art Schicht wahr, die angefüllt ist von Wesenheiten, die festhalten an den bereits oben erwähnten emotionalen Ladungen von Gewalt und Brutalität, von Rache und Vergeltung. Diese in den astralen Bereichen gespeicherten Energien wirken hinein in unsere physische Welt. Wir können uns vorstellen, daß dies ein möglicher Hintergrund ist, für von uns oft kaum faßbare grausame Geschehnisse und Verhaltensweisen bei Menschen in aktuellen Kriegs- und Katastrophengebieten. Solche Menschen wirken auf uns wie ›besessen‹. Sie sind in der Tat besetzt von emotionalen Verhaftungen an Wut, Gewalt und Haß. Es ist denkbar, daß da festgehaltenes, unerlöstes Haßpotential aus dieser Schicht um die Erde miteinfließt in das bereits vorhandene Potential von Menschen auf unserer Erde, die ihre Macht mißbrauchen (›Gleiches zieht Gleiches an‹).

Das Ganze gilt natürlich auch umgekehrt, auch wir verstärken mit der Kraft unserer negativen Gedankenenergie das dunkle Potential auf der universellen Ebene.

So schwer und unmöglich es uns erscheinen mag, Verantwortung für diese Zusammenhänge zu übernehmen: wir sind auch hier aufgerufen, unsere Gedanken und emotionalen Ladungen zu klären, und das beinhaltet, ganz besonders daran zu arbeiten und unsere Urteile loszulassen. Urteile halten fest, statt Weiterentwicklung zu erlauben, sie erschaffen ständig von neuem Trennung und damit Dunkelheit statt Licht.
Wenn du an dieser Stelle gern selbst einen Beitrag geben möchtest, kannst du dich von der ›Meditation für die Erde‹ aus dem 5. Kapitel *Spirituelle Praxis* inspirieren lassen.

## Klärung von Beziehungen

Wenn wir uns die Kommunikation in Beziehungen einmal bewußt anschauen, werden wir feststellen, daß es dabei oft um einen versteckten Machtkampf geht. Wir versuchen, den anderen zu kontrollieren oder wir sind bestrebt, uns seiner Kontrolle zu entziehen. Unsere Motivation für dieses Vorgehen ist – ob nun bewußt oder unbewußt – unseren Einfluß und unsere Energie zu vermehren.

Wir können auch beobachten, daß die Interaktion in der ›normalen‹ begrenzten Art des Miteinanderseins von bestimmten, eingefahrenen Reiz-Reaktions-Mechanismen gesteuert wird. Der eine Partner sagt oder tut etwas und der andere re-agiert wie auf Knopfdruck – aus seinen emotionalen Prägungen und Ladungen heraus. Dabei verläuft die Kommunikation wie in vorgegebenen Spuren oder festgefügten Gleisen.

Unsere Kommunikationsmechanismen wurden bereits in der Kindheit geprägt und oft agieren wir noch heute alte Abhängigkeitsmuster aus, als das angepaßte oder rebellische Kind. Um aus diesem ›Spiel‹ auszusteigen, müssen wir bereit sein, uns die Themen und Muster zwischen den Beteiligten anzuschauen und sie uns bewußt zu machen. Beziehungen bieten uns dabei vielerlei Möglichkeiten, um über alte Begrenzungen hinaus zu wachsen. (Siehe dazu auch das Thema ›Emotionale Abhängigkeit‹ im 1. Kapitel *Unglückliche Liebe*.)

Beziehungs-Klärungen sind ein weites Feld für Bewußtwerdung und Erkenntnis. Wir sprachen im 3. Kapitel (*Das Meer der Gefühle*) von unserer karmischen Familie – all jenen Menschen in unserem Leben, die für uns eine wichtige Rolle spielen.

Erinnern wir uns daran, daß wir mit diesen Menschen bereits über lange Zeit in wechselnder Rollenbesetzung gereist sind. Wir haben uns zusammengetan und Vereinbarungen getroffen, um gemeinsam zu lernen und zu wachsen. Unsere karmische Familie hilft uns, die eigenen Schatten-

seiten zu sehen und anzunehmen. Wir alle kennen den Ausspruch: ›Ich möchte nie so werden, wie meine Mutter / mein Vater!‹ Wenn wir ehrlich mit uns selber sind, werden wir eines Tages entdecken, daß es Parallelen und Ähnlichkeiten gibt, in unserem Denken, Verhalten und in unseren Reaktionsweisen. Das kann der erste Schritt sein – weg von der Selbsttäuschung und hin zu mehr Wahrheit. In unseren Klärungssitzungen schauen wir uns deshalb meist zuerst die Beziehungen zu den Eltern oder anderen ursprünglichen Bezugspersonen an. Später können wir dieses Vorgehen ausdehnen auf weitere wichtige oder herausfordernde Menschen in unserem Leben.
Eine solche Klärungsarbeit ist äußerst wirkungsvoll und kann unser Leben auf nachhaltige Weise zum Guten verändern. Es ist, als würde dabei eine alte, langgetragene Last von uns abfallen, wir fühlen uns endlich *frei, wir selbst zu sein*. Und das wirkt sich natürlich auch auf unsere Beziehungen aus. Wenn wir unser früheres Rollenverhalten losgelassen haben, dann sind die anderen Betroffenen meist ebenso froh und dankbar, die alten Rollen fallenlassen zu können. Die Zeit ist reif, uns neu zu begegnen und die wahre Essenz unserer Seelenverbindung zu entdecken.
Die Klärung unserer Beziehung zu den Eltern (oder zu den jeweils ersten Bezugspersonen) ist besonders wichtig, wenn wir uns heute eine befriedigende Partnerschaft wünschen. Theoretisch wissen wir vielleicht, daß unsere Eltern-Beziehungen spätere Partnerschaften beeinflussen. Wenn hier eine Klärung und Loslösung noch nicht stattgefunden hat, bleiben wir stecken in alten Mustern. Das mag sich so äußern, daß wir das Beziehungsmuster der Eltern unbewußt wiederholen oder aber dagegen rebellieren. Oder wir suchen ständig die Mutter oder den Vater in unserem Partner und damit ist die Enttäuschung schon vorprogrammiert. Durch Bewußtseins- und Klärungsarbeit können wir die entsprechenden Erwartungen, Projektionen, Übertragungen und Abhängigkeiten erkennen und lernen, selbständig zu werden, aus der eigenen inneren Autorität heraus zu leben.

Erst wenn wir unsere Mutter, unseren Vater in ihrem Sosein angenommen haben, werden wir ja zu uns selbst sagen können und uns wirklich annehmen, wie wir sind. Und dann ist auch der Weg frei zum ›Du‹ in der Partnerschaft. Klarheit in der Beziehung zu unseren Eltern ist eine der wichtigsten Voraussetzungen, um ›partner-schaflich‹ leben zu können und dabei glücklich zu sein.
Ein anderer Aspekt von Beziehungsklärungen soll noch erwähnt werden, bevor wir in die Praxis gehen und uns ein Beispiel anschauen.
Wir alle tragen in uns eine ›innere Mutter‹ und einen ›inneren Vater‹. Der Zugang zu diesen inneren Instanzen ist in dem Maße behindert und eingeschränkt, wie es unsere Kontakte zu den ›äußeren Eltern‹ sind. Für unser persönliches Leben ist es daher sehr bedeutsam, die Beziehung zu den äußeren Eltern zu heilen und damit meinen wir, innerlich mit ihnen Frieden zu schließen. Nur dann werden wir in der Lage sein, uns von der ›inneren Mutter und dem inneren Vater‹ unterstützen und nähren zu lassen, das heißt uns selbst all das zu geben, was wir ehemals mit den äußeren Eltern in Verbindung brachten.

## Sabine klärt ihre Beziehung zur Mutter

Das folgende Beispiel ist eines von vielen Möglichkeiten für eine Beziehungsklärung. Jede Klärung verläuft anders, auf ihre einzigartige Weise.
Wie wir es später in Sabines Briefen nachvollziehen können, werden die Auswirkungen einer solchen Klärungsarbeit oft erst Wochen später spürbar, wenn wir dabei sind, die gewonnenen Erkenntnisse und Erfahrungen auf unseren Alltag, in unser reales Leben zu übertragen.
Das Höhere Selbst unterstützt und führt uns dabei, die alten begrenzenden Sichtweisen und Verhaftungen loszulassen, bis wir bereit sind, ja zu uns selbst und ja zum

andern zu sagen. Manchmal bewirkt dieser Prozeß eine Heilung allein auf der inneren Ebene und manchmal findet auch im Äußeren eine Heilung statt, so daß wir die Bezugsperson, die Mutter oder den Vater vielleicht sogar als Freund erleben können.
In unserem Beispiel geht es um die Klärung der Beziehung zwischen Tochter und Mutter. Sabine ist 29 Jahre alt und empfindet, daß ihr Leben noch immer stark von ihrer Mutter beeinflußt wird. Im Vorgespräch berichtet sie, daß ihre Beziehung zur Mutter als Kind fast symbiotisch war. Sie galt als die Vertraute der Mutter, die ihr ›alles erzählte‹ und sie als Trösterin (miß)brauchte für die eigene unglückliche Ehe.
Heute leidet Sabine darunter, daß die Mutter ständig Erwartungen an sie hat. Obwohl sie sich dabei oftmals unter Druck gesetzt und manipuliert fühlt, verhält sie sich nach wie vor angepaßt. Sie macht es der Mutter weiterhin recht, weil diese sonst mit Vorwürfen oder Depressionen reagiert und Sabine dann starke Schuldgefühle bekommt. Sabine fühlt sich gebraucht und benutzt, statt akzeptiert und geliebt. Gefangen in der Rolle der guten Tochter, sind ihr die Hände gebunden und es bleibt wenig Raum, ein eigenes Leben zu führen. Durch diese Umstände kommt sie gar nicht dazu herauszufinden, wer sie selbst eigentlich ist, was ihre wahren Gefühle und Bedürfnisse sind. Sie meint, schon viel versäumt zu haben, wobei sie sich am meisten nach echter Zuwendung sehnt, die *sie als Menschen* meint.
In den Klärungssitzungen wird Sabines Höheres Selbst ihr verschiedene frühere Leben oder Erfahrungen zeigen, die sie gemeinsam mit ihrer Mutter verbracht hat. Dabei wird sie sich sowohl als Opfer als auch als Täter der Mutter gegenüber erleben. Über diese Erlebnisse wird sie klar und deutlich die Beziehungsmuster zwischen sich und der Mutter erkennen und die entsprechenden Verhaftungen mit Hilfe der spirituellen Energie ihres Höheren Selbst lösen.
Vor und zwischen den Sitzungen bekommt Sabine einige ›Haus-aufgaben‹, um die innere Klärung zu unterstützen.

Sie wird sich Gedanken machen über die Emotionen, die Lebenseinstellungen und Verhaltensweisen, die ihre Mutter sie lehrte. Sie wird eine Liste all der Themen und Muster aufstellen, die eine Rolle in der Beziehung zu ihrer Mutter spielen. Und sie wird zu gegebener Zeit einen Brief entwerfen: ›Was ich dir, Mutter, schon immer sagen wollte und was ich mich noch nicht getraut habe, dir zu sagen.‹ (Dieser Brief wird nicht abgeschickt, sondern später vernichtet.)

Es folgt ein Resumee, das Sabine zieht, nachdem sie sich verschiedene frühere Erfahrungen mit ihrer Mutter angeschaut hat:

›Ich habe soviel gegenseitige Enttäuschung erkannt. Meine Mutter war enttäuscht, weil ich ihr nicht gab, was sie wollte und nicht Partei für sie ergriff.

Ich war enttäuscht, weil ich nicht die Liebe bekam, die ich wollte, eine weite Liebe, ohne Forderungen und Bedingungen, einfach so.

Mir ist klar geworden, daß ich keine Hilfe von ihr erwarten kann, daß ich meine Probleme alleine lösen muß. Sie kann mich nicht so sehen, wie ich bin. Ich erfülle eine Funktion für sie – aber sie erkennt nicht, wer ich wirklich bin, welche Gefühle ich habe.

Ich wollte immer, daß sie mich ganz wahrnimmt, alle meine Aspekte, meine Verschiedenartigkeit. Ich bin immer anders – nicht statisch.

In den Botschaften meines Höheren Selbst ist mir klar geworden, wieviele Erwartungen wir beide aneinander hatten. Wie auch ich mich immer von neuem an die Hoffnung geklammert habe, daß sie doch noch eines Tages die ›ideale Mutter‹ sein würde.

Die Erfahrungen, die ich hier in der Klärungsarbeit mache, sind mir sehr wichtig. Ich spüre, wie sich neue Türen und damit neue Perspektiven für mich öffnen. Dabei erkenne ich die ewigen Kreisläufe zwischen uns, in die wir uns beide immer wieder – aus unbewußten Hoffnungen und Erwartungen und Wünschen heraus – verstrickt haben. Allmählich wächst eine neue Verbindung zu mir selbst, zu meiner

Inneren Führung. Ich spüre, daß da ein Ort in mir ist, ein Zuhause, das ich bisher immer draußen gesucht habe. Es ist ein tröstlicher, ein friedlicher Ort.
Mein Höheres Selbst sagte mir: Es geht darum, die Arme und das Herz zu öffnen, für dich selbst und für die Mutter; den anderen Menschen da zu lieben, wo er gerade steht und dabei die Erwartungen loszulassen, was jemand zu tun hat, wie er zu sein hat. Das gilt auch für den Umgang mit dir selbst.‹
Einige Wochen nach der Klärung ihrer Beziehung zur Mutter schreibt Sabine: ›Es schien ›gut‹ zu gehen mit meiner Mutter, aber nicht sehr ›anders‹. Meine Erwartungen waren da erstmal andere gewesen. Mir fiel nur ganz stark bei einem Besuch auf, wie wenig wir noch gemeinsam haben, wie wenig wir uns sagen können, weil mein ›Tochtersein‹-Rollenspiel aufgehört hatte. Sie bemerkte das allerdings nicht.
Das für mich Revolutionäre geschah vor kurzem und eigentlich auch ganz ruhig. Wie jedes Jahr lag mir Weihnachten im Magen. Am Heiligabend bin ich immer allein mit meiner Mutter und wir feiern nach dem alten Familienritus, obwohl es keine Familie mehr gibt. Mein Bruder kommt dann am ersten Feiertag dazu (entspannt und guter Dinge). Es wäre völlig (!!!) undenkbar gewesen, die Mutter am Heiligabend alleine zu lassen. Und mit meinem Magendruck vor dem Fest hatte ich mich schon abgefunden.
Urplötzlich tauchte jetzt ein anderer Gedanke auf: ›Muß es wirklich für alle Zeit so sein und so bleiben?‹ Es war wie eine innere Öffnung. Ich erkannte meine eigenen ewigen Programmierungen, meine Ängste, mein mangelndes Vertrauen. Die Saat ging auf. Warum nicht endlich mit einem entleerten Ritual brechen, das nur noch Schmerzen bereitet und mit dem Heute nichts zu tun hat. Ich wußte, es würde dramatisch werden und schwierig. Aber ich war mir meiner Sache im Innern ganz sicher. Vor dem entscheidenden Telefonat meditierte ich, nahm Kontakt zum Höheren Selbst auf und erbat mir Hilfe und Unterstützung. Und tatsächlich, während ich mit meiner Mutter telefonierte, war da ein

ganz intensives Gefühl, daß mein Höheres Selbst hinter mir stand, mich unterstützte und mir half, ruhig und liebevoll mit meiner Mutter zu sprechen. Ich teilte ihr meine Entscheidung mit, am Heiligabend nicht, sondern erst am ersten Feiertag zu kommen.
Das war phantastisch! Ich bin nicht ausgeklinkt, nicht laut, nicht nervös geworden, obwohl meine Mutter ständig klagte und bis zur kleinen Selbstmorddrohung alle Register zog. Ich stand gleichzeitig wie neben mir und konnte meinen Entschluß aufrechterhalten. Das war wirklich revolutionär für mich.
Und jetzt stand fest: Den Heiligabend gestalte ich mir neu und ich werde, zusammen mit meinem Bruder, am ersten Weihnachtstag dann zu ihr hinausfahren.‹
Einige Zeit später ergänzt Sabine: ›Ich habe das schönste Weihnachten meines erwachsenen Lebens erlebt und eine wunderbare Neujahrswoche, die ich im Kloster mit Meditation verbrachte. Mir fällt auf, daß die Beziehung zu meiner Mutter zwar distanzierter, aber gleichzeitig echter, authentischer geworden ist. Ich glaube, wir sind dabei zu lernen, den andern mehr sein zu lassen, wie er ist und ich spüre, daß diese Entwicklung in Zukunft weiter geht. Darüber hinaus fühle ich mich jetzt auch in der Gegenwart anderer Menschen entspannter, gelöster, mehr als ich selbst, und das tut einfach gut.‹

In allen bis jetzt dargestellten Erfahrungen stand jener Teil unseres Emotionalkörpers im Vordergrund, der Klärung und Reinigung braucht, weil er uns begrenzt und leiden läßt. Gleichzeitig wurde oftmals deutlich, daß der Emotionalkörper nicht der neue Sündenbock ist! Wir haben bereits erwähnt, daß das Wort ›Sünde‹ von ›Absonderung‹ stammt. Mit unserem freien Willen trennten wir uns von der Führung unseres Höheren Selbst. Es ist unsere Wahl, jetzt eine neue Entscheidung zu treffen: Wir können wählen, das Gefühl des Getrenntseins loszulassen und zu heilen.

# Die höheren Schwingungen unseres Emotionalkörpers

## Licht-›arbeit‹

Es ist möglich, unserem Emotionalkörper höhere Schwingungen schmackhaft zu machen und das geschieht wie von selbst, wenn wir bereit sind, auf die Stimme der Inneren Führung zu hören und uns von ihr leiten zu lassen. In den folgenden Erfahrungen, die wir mit ›Lichtarbeit‹ überschrieben haben, können wir nachvollziehen, wie unser Emotionalkörper fähig ist, sich auszudehnen und über die Freude zu lernen, in der Freude zu sein.

### Simons Erlebnis jenseits von Raum und Zeit

›Das Höhere Selbst erscheint als Glaspyramide mit goldenen Seiten.
Die Pyramide hüllt meinen Körper ein, eigentlich habe ich keinen physischen Körper, mehr einen Energiekörper. Andere Energien sind um die Pyramide herum, sie alle haben eine wundervolle Ausstrahlung. Wir bewegen uns im Raum, als schwebten wir im Universum, nicht wie menschliche Wesen, ohne Körper schweben wir dahin – Schönheit und Licht. Wir kommen zusammen und gehen wieder auseinander, in der höchsten Form von Energie – sich verbinden, sich lösen – so leicht – so frei – nur sein – unbegrenzt. Unsere ›Zellen‹ können sich ausdehnen, ohne Begrenzungen – jetzt wird es noch intensiver.
Ich fühle es richtig körperlich, als ginge eine Brise aus von meinem Körper – hinaus ins Universum. Dort treffe ich andere Energien, verschmelze mit ihnen, das Licht dehnt sich aus – soviel Licht – ich fühle mich vollkommen ausgedehnt, ohne Form – soviel Licht – immer mehr Licht.

Mein Höheres Selbst sagt mir: ›Geh ins Licht‹.‹
(Etwa zwanzig Minuten Stille)
Ich war draußen, außerhalb von mir – dort gab es alle Antworten. Ströme weißen Lichts durchfluteten mich, alle Zellen erfüllt vom Licht, kein Platz für Gedanken, Sorgen, Ängste, Zweifel.
Es fällt mir schwer zu sprechen. Es war so wundervoll loszulassen. Die Stimme meines Höheren Selbst sagt: ›Ich habe dir vieles gezeigt, vertraue deiner intuitiven Seite, laß das Licht in dich hinein, mehr und mehr. Es wird dir helfen, deine Emotionen zu harmonisieren, dem Fluß des Lebens zu vertrauen. Erinnere dich, wie leicht es war, den Körper zu verlassen und in andere Dimensionen zu gehen, zu erleben, daß es sie gibt, daß sie für dich da sind, um dir Erfahrungen zu vermitteln, die dir auch hier – in dieser Dimension – helfen zu wachsen und dich auszudehnen.‹

## Ein Leben der spirituellen Kraft

Hin und wieder zeigt uns das Höhere Selbst ein Leben, das wir in Harmonie, in Liebe und innerem Frieden verbracht haben. Eine Erfahrung, in der wir unsere spirituelle Kraft im Einklang mit der Inneren Führung verwirklichen konnten. Oft sind es sehr einfache Szenarien, die uns gezeigt werden: Wir erleben uns als Kräuterfrau, als Heilerin oder Schamane, als Hirte oder auch als Mutter mit vielen glücklichen Kindern.
Ein solches Erlebnis schließt uns auf nachhaltige Weise an die heile, licht- und kraftvolle Seite in uns an. Und es schenkt uns neues Selbstvertrauen für *dieses* Leben. Wir entdecken Fähigkeiten und Talente, die auch jetzt noch in uns schlummern und können sie neu in Besitz nehmen.

## Das Höhere Selbst zeigt uns eine Zukunftsvision dieses Lebens

Eine solche Sitzung kann – nach intensiver Klärungsarbeit – eine sehr ermutigende und grenzensprengende Erfahrung werden. Das Höhere Selbst führt uns dabei in die Zukunft dieses Lebens, sei es in ein paar Jahren oder viele Jahre später.

Wir werden angeleitet, uns in einen offenen, meditativen Raum zu begeben. Angeschlossen an den weisen Führer in uns, unser Höheres Selbst, versetzen wir uns in eine Zeit in der Zukunft und schauen uns an, wie wir unsere spirituelle Kraft, unser Wissen, unsere Kreativität und unsere Liebe einsetzen, um unsere Lebensaufgabe zu verwirklichen – zum Guten für alles, was ist.

## Kanal sein – Botschaften vom Höheren Selbst

Wenn wir eine tiefe tragfähige Beziehung zu unserem Höheren Selbst spüren, können wir uns in die Stille zurückziehen und dem Höheren Selbst Fragen stellen, um hilfreiche, persönliche Botschaften zu bekommen.

Und genau das ist eines der Hauptziele der spirituellen Arbeit, nämlich herauszufinden, daß wir den weisesten Führer, die reinste Quelle des Wissens, der Kraft, des Lichts und der Liebe bereits in uns tragen.

Im folgenden Beispiel bittet Ursula ihr Höheres Selbst um eine Botschaft und eine Erfahrung, wie sie mehr vertrauen könne, um alte Begrenzungen zu überwinden.

## Vertrauen finden, sich dem Licht öffnen

### Eine Botschaft von Ursulas Höherem Selbst

›Spüre das Licht um dich herum, das unbegrenzte heilende, weiße Licht des Universums. Öffne dich für dieses Licht, zieh es in dich hinein, erlaube ihm, dich zu klären und zu heilen. Sei einfach offen, wie ein Gefäß, laß das Licht in dich eingehen, dich durchdringen.
Laß es in alle Winkel deines Seins strömen, bleibe dabei weich, offen, durchlässig und erlaube dem Licht seine Arbeit zu tun. Laß alle Angst von dir abfallen. Vertraue dem Prozeß. Nichts wird geschehen, was du nicht möchtest, was dich nicht gut fühlen läßt. Benutze die Angst nicht länger, um dich daran zu hindern, vom Licht berührt zu werden. Es ist jetzt an der Zeit, dich auszudehnen, das Licht in dir zu spüren.
Statt deine Kraft im Außen einzusetzen – für Schutz oder Anerkennung oder um gut dazustehen –, bewahre die Kraft in dir, um dich nach innen zu öffnen, dich auszudehnen und sensitiv zu sein. Öffne dich für die Hingabe an dein wahres Selbst. So wird es immer leichter, die unendliche Weisheit, Liebe und Freude in dir anzuzapfen. Spüre die Hilfe, die du dabei bekommst.
Sei bewußt und achtsam, wenn du dich wieder begrenzen und an den alten Mustern festhalten möchtest. Du hast bereits gemerkt, daß sich etwas wandelt in dir, daß du wählen kannst, ob und in wieweit du die Verhaftung zulassen willst oder wie bereit du bist, dich auf das Neue, Unbekannte einzulassen. Erinnere dich in solchen Situationen an diese Lichterfahrung.
Genieße jetzt die physischen Empfindungen, die Durchlässigkeit und Unbegrenztheit, die Schwerelosigkeit des physischen Körpers in dieser Dimension. Fühle den Frieden, laß ihn in deine Zellen sinken. Öffne dich für dieses Geschehen.

Wenn du dich im Alltag angespannt, überfordert oder verwirrt fühlst, frage nach innen, was zu tun ist. Nimm dir jeden Tag Zeit, dich zurückzuziehen in diesen Lichtraum, übe es, dich darin aufzuhalten, verbinde dich mit deinem innersten Selbst. Spüre das Loslassen.
Sei leicht und froh, heiße alles willkommen. Atme in dein Herz, dehne dich aus, wisse, daß du viel mehr aufnehmen und beinhalten kannst, als du bisher gewöhnt warst, daß du dich ausdehnen kannst in neue Welten, in neue Dimensionen – unbegrenzt, unendlich, weit, immer sich wandelnd, immer gleich.‹

## Beate – ein ekstatisches Erlebnis

›Mein Höheres Selbst erscheint als Lichtkegel, seine Energie umschließt mich, nährt und schützt mich. Es fühlt sich so an, als würde ich von der Lichtenergie des Kegels aus dem Körper gezogen, ich gelange wie durch einen Tunnel hoch in den Raum – in das All. Ich dehne mich aus.
Jetzt bin ich wie in einer Sonne, die mich mit ihren Strahlen durchdringt. Gleichzeitig bin ich noch hier, auf der Erde, in meinem Körper – er fühlt sich so dicht und schwer an. Ich spüre, wie ich die Kontrolle behalten will, wie ich Angst habe, die physischen Begrenzungen loszulassen.
Es geschieht etwas in meinem Körper. Mein Höheres Selbst streicht ganz sanft über das untere Ende meiner Wirbelsäule, wie mit einer kaum spürbaren Feder, die etwas auflockert. Ich beginne, mich ganz darauf einzulassen, es zu genießen. Jetzt fühlt es sich so an wie feine winzige Bläschen, die entlang der Wirbelsäule nach oben perlen. Ein sanftes Prickeln setzt sich von unten her immer weiter nach oben fort. Als würde die dichte physische Struktur dabei mehr und mehr aufgelockert. Wie feine elektrische Energien, Impulse und Ströme gehen durch mich hindurch.
Meine Angst ist von mir abgefallen. Es ist so wunderbar, was in mir geschieht. Ich fühle meine verschiedenen Körper,

alles vibriert und schwingt miteinander – ineinander, und gleichzeitig bin ich von allem wie losgelöst, durchlässig, leicht. Ich dehne mich aus – bin befreit von aller Schwerkraft und Begrenzung. Bin gleichzeitig in mir und außer mir, spüre grenzenlose Ausdehnung, schmelze hinein in einen unendlichen Ozean. Unbegrenztes Sein – durchlässig – alles umfassend.
Ich bin in allem – alles ist in mir.
Unendliche, grenzenlose All-Energie, schwerelos, raum- und zeitlos, alles ist eins.‹ (Stille)

Beate war überglücklich nach ihrem ekstatischen Erlebnis. Sie meinte: ›Das ist es, wonach ich mich immer gesehnt habe – wofür ich lebe!‹

## Innere Klärung und unser Alltag

Bevor wir dieses Kapitel der Erfahrungen und Beispiele aus der spirituellen Arbeit abschließen, möchten wir betonen, daß die Klärungssitzungen als solche nur den einen Teil der Arbeit darstellen. Der andere Teil umfaßt die praktische Umsetzung der Ein-Sichten und inneren Erfahrungen in unseren Alltag! Das alltägliche Leben ist unsere natürliche, ständige Selbst-Erfahrung. Es bietet uns immer neue Chancen und gleichzeitig die entsprechenden Rückmeldungen, ob wir uns selbst und unsere Lebensaufgabe ver-wirklichen.
Es gilt, bewußt und wach zu bleiben, hinzuschauen, wo und wie wir dazu neigen, uns von alten ausgetretenen Pfaden einfangen zu lassen, die uns an Frustration, Schmerz und Leid binden, statt es zu wagen, neue Erfahrungen und Erlebnisse zu riskieren, die uns Wachstum, Klarheit und Freude schenken.
Wir können die Eigenschaft, die uns am meisten dient, wenn wir uns dem Alltagsleben zuwenden, als das *Zeugesein* beschreiben. Das heißt, ich bin Zeuge meiner Handlungen,

Gedanken, Gefühle und Einstellungen, während ich sie mir bewußt mache. In dem Moment, wo ich das tue, habe ich die Wahl: Die Wahl, alles beim alten zu lassen und die gewohnten, begrenzenden Mechanismen und Reaktionen zu erfahren – oder aber mich mit Hilfe meiner Inneren Führung mutig auf neue Möglichkeiten einzulassen.
Wenn wir zu diesem ›Wagnis‹ bereit sind, können wir folgende Auswirkungen der spirituellen Klärungsarbeit in unserem Alltag beobachten:
Wir sind bereit geworden, Verantwortung zu übernehmen für unser Leben, für unsere Wirklichkeit. Unsere Höhen und Tiefen empfinden wir als Teil unseres Wachstums. Indem wir hinschauen, akzeptieren und wieder loslassen, sind wir angeschlossen an den Fluß des Lebens – und Wandel und Heilung geschehen. Unsere Muster und Themen werden von uns nicht länger unbewußt ausagiert oder ständig wiederholt.
Wir wissen, daß wir jederzeit die Wahl haben, ob wir der Stimme des Emotionalkörpers folgen oder der Stimme unseres Höheren Selbst. Auch bei schwierigen Lernerfahrungen vertrauen wir darauf, daß sie unserer Entwicklung dienen und verbinden uns mit der Inneren Führung.
Wir sind in Kontakt mit unserem wahren Selbst-Wert und leben unsere spirituelle Kraft, im Einklang mit der Inneren Führung – zum Guten für alles, was ist. Was auch immer geschieht, wir können uns daran erinnern, daß unser Höheres Selbst mit uns ist, daß es uns akzeptiert und liebhat, einfach dafür, daß wir da sind.
Die Vergebung ist unser ständiger Begleiter, unterstützt uns, Urteile loszulassen und weitet unsere Perspektive, so daß es uns immer leichter fällt, auf natürliche Weise Mitgefühl und Liebe zu empfinden.
Wir wählen es, unsere Verhaftungen loszulassen – sie *sein* zu lassen – und so erlauben wir dem Emotionalkörper höher zu schwingen, sich zu öffnen für mehr und mehr Freude, Lebendigkeit und Kreativität – hier und jetzt!

# 5
# Spirituelle Praxis

## Meditation – Kontemplation – Übungen

*Auf der Reise zu unserem wahren Selbst*
*ist Meditation, verbunden mit der*
*Klärung des Emotionalkörpers,*
*der Weg der Klarheit, Freude und Kraft,*
*der Weg zu innerem Frieden,*
*der Weg nach Hause.*

In diesem Kapitel möchten wir uns mit dem Thema Meditation beschäftigen, um dich zu ermutigen, in die eigene Praxis und Erfahrung zu gehen. Vielen von uns kommen bei dem Wort Meditation allerlei selbstbegrenzende Gedanken, wie: ›Das funktioniert bei mir nicht, es hat keinen Zweck, ich habe zu viele Gedanken.‹ Oder: ›Soweit bin ich noch nicht.‹

Nun, wir können unendlich lange warten, ›bis diese Gedanken aufhören‹ oder ›bis wir soweit sind‹. Es wird nie geschehen! Am besten ist es, wenn wir uns auf den Weg der Meditation einlassen, *während* wir unsere begrenzenden Gedanken haben. Deshalb möchten wir einige hilfreiche Vorbereitungen und Möglichkeiten beschreiben, mit unserer Gedankenflut umzugehen und den Einstieg in die eigene Meditationspraxis zu finden.

## Wozu Meditation?

Die Praxis der Meditation löst uns aus der gewohnheitsmäßigen Identifikation mit den Verhaftungen des Emotionalkörpers. Wir können dabei erfahren, wie Selbstbegrenzungen von uns abfallen, wie wir uns ausdehnen und einswerden mit der wahren Natur unseres Seins. Indem wir üben und lernen, innerlich mehr zur Ruhe zu kommen, weitet sich unsere Perspektive über unser kleines Alltags-Ich hinaus und wir werden unterstützt, die Verbindung zu den intuitiven Kräften in uns zu finden und zu nutzen.
Wir alle erfahren Leid und Begrenzung in unserem Leben und wir haben oft die Tendenz, dafür einen Sündenbock im Außen zu suchen. So bringen wir viele Gründe hervor, warum wir so sind, wie wir sind. Unser Fazit lautet meist: ›Die Erziehung ist schuld!‹ Doch jetzt ist jetzt, und wir können wählen, unsere Erziehung vergangen sein zu lassen. So wird Energie frei, die wir den Möglichkeiten und Chancen der Selbst-Erziehung und Selbst-Verwirklichung widmen können. Dazu gehört – neben der ständigen, alltäglichen Klärungsarbeit – die Praxis der Meditation. Wir nehmen uns täglich und regelmäßig Zeit dafür. Dabei werden wir geschult, all jene Stimmen unseres Egos – des Sprachrohrs unseres Emotionalkörpers – still werden zu lassen, die uns im Alltag nicht zur Ruhe kommen lassen möchten, aus Angst davor, daß sie die Kontrolle über uns verlieren könnten. In der Meditation üben wir uns, die Begrenzungen unseres Persönlichkeits-Ichs loszulassen und zu transzendieren, bis wir unser göttliches Selbst berühren.

## Hindernisse

Schauen wir uns zunächst die Barrieren an, die uns von diesen Möglichkeiten abhalten. In der folgenden Abbildung stellen wir uns vor, daß der Kreis eine Art Torte unseres

Gefühlslebens darstellt. Die verschiedenen Gefühle und Muster (wir haben einige als Beispiele herausgegriffen) sind die Tortenstückchen. Wenn wir in unsere Mitte, in unser Zentrum vorstoßen, spüren wir den Kontakt mit unserem Höheren Selbst.

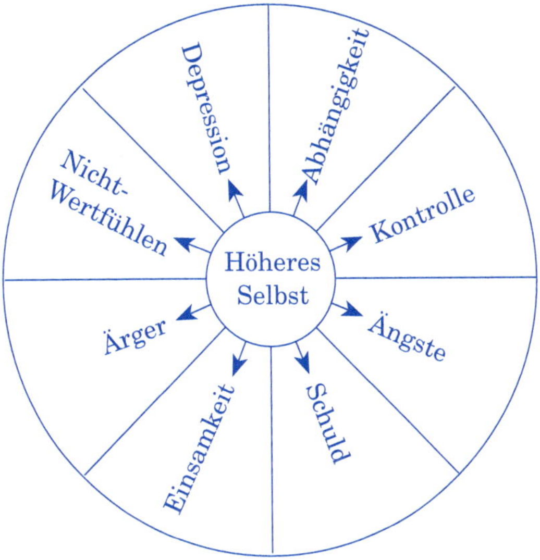


So wie manch einer süchtig sein mag nach Süßem, Kuchen und Torten, so ist unser Emotionalkörper süchtig danach, seine Gefühlstortenstücke auszuagieren, um sich vermeintlich an ihnen satt zu essen. Meistens sieht das so aus, daß wir mit Trauer, Wut, Schuldgefühlen, Ängsten, Sorgen, Schmerz, mangelnden Selbstwertgefühlen rund um die Uhr beschäftigt sind und uns immer wieder unbewußt in sie verstricken lassen. Das mag dem Emotionalkörper vorübergehend einen ›Kick‹ geben, er fühlt sich wichtig und lebendig – bis zum Kater danach, wo wir erkennen müssen: alles ist beim alten geblieben, unserem Leben fehlt es an Klarheit, Gelassenheit, Erfüllung und wirklicher Freude. Wenn wir inneren Frieden finden möchten, geht es darum, uns über Klärung und Meditation anzuschließen an unsere Mitte, uns zu verbinden mit der Energie unseres Höheren Selbst. Je mehr wir uns öffnen für seine Schwingung, um so mehr wird diese wiederum hineinstrahlen in die Alltagswelt unserer Gefühle. Die Energie des Höheren Selbst wird die Gefühlstorte immer stärker durchdringen, so daß uns die begrenzenden oder auch zerstörerischen Gedanken- und Gefühlsmuster schneller bewußt werden und wir uns weniger verhaftet und identifiziert mit ihnen fühlen.

## Erste Schritte

Wenn wir zu jenen Menschen gehören, die ständig ›on the go‹ sind, sich keine ruhige Minute gönnen und damit immer vor sich selbst, also vor ihrem wahren Selbst weglaufen, mag es hilfreich sein, erst einmal eine gute Entspannungsmethode zu lernen (Autogenes Training, Muskelentspannung nach Jacobson, Atemmethoden etc.).
Eine weitere Möglichkeit, um ablenkende Verhaltensweisen zu konfrontieren und mehr zu sich selbst zu gelangen, bietet uns die Übung der *Kontemplation*. Kontemplation bedeutet: betrachtendes Erkennen, Besinnung, Selbst-Besinnung. Damit ist keine narzißtische Nabelschau gemeint. Vielmehr geht es darum, sich dem zuzuwenden, was sich täglich in uns ansammelt, hinter unserem angepaßten Gesellschafts-Ich. Besonders die unterdrückten und weggesteckten Gedanken und Gefühle wollen wir anschauen. Denn die genau sind es, die in der Meditation immer dazwischen funken, eben weil wir ihnen nie erlauben, sich zu melden und zum Vorschein zu kommen. So wie wir unseren Körper täglich reinigen, gilt es achtsam zu sein, daß sich auch kein unnötiger psychisch-emotionaler Schmutz anhäuft, bis schließlich das Faß überlaufen muß und wir ausrasten oder gar zusammenbrechen.

## Kontemplation

Um dein Leben, deinen Tag oder eine spezielle Situation zu kontemplieren, kannst du es dir im Sitzen oder Liegen (wenn du dabei nicht zum Einschlafen neigst) bequem machen. Eine sanfte Musik wird dir helfen, dich zu entspannen und loszulassen.
Und nun beginne *hinzuschauen.*
Laß den Tag, die Situation, die begleitenden Gedanken und Gefühle – laß all dies wie einen inneren Film an dir vorüberziehen und bitte dein Höheres Selbst dir zu zeigen, was nötig ist, um es innerlich abzuschließen und loszulassen.
Mit einiger Übung wirst du spüren, wie du unnötigen Ballast abwirfst, mehr innere Ruhe erfährst und wie dir dann auch das Meditieren leichter fällt.

## Gedanken akzeptieren und ›Zeuge‹ bleiben

Das Wort Meditation hat mit Maß zu tun, es gilt, das rechte Maß für alles in unserem Leben zu finden. Meditation unterstützt uns dabei, sie hilft, unseren oft als ›maßlos‹ erlebten ungeklärten Emotionalkörper zu reinigen und zu heilen, so daß wir uns selbst und unser In-der-Welt-Sein ausgeglichener und harmonischer erleben können.
Für die wenigsten von uns ist es leicht und natürlich, sich in die Meditation zu begeben. Meistens fühlen wir uns von Gedanken und Gefühlen derart gestört, daß wir meinen, nicht in die Stille gelangen zu können. Diesen Tatbestand gilt es, erst einmal urteilsfrei akzeptieren zu lernen. Erinnern wir uns: Was wir beurteilen, hält uns fest im Griff – was wir lassen können, läßt uns.
Solange wir Menschen sind, werden wir Gedanken haben. Es ist Übung nötig, um die Gedanken vorüberziehen zu lassen, ohne sie zu bewerten. Wir können lernen, sie zu beobachten, wie sie kommen und gehen. Wir erlauben ihnen vorüberzuziehen, wie es die Wolken am Himmel tun. Als

neutrale Beobachter lassen wir sie einfach sein, ohne uns von ihnen stören zu lassen, ohne uns einzumischen.
Diese Haltung des Beobachtens, des ›Zeugeseins‹, kann uns auch in unserem gewöhnlichen Alltagsleben zugute kommen. Sie verhilft uns zur De-Identifikation, wie wir sie im Abschnitt ›Der Ausstieg aus dem Hamsterrad des Emotionalkörpers‹ im zweiten Kapitel erwähnt haben. So werden wir mehr und mehr zum Beobachter der Höhen und Tiefen unseres menschlichen Daseins. Und es wird uns leichter fallen, Verhaftungen, Täuschungen und Selbst-Täuschungen als solche zu erkennen, ohne uns von ihnen in immer neues Drama und Chaos verstricken zu lassen.

## Die Praxis

Für unsere regelmäßige Meditationspraxis ist es sehr unterstützend, wenn wir uns dafür einen bestimmten Platz in unserem Zuhause reservieren. Wir können ihn nach unserem Geschmack dekorieren oder eher schlicht halten. Vielleicht schreiben oder malen wir ein Schild, das wir vor die Tür legen, um ungestört zu bleiben.
Zum Sitzen besorgen wir uns ein Meditationskissen oder ein Bänkchen, einen geeigneten Hocker oder einen Stuhl. Wichtig ist es, mit aufrechter Wirbelsäule zu sitzen, damit die Energie fließen kann und wir wach und bewußt bleiben.
Es gibt verschiedene Techniken für die Meditation: Wir lenken unsere Aufmerksamkeit auf den Atem, benutzen ein bestimmtes Mantra (ein heiliges Wort) oder wir zählen von eins bis zehn und dann wieder von vorn. Wenn wir Meditation noch nicht gewöhnt sind, können wir uns über ein Buch informieren oder wir schließen uns einer Gruppe an, um eine Einführung zu bekommen und auch auftretende Fragen und Unsicherheiten besprechen zu können. Das kann sehr motivierend und unterstützend sein.

## Gewohnheit – Gewöhnung

Mit Geduld, Ausdauer und durch regelmäßiges Üben wirst du allmählich Fortschritte erleben. Es ist so wichtig, immer wieder von neuem zu beginnen – ohne jedes Selbsturteil, das dich doch nur bewegen würde, die Flinte ins Korn zu werfen. Setz dich einfach hin, ohne ergebnisorientiert zu sein und laß jedwede Absichten, vorgefaßte Erwartungen und Vorstellungen los. Genieße den Rückzug aus deiner Alltagswelt. Lasse dich und lasse los, komme bei dir an. Je bereiter du bist, dich immer wieder neu für das ruhige Sitzen zu öffnen, um so leichter wirst du deinen eigenen Rhythmus finden, um so natürlicher, all-täglicher und damit auch unverzichtbarer wird Meditation für dich. Am besten ist es, wenn du deinen Tag meditativ einbettest. Setze dich morgens hin (*bevor* die Alltags-Aktivitäten dich eingeholt haben) und wieder am Abend. Wir halten es für sinnvoller, sich täglich und regelmäßig Zeiten für die Meditation zu reservieren, als einmal in der Woche eine Stunde zu meditieren. Wenn dein Tag hochhergeht, mache zwischendurch ein paar bewußte Atemzüge und lege deine Hand auf dein spirituelles Herz, in die Mitte der Brust. Rückverbinde dich auf stille Weise einen Augenblick mit deinem Herzen, bevor du dich wieder deinem Alltag zuwendest.

Es gibt verschiedene Vehikel, die dich auf die stille Meditation vorbereiten können und dir die Einstimmung erleichtern. Du kannst zum Beispiel einen kurzen Abschnitt in einem spirituellen Buch lesen, das dir besonders gefällt und dich berührt. Oder du besorgst dir die *Engelkarten* (siehe Literaturverzeichnis). Sie sind ganz besonders inspirierend und nährend und stärken unsere intuitive Seite.

**Zentrieren – ›auf den Punkt kommen‹**

In unserem gewöhnlichen Alltagsleben neigen wir dazu – oftmals unbewußt – den vielfältigen, unterschiedlichen Energien unserer Gedanken, Gefühle, Pläne, Vorstellungen, Erwartungen zügellos ihren Lauf zu lassen, wobei wir uns verzetteln, in Hektik geraten, hin und her gerissen sind und schließlich ganz den Überblick verlieren. Wenn uns alles über den Kopf wächst und wir meinen, dem Druck nicht mehr standzuhalten, stürzen wir uns in zusätzliche Ablenkungsmanöver.
Meditation lehrt uns, aus der Zer-Streuung wieder ›auf den Punkt‹ zu kommen. Während wir meditieren, bleiben wir bewußt und üben, uns auf unseren Wesenskern zu zentrieren. Wir kehren zurück zum Wesen-tlichen in uns, tauchen ein in unser Zentrum. Hier sind unsere Energien gebündelt, verbunden – eins.
Wenn wir in diesem Prozeß offen, durchlässig und empfangsbereit bleiben, spüren wir auf sehr subtile Weise, wie wir erfrischt, genährt und aufgetankt werden. Wir schließen uns wieder dem unerschöpflichen Reservoir unseres wahren Selbst an.

## Die Geschenke

Meditation zentriert uns und schenkt uns Ausgeglichenheit. Sie lehrt uns, von Moment zu Moment neu loszulassen. Im meditativen Sein werden wir über unser kleines Ich hinausgeführt, dehnen uns aus und öffnen uns für neue Perspektiven.
Stell dir vor, du besteigst einen inneren Berg. Dabei wird es allmählich geschehen, daß du dein äußeres Persönlichkeits-Ich hinter dir läßt, die alltäglichen Verstrickungen fallen von dir ab. Du gewinnst mehr und mehr Distanz. In der Stille, in der Ruhe, erkennst du klar die Auswirkungen

deiner Gedanken- und Gefühlsmuster und wie du dich in deinem Denken, Fühlen und Handeln auf der linear-kausalen Ebene von Raum und Zeit begrenzt. Jetzt weitet sich dein Gewahrsein, deine Bewußtheit, deine Sicht. Du entwickelst Verständnis für die größeren Zusammenhänge unseres Lebens und Seins. Du erinnerst dich, wofür du diesmal gekommen bist, was dein ganz besonderer Beitrag sein kann, den du zu geben hast und den du geben möchtest.
Indem du dich nach innen wendest, deinem Geist die Möglichkeit gibst, still zu werden, wird dir Meditation vermitteln, daß du jederzeit bei dir ankommen und in dir ruhen kannst. Wenn du dir erlaubst, mit deinem Höheren Selbst zu verschmelzen, bist du angeschlossen an alles Wissen, alles Licht und alle Liebe, die du je für dich brauchen wirst, und die du dann, aus der Fülle deines Herzens, weitergeben möchtest.
In der Meditation kannst du immer wieder den Schleier der Welt der Illusion heben und beobachten, wie sich deine Sichtweise, dein Erleben vertieft. Dabei werden sich bisher verschlossene, innere Kanäle des Erkennens, Wissens und Verstehens öffnen, die du verantwortungsbewußt nutzt, um dich deinem Höheren Selbst als Lichtbringer zur Verfügung zu stellen. Meditation macht dich wach und bewußt für dein wahres Sein, für den göttlichen Selbst-Wert in deinen Brüdern und Schwestern, für den tiefen Sinn der universellen Gesetze und Zusammenhänge. Sie schenkt dir Klarheit, Glück und inneren Frieden mit deinem Selbst und mit allem, was ist.

## Der Alltag

Und nun geht es darum, die Geschenke der Meditation einfließen zu lassen in unseren ganz gewöhnlichen Alltag. Es gilt, die erlebte Bewußtheit und Wachheit, die Erkenntnisse, das gewonnene Verständnis hineinwirken zu lassen in unser persönliches Leben, in unsere Arbeit, in unsere Beziehungen. Wir streben in der Meditation kein vorübergehendes ›High‹ an, um danach wieder in die alte Rolle unseres unbewußten, begrenzten Ichs hineinzuschlüpfen, sondern wir möchten die Fähigkeiten unseres meditativen Ichs in unseren Alltag übertragen und integrieren. Dazu säen wir die Samen, die uns in den Erfahrungen der Meditation geschenkt wurden, immer wieder von neuem aus. Vielleicht sind es zuerst ganz unscheinbare kleine Pflänzchen, die in unserer Alltagswelt zum Vorschein kommen – mit Geduld, mit Ausdauer und Vertrauen jedoch werden sie beginnen, überall hervorzusprießen, um uns zu erfreuen und zu heilen.

*Es gibt diesen Zustand,*
*der jenseits von Mühe und Mühelosigkeitliegt.*
*Bis man ihn erreicht hat, muß man sich bemühen.*

Ramana Maharshi: *Die Suche nach dem Selbst*

# Geführte Meditationen

Wir wollen uns jetzt dem Bereich der geführten Meditationen zuwenden. Auch sie sind geeignet, unser Bewußtsein auszurichten und zu zentrieren. Unsere Aufmerksamkeit kann sich dabei leicht und eher spielerisch auf die Entwicklung besonderer Eigenschaften und Fähigkeiten konzentrieren: auf die Öffnung unseres Geistes für Stille, Ausdehnung und Loslassen, auf die Güte und Liebe unseres Herzens – auf Heilung.

Diese Form der Meditation ist nicht gedacht als Ersatz für die täglichen stillen Meditationen, sondern eher als zusätzliche Praxis. Wenn du dich einläßt, auf diese Meditationen und inneren Reisen, wirst du spüren, wie etwas in dir in Bewegung kommt, Festgehaltenes löst sich, dein Herz beginnt sich zu öffnen. Vielfältige Energien in dir, deine Seelengefühle werden wieder fließen, so daß du dich weit und offen und durchlässig fühlst. Du wächst über dein Alltags-Ich hinaus und bist verbunden mit deinem wahren Kern, deinem innersten, spirituellen Selbst. Dabei wirst du immer wieder Erlebnisse geschenkt bekommen, wo sich der Zugriff deiner Urteile lockert und das Gefühl des Getrennt-Seins wie aufgehoben ist. Du erfährst, daß die Schranken, die dich vermeintlich hinderten zu erkennen, wer du in Wahrheit bist und wer ›die andern‹ in Wahrheit sind, bereits weit geöffnet sind.

Im Laufe unserer Arbeit als spirituelle Wegbegleiter und Seminarleiter haben wir über die Jahre viele Meditationen und innere Reisen entwickelt und zusammengestellt. Hier sind einige davon, die wir dir zum regen Gebrauch weitergeben. Manche sind von uns, andere stammen aus unterschiedlichen Quellen, die wir erwähnen, soweit sie uns bekannt sind. Darüber hinaus danken wir allen, die an diesen Schätzen mitgewirkt haben!

Die Meditationstexte geben wir dir für den individuellen Gebrauch wieder, du kannst aber auch viele von ihnen so

verändern, daß sie für eine Gruppe geeignet sind. Es kann die Schwingung und damit unser Liebes- und Freudepotential immens erhöhen, wenn wir als Gruppe meditieren. Vielleicht ermutigen dich unsere Vorschläge und Anregungen, eine kleine oder große Meditationsgruppe ins Leben zu rufen!
Bevor du in die eigene Erfahrung gehst, lies dir die Texte erst einmal durch. Vielleicht möchtest du einige von ihnen auf eine Kassette sprechen. Lege dir auch Schreibzeug bereit, um dir nach deinen Erlebnissen Notizen machen zu können. Zu Beginn eine

### Δ *Meditation zur Öffnung*

Nimm deine gewohnte Meditationshaltung ein. Sitze mit aufgerichteter Wirbelsäule auf einem Stuhl bzw. mit gekreuzten Beinen auf dem Boden. Du kannst dabei die Hände auf den Oberschenkeln ruhen lassen.
Nimm einen tiefen Atemzug – atme alles aus, was du im Körper festhältst und was du jetzt gehen lassen möchtest. Laß die Gedanken, die Gefühle vorüberziehen, ohne sie festzuhalten. Atme wieder ein – atme alles aus, was du aus deinem Geist gehen lassen möchtest. Erlaube dir dabei, alles zu akzeptieren, wie es ist.
Dann schau, was du heute in deinem Leben empfangen möchtest.
Und nun frage dich: Wie bereit bin ich, dafür zu sorgen, daß es geschehen kann?
Mach alle Türen und Fenster in dir auf, auch die sonst verschlossenen.
Erschaffe einen Raum in dir, wo du dich sicher fühlst, geborgen in deinem wahren Selbst, dem Göttlichen in dir – und sei empfangsbereit.
Erlaube dir, dich von jetzt an frei zu fühlen, das, was du innerlich erlebst, in dein Leben einfließen zu lassen, es zu teilen – mit dir selbst und mit deinen Lieben, so daß du wirklich teil-nehmen und teil-geben kannst. Dieses Mitteilen wird alle deine Erfahrungen reicher und wirklicher machen.

Erwecke nun das höchste Bild der Liebe in dir – was immer das für dich sein mag – ein stiller See, ein mächtiger Berg, ein wunderschöner Sonnenuntergang ...
Gehe mit deinem ganzen Gefühl hinein in diese Vorstellung und laß sie für dich lebendig werden.
Wenn da noch Ängste oder Zweifel in dir sind, gib sie ab – an die Liebe in dir.
Spüre dein Herz, laß es weich und durchlässig werden, laß die Liebe wachsen, für dich selbst und für alles, was ist. Δ

### Δ *Heil-Meditation*

Fühle heilendes weißes Licht in dein Energiesystem einströmen.
Umgib dich vollkommen mit diesem weißen Licht. Fühle es, genieße es – laß es strömen.
Wenn du irgendwo im Körper etwas Schmerzhaftes fühlst, frag diesen Bereich in dir, ob er eine Botschaft für dich hat. Frage, ob es etwas gibt, was du verstehen solltest oder tun solltest – gerade jetzt oder überhaupt in deinem Leben.
Wenn du eine Antwort bekommst, tu dein Bestes, um sie zu verstehen und ihr zu folgen. Wenn du meinst, keine Antwort zu spüren, bleibe einfach weiter offen.
Jetzt sende besonders liebende und heilende Energie zu jenem Bereich in deinem Körper, der Heilung braucht.
Spüre, wie Heilung geschieht.
Bitte deine Innere Führung um Unterstützung.
Sieh, wie das Problem sich auflöst und die Energie wieder strömt.
Jetzt sieh dich in vollkommener, strahlender Gesundheit. Stell dir verschiedene Situationen vor und spüre, wie du dich dabei gut und aktiv fühlst. Sieh dich selbst in deiner Schönheit und Ganzheit. Fühle dein Heilsein. Δ

### Δ *Baum-Meditation*

(Dies ist auch eine schöne Kreis-Meditation für die Gruppe. Dann beziehe deine Nachbarn im Kreis mit ein. Zum Nachklingen, am Ende der Meditation, kannst du dir evtl. die

Kassette *Erdenton* aus den *Urtönen* von Behrendt – siehe Literaturverzeichnis – bereitlegen.)

Stell dir deine Wirbelsäule als einen Baumstamm vor. Laß diesen Baumstamm jetzt lebendig werden – schicke deinen Atem da hinein, fühle, wie die Wurzeln wachsen, durch viele verschiedene Erdschichten hindurch, durch die lockere Erde, durch den Sand, laß sie durch die festeren Schichten hindurchwachsen, durch Geröll und Felsen, durch Lava und versunkene Städte, durch unterirdische Flüsse und Seen. Immer tiefer – durch Kristall- Schichten hindurch – bis du zum feurigen, flüssigen Kern der Erde gelangst.

Gib jetzt alles ab, was dich noch belastet, und mach mit dem Ausatmen einen Ton, der dich dabei unterstützt.

Jetzt nimmst du aus dem Kern der Mutter Erde alle Kraft auf, die du brauchst – mehr und mehr Kraft.

Diese Kraft läßt dich höher steigen, weiter und weiter, immer höher durch alle Erdschichten hindurch. Du steigst aufwärts, bis du zu deinem Stamm gelangst – und noch höher, bis du aus deinem Kopf Zweige wachsen lassen kannst.

Sie umgeben dich, gestalte sie, wie du sie haben möchtest: vielleicht geöffnet nach oben, um Kraft aufzunehmen oder verzahnt nach allen Seiten, um die Zweige deines Baumnachbarn zu berühren.

Stell dir dabei die Menschen deiner Umgebung vor –
gib wieder einen Ton.

Fest verankert stehst du da als Baum – gestalte dein Blätterwerk so locker oder so dicht, wie's dir guttut.

Vielleicht möchtest du deine Zweige mit kleinen Spiegeln behängen, so daß alles daran zurückprallt, was du nicht haben möchtest.

Vielleicht möchtest du dich ausdehnen in Zuneigung zu deinen Nachbarbäumen – stell dir dabei deine Lieben vor – gib einen Ton.

Dann laß die Zweige auch nach unten wachsen,
bis sie wieder die Erde berühren –
fühle wie ein Kreislauf entsteht,

erlaube der Energie zu fließen – gib dich ihr hin! Δ
(Zum Nachklingen eignet sich die obengenannte Kassette.)

### Δ *Begegnung mit dem Höheren Selbst – Öffnung für eine Botschaft*

(frei nach Chris Griscom)

Sitze mit geradem Rücken, so daß dein Atem strömen kann.
Atme ein paarmal sanft ein und aus – laß dich still werden.
Visualisiere nun eine weiße Lichtsäule oberhalb deines Scheitelchakras und zieh dieses Licht von oben in deinen Körper hinein, spüre, wie reine Gottesenergie hineinströmt und sich im dritten Auge, zwischen deinen Augenbrauen sammelt.
Nun zieh das weiße Licht mit deinem Atem weiter hinunter, bis zu deinem Halschakra – laß es sich dort verteilen und atme es dann sanft und hingebungsvoll in dein spirituelles Herz hinein.
Zieh es jetzt noch tiefer in deinen Körper, bis es sich im Sonnengeflecht, gerade oberhalb deines Nabels, sammelt.
Hier im Sonnengeflecht erlaube der Gottesenergie mit dem Ausatmen aus dir heraus zu fließen.
Mit jedem Einatmen läßt du göttliche Energie in dich hinein und beim Ausatmen erlaube ihr, durch das Sonnengeflecht herauszuströmen.
Spüre, wie sich dein Bewußtsein erhebt und ausdehnt.
Schau beim nächsten Ausatmen mit deinem inneren Auge etwa einen halben Meter vor dich hin und laß das Bild deines Höheren Selbst vor dir entstehen.
Nimm, was immer du siehst oder spürst oder weißt.
Bemerke seine Form und seine Ausstrahlung – heiße es willkommen.
Öffne dich jetzt noch mehr für die Energie deines Höheren Selbst.
Spüre seine Aura, laß dich sanft von seiner reinen Ausstrahlung berühren – gib dich dabei ganz deinem Erleben hin.
Vertraue dem, was du spürst, auf vollkommene Weise.
Sei empfangsbereit, offen –

und nun hör zu, was es mit dir teilen möchte, etwas,
das jetzt für dich – zu deiner Unterstützung – da sein soll,
bleibe offen und durchlässig für seine Botschaft.
Wenn du weitere Fragen hast, so kannst du dein Höheres Selbst jetzt fragen.
Bleibe noch eine kleine Weile in seiner Gegenwart, genieße das Zusammensein.
Wenn es genug ist, bedanke dich, löse dich aus dem Geschehen und komm zurück ins Hier und Jetzt. Δ

### Δ *Das Höhere Selbst und der nächste Schritt auf unserem geistigen Weg*

Entspanne dich in deinen Atem hinein.
Begib dich innerlich in einen Raum, in dem du dich rundherum wohlfühlst.
Nimm dir einen Augenblick Zeit, um dir diesen Raum zu erschaffen,
dann schau dich darin um und sieh, daß es auf der gegenüberliegenden Seite eine Tür gibt.
Jetzt bitte darum, daß sich diese Tür öffnen möge,
spüre wie dabei ein wohltuender, von sanftem Licht gefärbter Nebel in deinen Raum hereinströmt.
Und nun lade dein Höheres Selbst ein, aus diesem Licht-Nebel hervorzutreten.
Fühle die Energie, die dein Höheres Selbst ausstrahlt,
laß dich von ihr berühren.
Dann frage es, ob es etwas gibt, was du tun oder was du wissen solltest, um auf deinem Weg voranzuschreiten.
Was könnte dein nächster Schritt sein?
Laß dich offen und durchlässig sein und vertraue dem, was du spürst, auf vollkommene Weise,
gib dich ganz deinem Erleben hin.
Was immer geschieht oder nicht geschieht, laß dich offen bleiben,
empfange die Botschaft, wie immer sie sich dir darbietet (Gedanken, Gefühle, Worte, Bilder, ein Geschenk ...).
Sei ein Weilchen mit dem, was ist, nähre dich an der

Gegenwart deines Höheren Selbst, genieße eure Verbundenheit.
Wenn es für jetzt genug ist, bedanke dich und laß das Geschehen ausklingen.
Dann nimm einen tiefen Atemzug und komm zurück ins Hier und Jetzt. Δ

Δ ***Reise durch den Körper***
Sitze mit gerader Wirbelsäule und entspanne dich.
Bring dein Bewußtsein zu deinem Atem,
während du einatmest.
Zieh den Atem hinein in deinen Kopf und stell dir dabei deinen Atem als kristallklare, lichtvolle Weite vor.
Laß diese klare, lichte Weite jetzt deinen Kopf anfüllen.
Während du ausatmest, erlaube dir, alle Dichte und Festigkeit in deinem Kopf loszulassen.
Nimm wahr, wie dieser Bereich zum offenen Raum wird, spüre den freien Fluß der Empfindungen, das Pulsieren und Schwingen innerhalb des offenen Raumes im Kopf.
Wenn du das nächste Mal einatmest, bring dein Gewahrsein zum Nacken und Hals, und während du wieder ausatmest, stell dir vor, daß dieser Bereich als leerer Raum zurückbleibt, offen für das Strömen der Lebensenergie, für Schwingungen, Empfindungen.
Erlebe ein Gefühl des inneren Geöffnetseins.
Da ist nur Raum – frei von Dichte und Festigkeit.
Fahre nun fort und atme ganz bewußt nacheinander in jeden Teil deines Körpers. Atme lichtvolle, kristallklare Weite in deine Hände, in die Arme und Schultern, in deinen Brustraum, in den Bauch, in die Hüften, in den Unterleib und schließlich in deine Beine und Füße.
Während du ausatmest, spüre, wie jeder Bereich deines Körpers vollkommen geöffnet ist für den fließenden Strom.
Im weiten, offenen Raum erlebe das Schwingen und Pulsieren,
und mitten in diesem Fluß der Empfindungen, des Schwingens und Pulsierens erfahre die innere Stille, den Frieden,

der all die unzähligen, sich wandelnden Ströme und Schwingungen empfängt und aufnimmt.
Jetzt ruhe dich aus – erlebe deinen Körper als offenes, leeres Gefäß.
Laß alles Begreifen- und Erfassen-Wollen gehen.
Erlaube den Gedanken, Gefühlen, Wahrnehmungen, Bildern hervorzukommen – und sich wieder aufzulösen, wie Seifenblasen aus Licht, die in den inneren Räumen des Gewahrseins kommen und gehen.
Erfahre das Einssein deines Körpers, spüre ihn heil und ganz.
Erlaube jedem Atemzug, dein stilles Gewahrsein, deine innere Harmonie zu vertiefen. Δ

Δ ***Führung von Innen***

(frei nach einem Text aus »Christ in You«, Robinson & Watkins Books)

Es gibt nichts, was du im Leben fürchten mußt. Du wirst dir darüber klar werden, daß du zu allen Zeiten und an allen Orten sicher bist. Nichts kann dir in Wahrheit geschehen. Erkenne, daß der göttliche Geist allmächtig, allgegenwärtig, allwissend ist. Du hast versucht, Aussagen aus deinem äußeren Selbst heraus zu machen. Laß nun stattdessen alles von deinem Inneren Selbst kommen. Laß jedes andere Empfinden still werden, so daß dein Inneres, Höheres Selbst von dir Besitz ergreifen kann. Die einzigen Dinge, die dir jemals zu einem höheren Wissen von Gott verholfen haben, kamen von innen. Sei dem Wort gegenüber, das in dir spricht, wahrhaftig und treu. Nichts von außen hilft, wenn es nicht das Erkennen von innen empfängt. Dein gesamter Wille, deine Gedanken werden von diesem heiligen, unsichtbaren Führer in das Wissen geleitet. Die Augenblicke der Heilung, des Wachstums, waren jene, als alle unruhigen Stimmen der Sinne still wurden, als alle Persönlichkeits-Eigenschaften dich nicht länger berührten. Dann sprach dein göttliches Selbst.
Höre dem inneren Führer zu und du wirst verstehen, daß

seine Worte für dich da sind, daß du das Leben in seiner Fülle haben kannst, daß dein Körper vollkommen sein kann, daß du sicher bist vor Schaden und Verletzungen irgendwelcher Art, daß selbst der Tod dir nichts anhaben kann. Du wirst den dünnen Schleier erreichen, der dich von Gott trennt. All dies und mehr wird dir offenbart werden.
Heute nacht, wenn du dich zur Ruhe legst, erlaube den Sinnen nicht, dir Schwäche oder Traurigkeit vorzugaukeln, statt dessen laß dich von deiner spirituellen Sphäre im Innern einhüllen und dir Kraft geben, bis du dir deines Höheren Selbsts bewußt bist – und dann schlafe ein.
Dein ganzer Körper wird sich erneuert fühlen und dein Erwachen am Morgen wird voller Freude sein. Du wirst die Wirkung der Reinigung von Geist und Körper spüren. So vieles geschieht während der Stunden des Schlafs und der Dunkelheit.
Laß alle Sorgen los. Du bist aufgehoben, geschützt, geborgen. Wachend oder schlafend – ruhst du in deinem göttlichen Selbst. Δ

### Δ *Vorurteile und Vorstellungen loslassen – Still werden*

(Inspirationen aus *Ein Kurs in Wundern*)

»Wir wollen still sein einen Augenblick, vergessen alle Dinge, die wir je gelernt, alle Gedanken, die wir je gedacht, und jedes Vorurteil, das wir darüber hegten, was die Dinge bedeuten und was ihr Sinn und Zweck ist.
Wir wollen uns nicht an unsere eigenen Ideen über das erinnern, wozu die Welt dient. Wir wissen es nicht. Wir wollen jedes Bild, das wir von jedem hegen aus unserem Geiste lösen.« (Textbuch- 31.I.12:1-4)

»Tu einfach dies: Sei still, und lege alle Gedanken darüber, was du bist und was Gott ist, weg, alle Konzepte über die Welt, die du gelernt hast, alle Bilder, die du von dir selber hast. Mach deinen Geist von allem leer, was er für wahr oder falsch, gut oder schlecht hält, von jedem Gedanken, den er als würdig beurteilt, und allen Vorstellungen, deren er sich schämt. Halte an nichts fest. Bringe nicht einen Gedanken mit, den die Vergangenheit gelehrt hat, noch eine Überzeugung, die du jemals gelernt hast von irgend etwas. Vergiß diese Welt.« (Übungsbuch-Teil 1.Lekt. 189.7:1-5)

»Kannst du dir vorstellen, was ein Geisteszustand ohne Illusionen ist? Wie er sich anfühlen würde? Versuche dich an eine Zeit zu erinnern – vielleicht war es nur eine Minute oder weniger – als nichts kam, um deinen Frieden zu stören, als du gewiß warst, geliebt zu werden und in Sicherheit zu sein. Versuche daraufhin dir vorzustellen, wie es wäre, wenn dieser Augenblick sich bis zum Ende der Zeit und in die Ewigkeit ausdehnte. Laß darauf das Gefühl der Ruhe, das du spürtest, hundertmal vervielfacht werden und dann nochmals weitere hundertmal. Jetzt hast du eine kleine Ahnung – nicht mehr als nur die schwächste Andeutung – des Zustands, in dem dein Geist ruhen wird, wenn die Wahrheit gekommen ist.« (Übungsbuch-Teil 1.Lekt.107. 2:1-5, 3:1) Δ

### *Einführung in eine Friedens-Meditation*

Anläßlich eines Wochenendseminars, das Dagmar übersetzte, lernte sie Marguerite Smithwhite kennen, eine spirituelle Lehrerin aus England. Ihr Wunsch ist es, auf ihre Weise beizutragen zum Frieden in der Welt. So hat sie einen Weg gefunden, in englische Schulen zu gehen und die Kinder dort zur Meditation anzuleiten. Sie arbeitet auch an Schulen in Slum-Gegenden, mit Kindern, die in großer Armut aufwachsen und selten Anlaß zur Freude haben. Sie berichtete, daß diese Kinder während der Meditation und dem sich anschließenden Malen ihres eigenen Mandalas oft zum ersten Mal ein Gefühl des Wertseins in sich spüren. Sie erkennen, daß auch sie etwas sehr Schönes zu geben haben. Über ihre Arbeit und die Mandalas der Kinder hat Marguerite Smithwhite ein Buch herausgegeben (siehe Literaturverzeichnis).

Wenn du die folgende Meditation machen möchtest, leg dir Papier und Stifte bereit. Später, wenn du deine Augen wieder geöffnet hast, schau auf das Papier, das vor dir liegt und folge dem allerersten Impuls, den deine Hand ausführen möchte: eine Linie, eine Form, ein Kreis, etwas Gegenständliches, was auch immer. Mach dich dabei gänzlich frei von irgendwelchen Ansprüchen und Erwartungen an dich selbst. Lege dir auch einen Goldstift bereit und wenn du fast fertig bist, male ein Detail auf deinem Bild mit dem Gold.

### Δ *Friedens-Meditation*

(frei nach Marguerite Smithwhite)

Atme tief und langsam – entspanne dich mehr und mehr und laß deinen Körper ganz zur Ruhe kommen.

Du hast jetzt kein Bedürfnis mehr, dich zu bewegen.

Erlaube deinen Gedanken und Gefühlen sich zu setzen, laß deinen Geist still werden – das gelingt am besten, wenn du ihn auf einen Gedanken ausrichtest – auf den Frieden.

Spüre, wie jetzt Frieden von oben in deinen Kopf hineinströmt, du empfängst ihn und läßt diesen Frieden sich in deinem ganzen Körper ausbreiten.

Wie Sonnenstrahlen breitet sich Frieden in deinem Gesicht aus und weiter in deinem Hals, in deine Arme und deine Brust, jetzt strahlt der Frieden weiter in deinen Bauch hinein, in die Beine und in deine Füße.
Fühle wie dein Herz immer mehr von diesem Frieden aufnimmt, bis es ganz erfüllt ist mit der Süße dieses unermeßlichen Friedens.
Es ist jetzt soviel Frieden in dir, daß du nur noch einen Wunsch hast, dich auszudehnen und ein wenig von deinem Frieden, ein wenig von deiner Liebe abzugeben.
Wie die Strahlen der Sonne leuchtet dein Friede in dir und aus dir heraus.
Und wieder strömt noch mehr Frieden in dich hinein über dein weit geöffnetes Herz.
Und jetzt gibst du etwas davon ab an alle Nachbarn in den umliegenden Häusern.
Mehr Frieden kommt zu dir zurück und du kannst jetzt einen sanften Friedensregen über die ganze Stadt herunterrieseln lassen.
Wieder spürst du, wie Frieden jede Faser deines Seins erfüllt.
Und jetzt umhüllst du die ganze Welt mit deinem Frieden, wie mit einer überdimensionalen, grenzenlosen Decke – und du spürst wie viel Frieden zu dir zurückkommt und du bist ganz erfüllt davon.
Öffne jetzt sanft die Augen und schau auf dein Blatt, das vor dir liegt.
Folge deinem allerersten Impuls, der vor deinem inneren Auge erscheint und beginne mit deinem Bild. Bleibe zentriert in dir und schau, was aus dem Formlosen entsteht. Δ

## *Einführung in eine Meditation – ›Sterben und wiedergeboren werden‹*

In der Zeit, als wir ein zehnwöchiges Transformationsseminar auf der Grundlage des *Ein Kurs in Wundern* anboten, widmeten wir den letzten Teil des Seminars dem Thema *Tod und Auferstehung*.

Dazu gehörte die folgende Meditation über Sterben und Wiedergeburt. In der Gruppe benutzten wir meist Klangschalen, um den Einstieg zu erleichtern.

Unser Sterben, unser Tod ist Teil unserer Einweihung in das Sein. Den Körper sterben zu lassen bedeutet, Verhaftungen loszulassen. Der Dalai Lama wurde von einem Sterbenden um Führung gebeten. Er sagte ihm: ›Du kannst nichts mitnehmen durch das Tor des Todes. Gib alle Verhaftung auf.‹ Eine ähnliche Antwort bekam jener wohlhabende Mann, der sich zu einem Reinkarnationstherapeuten begab. Er wollte sich von diesem in sein zukünftiges Leben versetzen lassen, um herauszufinden, wo und wie und unter welchen Umständen er das nächste Mal leben würde. Seine Motivation dafür bestand darin, daß er dann bereits in diesem Leben seine Millionen an sicherer Stelle in der Nähe seines zukünftigen Wohnorts vergraben wollte! Nun, der Therapeut wird ihn über die karmischen ›Spielregeln‹ aufgeklärt haben.

Es gibt keine Sicherheit, außer der, daß alles fließt – ›panta rhei‹, wie die Griechen sagen. Warum nicht jetzt schon üben? Das wird mir nicht nur den Tod und das Danach erleichtern, sondern bereits das Leben auf dieser Seite, weil auch hier immerfort etwas stirbt und dafür etwas Neues zum Leben erwacht.

Durch regelmäßiges Meditieren, durch innere Reisen in die Multidimensionalität meines Seins, kann ich erfahren, daß ich unendlich viel mehr bin als mein physischer Körper, daß ich ein geistiges Wesen bin, das ›mit einem Leibe bekleidet‹ ist. Eine solche Reise – wie etwa die folgende Meditation – unterstützt meine Ausdehnung in andere Wirklichkeitsebenen, bis ich mich auch dort mehr und mehr ›zu Hause‹ fühle. Das hilft mir, die Identifikation und Verhaftung mit meinem Persönlichkeits-Ich und seinen Ängsten, Wünschen und Bindungen zu lockern, es öffnet mich für die Hingabe an den jeweiligen Augenblick. Wenn es soweit ist, wird es mir auch die Hingabe an den Tod erleichtern. So wie unsere Geburt in diese Dimension von der anderen Seite aus gesehen ein Tod ist, so ist das Loslassen des physischen Körpers gleichzeitig die Geburt in eine neue Wirklichkeitsebene.

Als meine Mutter starb, erhellte sich ihr Gesicht mit einem überirdischen, glückseligen Lächeln und ich wußte, daß sie wohl empfangen worden war in ihrem neuen Zuhause, nach ihrem Besuch auf diesem Planeten ...

An dieser Stelle möchten wir Stephen Levine danken für seine einfühlsamen, aus Güte, Mitgefühl und Liebe inspirierten Meditationen, mit denen wir schon seit Jahren arbeiten. Jetzt gibt es diese unerschöpfliche Quelle auch auf Deutsch. Levines Buch heißt *Wer stirbt* und die folgende Meditation stammt von dort (sie wurde von uns gekürzt und bearbeitet).

### △ *Meditation über das Sterben und Wiedergeboren werden*

(frei nach Levine)

Geh mit deiner Aufmerksamkeit zu den Empfindungen und Gefühlen deines Körpers, werde dir deiner selbst gewahr, wie du hier sitzt.

Spüre dieses Gefäß, seine Substanz, sein Gewicht, die Dichtheit deines Körpers – Erde, Festigkeit, Gewicht.

Spüre die Empfindungen, die hier und dort auftauchen, in den Handflächen, am Rücken, im Nacken, am Gesäß, in den Fußsohlen: Kribbeln, Vibrieren, Wärme ...

Vielfältige Empfindungen, die kommen und gehen.

Werde dir gewahr, daß sie von etwas viel Subtilerem empfangen werden, als von dieser schweren Form, etwas das leichter ist.

Es ist so, als wenn das Bewußtsein selbst diese Empfindungen erlebt.

Spüre diesen leichteren Körper, diesen Bewußtseins-Körper innerhalb des schwereren, gehe hinein in diesen leichteren Bewußtseins-Körper, nimm wahr, wie jeder Atemzug die Harmonie aufrecht erhält –
nur Bewußtheit und Empfindung mit jedem Atemzug, und nimm jeden Atemzug, als wäre er der letzte.
Erlebe jedes Einatmen, als würde ihm nie mehr ein weiteres folgen. Jeder Atemzug endet, ohne das ein weiterer folgt – der letzte Atemzug.
Die Verbindung löst sich zwischen dem schwereren Körper und dem leichteren – das Ende eines Lebens, der letzte Atemzug –
laß los ohne festzuhalten, laß den Atem gehen, endlich, für immer,
sei ohne Verhaftung an den nächsten Atemzug.
Laß los, laß dich sterben, ohne festzuhalten, laß sanft los, laß alles gehen, frei fließen, laß dich sterben.
Jedes Atmen schwindet, jeder Gedanke löst sich auf, ohne etwas zu halten, laß für immer los.
Laß die Angst los, laß die Wünsche los,
laß dich sterben – öffne dich dem Tod –
ohne festzuhalten – alles ist Vergangenheit.
Stirb sanft in diesen Augenblick hinein.
Laß die Gedanken los, laß alle Vorstellungen über das Leben und Sterben los.
Gehe jetzt weiter – stirb sanft in das Licht hinein, schwebe – befreit von deinem schweren Körper, befreit von allen Gedanken –
dieser Körper ist so schwer, jeder Gedanke ist so schwer.
Geh jetzt darüber hinaus – schwebe frei, jenseits von allem, in Freiheit, mit offenem Herzen, laß alles gehen, was an dir zieht, was dich festhalten will, laß deinen Namen los, laß den Körper gehen, laß den Verstand los, schwebe losgelöst, laß dich jetzt sterben –
sei ohne Angst, es gibt nichts festzuhalten.
Jetzt ist der leichtere Körper frei, von Augenblick zu Augenblick –

gehe weiter, ins Licht – befreit vom Körper, befreit von dieser Inkarnation.
Gehe ein in das Licht, in das reine, offene Licht
deiner ursprünglichen Natur –
nur Raum, Raum, der im Raume schwebt, frei strömend im endlosen Raum.
Laß dein Wissen los, dein Nichtwissen,
alles, was im Verstand ist, ist alt – jeder Gedanke ist alt –
nur klarer Geist, der sich im geöffneten Herzen auflöst – endlich frei.
Nur Bewußtsein, das sich ins Licht auflöst –
Licht, das sich selbst erfährt – Raum im Raum – Licht im Licht.
Alles ist vergangen – jenseits des Vergehens,
kein Innen – kein Außen,
nur Sein ohne Begrenzung im unendlichen Raum.
Öffne dich da hinein – schwebe, befreit vom Körper,
befreit vom Verstand, laß dich in den reinen Raum hinein sterben
offener, unendlicher Raum – Weite, grenzenlose Weite.
(Pause)
In dieser Weite, spüre, daß sich etwas ganz sanft nähert,
fühle den Atem, der sich nähert – wie aus weiter Ferne,
spüre, wie er in den Körper eintritt,
jeder Atemzug ist der erste, jedes Einatmen ist der Beginn des Lebens,
jeder Atemzug ist vollkommen neu.
Geburt –
noch einmal erlebt das Bewußtsein einen Körper –
Raum im Raum – reine Bewußtheit bewohnt wieder reine Form – wiedergeboren.
Bewußtheit ist da, von Augenblick zu Augenblick,
genauso wie immer, erfährt es den Atem des Lebens –
noch einmal im Körper – wiederbelebt, die leichte Form und die schwerere Form.
Sie wird wiedergeboren, um zu lernen und zu teilen –
mit allem zu sein, was ist. Δ

In unserem Zitat von Al Gore zu Beginn des 2. Kapitels hieß es sinngemäß, daß ein Wandel in unserem Umweltbewußtsein nur möglich ist, wenn zuvor ein Wandel in uns stattgefunden hat.
Nach all der vorangegangenen Klärung und spirituellen Praxis ist jetzt die Zeit gekommen, die persönliche Ebene zu verlassen und die Kraft der Transformation, die wir in uns erfahren haben durch uns hindurch strömen zu lassen, um sie mit unserer Erde – mit unserem schönen blauen Planeten – zu teilen. Es folgt eine Meditation für unsere Erde, die sich in dieser Form besonders für eine Gruppe eignet, die du jedoch abwandeln kannst, wenn du sie allein machen möchtest.

Δ ***(Gruppen-) Meditation für unseren Planeten***
(frei nach Rhea Powers)
(Die Gruppe sitzt im Kreis)
Stimm dich ein auf diesen Kreis,
laß dabei deinen Atem ganz natürlich strömen.
Mit dem Ausatmen mach dich so gut du kannst leer.
Jetzt reibe deine Hände ein Weilchen aneinander,
dann lege sie in die deiner Nachbarn,
(linke Handfläche nach oben, rechte nach unten)
schließe die Augen – fühle, wie die Energie sich vermehrt und wunderbar fließt.
Und nun stell dir unseren Planeten, die Mutter Erde, in der Mitte unseres Kreises vor,
atme Licht und Liebe durch dein Scheitelchakra ein,
laß sie sich in deinem Herzen ausbreiten.
Vom Herzen aus schicke sie durch deine Arme in deine Hände,
erhebe dann die Hände vor deinem Herzen,
die Handflächen zur Erde in die Mitte des Kreises gerichtet und sende über dein Herz und deine Hände heilende Liebesenergie hin zu unserem Planeten.
Stell dir vor, wie unsere gemeinsame Liebe die Oberfläche der Mutter Erde umhüllt.
Dann laß diese Liebe tief in ihren Kern hineindringen.

Singe jetzt ›Om‹ – solange, bis du das Gefühl hast, es ist gut so.
Und jetzt strecke deine Arme nach unten aus – in den Kreis hinein, als wolltest du mit deinen Händen unter den Planeten reichen.
Und mit der vereinten heilenden liebenden Energie dieses Kreises hebe den Planeten in die Höhe,
übergib ihn Gott und seiner höchsten Bestimmung. Δ

# Übungen

Es folgen verschiedene Übungen, wie wir uns zum Beispiel erden, reinigen und schützen können; und wie wir in anderen Bereichen auf der Energie-Ebene mit uns selbst umgehen können.
(Zahlreiche weitere Übungen – besonders für den Umgang mit Gefühlen – findest du im 3. Kapitel *Das Meer der Gefühle.)*
Erinnerst du dich noch, wie du das Schreiben oder Fahrradfahren gelernt hast oder später das Autofahren? Am Anfang war es oft mühselig und langsam, bis die Ergebnisse sich zeigten und das Üben schließlich zum selbstverständlichen Tun wurde. Dieselben Erfahrungen kannst du mit spirituellen Praktiken machen. Auch sie können dir zur zweiten Natur werden. Während du dich dabei für neue Erfahrungen und Erlebnisweisen öffnest, wird dein Bewußtsein, deine Wahrnehmung – besonders die der inneren Sinne – sich ausdehnen und dein Leben spürbar erleichtern.
Es ist gut, sich immer wieder an die Notwendigkeit des *Sich-Erdens* zu erinnern. Du kannst dazu die folgenden oder ähnliche Erdungsübungen benutzen. Wenn wir uns unstabil oder abgehoben fühlen, ist es hilfreich, sich zu erden. Dieses einfache Tun bringt uns schnell wieder ins Gleichgewicht und läßt uns unseren Körper auch wirklich ›bewohnen‹ – eine Voraussetzung, um unser Gesundsein aufrechtzuerhalten! Der geringe Zeitaufwand lohnt sich.

▲ ***Sich erden***
Setz dich gerade auf einen Stuhl, die Fußsohlen auf dem Boden und schließe die Augen.
Stell dir vor, wie du über deine Fußsohlen (deine geöffneten Fußchakren) mit dem Einatmen die Kraft der Mutter Erde in dich hineinziehst.
Nimm sie in dich auf und verteile sie in deinem Körper.
Wiederhole dies so lange, bis du dich gut geerdet fühlst.

Du kannst die Übung auch im Stehen durchführen. Solltest du zu Schwindel neigen, übe mit geöffneten Augen und schaue dabei geradeaus auf einen Punkt. ▲

▲ ***Eine weitere Möglichkeit, dich zu erden***

Stell dich aufrecht hin, die Füße schulterbreit auseinander, die Knie leicht gebeugt und schau dabei auf die gegenüberliegende Wand.
Stell dir nun vor, du seist ein Baum und beginne, dir imaginäre Wurzeln aus deinen Fußsohlen herauswachsen zu lassen, die dich tief in die Erde hinein verankern. ▲

▲ ***Nach unten erden – nach oben anschließen***

Das Symbol bzw. Logo unseres Zentrums für Spirituelles Heilen in Stuttgart war eine Art Strich-Männchen, dessen Füße sich nach unten in die Mutter Erde verwurzelten, während seine hoch erhobenen Arme einen Strahlenkranz in Vater Himmel hinein formten.
So kannst du dir vorstellen, wie du braune Erdkraft über deine Fußsohlen in dich aufnimmst, sie hochziehst bis in deinen Solar Plexus hinein und gleichzeitig läßt du über dein Scheitelchakra das Licht des Himmels in dich einfließen, bis hinunter in den Bauchraum.
Dann erlaubst du dem hellen Licht und der Erdfarbe, sich im Solar Plexus zu durchdringen und zu vermischen, bis eine wunderschöne warme, goldgelbe Farbe daraus entsteht. Stell sie dir als eine Sonne vor, die dich von innen erwärmt und die dann vom Sonnengeflecht ausstrahlt in alle Winkel deines Seins. ▲

Und nun folgen einige Vorschläge, die dir helfen, dich zu *reinigen*:

▲ ***Obstessig-Dusche***

Ein sehr wirksames Mittel, wenn wir das Bedürfnis haben, uns energetisch zu reinigen, ist der Apfel- bzw. Obstessig. Dafür gießt du etwas Essig in deine Handfläche und reibst dich damit unter der Dusche vollständig ab. Wenn der

Geruch dich sehr stört, benutze hinterher Seife. Du kannst auch ein Vollbad mit etwa einer Tasse Obstessig nehmen und dich hinterher abduschen.
Es ist empfehlenswert, die Haare zu waschen, wenn wir unangenehme emotionale Erlebnisse hatten. Denn unsere Haare speichern solche Energien. Wasser ist ein wunderbares Medium, um alte Energien hinter uns zu lassen.
Es ist sinnvoll, nach der Reinigung neue Kleider anzuziehen. Wenn du schon recht geübt bist, mit Licht zu arbeiten, kannst du dir auch einfach vorstellen, ein geistiges Lichtbad zu nehmen. ▲

### ▲ *Aura-Massage*

Wenn du das Gefühl hast, daß ungute Energien an dir hängen oder kleben, hilft eine Auramassage. Am besten geht es zu zweit, aber du kannst deine Aura auch selbst reinigen. Derjenige, der behandelt werden möchte, stellt sich etwas breitbeinig hin – gut geerdet – und am Besten im Freien, der andere streicht die Aura nahe am Körper, ohne jedoch den Körper zu berühren, mit energischen Bewegungen von den Schultern nach unten gehend aus. Behandle die Vorder- und die Rückseite des Körpers unter Auslassung der Wirbelsäule sowie Arme und Beine. Danach streichst du die Wirbelsäule von unten nach oben aus und setzt die Bewegung über den Kopf hin fort. Hinterher lege als Behandelnder deine Hände zur Reinigung auf die Erde oder laß fließendes Wasser drüberlaufen, so daß nichts an dir haften bleibt. Die Auramassage kann sogar leichte Kopf- oder Bauchschmerzen wieder vertreiben. ▲

### ▲ *Fußchakren öffnen*

Eine weitere gute Reinigungsübung ist es, wenn du dich geistig mit den Füßen ins Wasser stellst, die Fußchakren der Fußsohlen öffnest und alles, was dich belastet, abfließen läßt. Danach die Fußchakren geistig wieder schließen. ▲

▲ ***Gefühle abduschen***

Stell dich in deiner Vorstellung unter eine Dusche oder einen Wasserfall. Erlaube dem Wasser, die Emotionen, die sich über den Tag angesammelt haben und die du jetzt loslassen möchtest, von dir abzuspülen. Laß dich spüren, wie das Wasser dich von Kopf bis Fuß reinigt, alles wird abgewaschen, was sich an emotionalem Schmutz über den Tag angesammelt hat. Laß es abfließen und übergib es der Erde zur Transformation. ▲

▲ Du kannst, um Altes abzuschütteln, auch Trampolin springen, tanzen, dich im Uhrzeigersinn drehen, einen Lauf machen, in die Natur gehen oder selbst herausfinden, was gut für dich ist. ▲

▲ ***Reinigung eines Raumes***

Mach die Fenster des Raumes, den du reinigen möchtest, weit auf.

Nun stell dir vor, wie ein kräftiger, reinigender Lichtwind durch den Raum bläst, an den Wänden, Decke, Fußboden entlang, um die Möbel, Vorhänge, Lampen bzw. Gegenstände im Raum herum und durch alle Hohlräume hindurch. Laß den Wind alles energetisch reinigen, auch die alten Gedanken und Emotionen, die sich dort angesammelt haben. Und dann erlaube dem Lichtwind alles zum Fenster hinauszufegen.

Tu das solange, bis du spürst, daß es genug ist.

Und nun stell dir vor, wie frische, saubere Luft von draußen durch die Fenster hereinströmt und den Raum erfüllt. ▲

▲ Eine weitere Möglichkeit ist die Reinigung von Räumen mit Salbei.

Dafür brauchst du eine feuerfeste Schale und getrocknete Salbeiblätter. Zünde sie an, daß sie beginnen zu glimmen (wenn nötig immer wieder) und gehe langsam durch die Räume, die du reinigen möchtest. Erlaube dabei dem aufsteigenden Rauch überall hinzuziehen, wo Reinigung nötig ist. ▲

Im Grunde brauchen wir keine Schutz-›Übungen‹. Der beste und natürlichste Schutz für uns ist – Liebe. Wenn wir angeschlossen und eingebettet sind in die Liebe und Führung unseres Höheren Selbst, dann sind wir geschützt.
In *Ein Kurs in Wundern* gibt es den schönen und hilfreichen Satz: ›In meiner Wehrlosigkeit liegt meine Sicherheit‹. (Übungsbuch – Lekt. 153. Titel)
Da wir dies meist noch nicht wirklich ›internalisiert‹ haben, besonders dann nicht, wenn herausfordernde Situationen uns in Anspruch nehmen, wollen wir im folgenden einige Schutz-Übungen vorschlagen.

▲ ***Licht-Ellipse***

Visualisiere eine Licht-Ellipse um dich herum, die dich vor dem schützt, was dir nicht guttut. Um die Kommunikation nach außen dabei noch aufrechtzuerhalten, ist es sinnvoll, daß du die Ellipse oder das Ei in deiner Vorstellung mit einigen Löchern ausstattest, mit der Intention, nur das an dich heranzulassen, was sinnvoll für dich ist. ▲

▲ ***In Liebe zurückschicken***

Du kannst dich auch ›verbal‹ schützen, indem du dir sagst: ›Dies ... gehört nicht zu mir, ich bitte mein Höheres Selbst, es in Liebe zu transformieren und schicke es dorthin zurück, wo es hergekommen ist.‹ ▲

▲ ***Durchlässig sein***

Mach diese Übung solange zu Hause – sozusagen im Trockenen –, bis sie dir in Fleisch und Blut übergegangen ist, damit sie dir dann in entsprechenden Streß-Situationen bzw. an Streß-Plätzen leichtfällt. Begib dich also vorerst geistig in Situationen, Umgebungen (Bahnhof, Kaufhaus, Supermarkt, Menschenansammlungen ...), wo du dazu neigst, dich von den Energien, die dir nicht guttun, überfluten und beeinflussen zu lassen.
Stell dir vor, du bist ganz und gar aus Licht.

Die Energien um dich herum gehen einfach durch dich hindurch – am besten läßt du sie aus dem Kontrollzentrum deines Emotionalkörpers, aus deinem Solar plexus-Bereich, ausströmen. Du bist durchlässig – nichts bleibt an dir hängen. ▲

*Der beste Schutz*

Indem du aus der Liebe kommst und das Urteilen gehen läßt, schaffst du dir den besten Schutz. Alles, was wir draußen kritisieren, beurteilen, irgendwie schlecht machen, kommt wie ein Bumerang zu uns zurück. Die goldene Regel erinnert uns daran: »Was du nicht willst, das man dir tu, das füg auch keinem andern zu.«

▲ ***Energie-Atmen***

Stell dich hin und atme zehnmal hintereinander so tief, kraftvoll und schnell durch die Nase, wie du kannst – dann atme dreimal normal.

Atme wieder zehnmal so schnell, so tief und so kraftvoll durch die Nase, wie es dir möglich ist. – Jetzt atme wieder normal.

Diese Übung gibt dir frische Energie und hilft dir, dich zu zentrieren. ▲

*Der physische Körper*

Im Grunde müßten wir unserem Körper mindestens ein ganzes Kapitel widmen. Der Körper ist unser Medium, Vehikel, Tempel – nur über ihn können wir die besonderen Erfahrungen machen, die uns hier, bei unserem Besuch auf dieser Erde, auf diesem Planeten der Dualität, möglich sind. Immer wieder neigen wir dazu, ihn entweder als selbstverständlich hinzunehmen oder ihn zu ignorieren oder unzufrieden mit ihm zu sein, ihn anders haben zu wollen, ihn zu beurteilen und zu bewerten. Darüber hinaus sind wir voll von negativen Glaubenssystemen und Programmen über diesen Körper und vergessen allzu schnell, daß er der Tempel

ist, in dem unser göttliches Selbst sich in dieser Dimension von Raum und Zeit in-karnierte (›ins Fleisch begeben hat‹). Wir vergessen, daß er Zuwendung und Liebe braucht und in jeder Hinsicht ›gepflegt‹ werden möchte. Dann wird er auf wundervolle Weise für uns da sein.
Es gibt viel Literatur über die verschiedenen Aspekte unseres Körpers: Bewegungsprogramme, Körperpflege, Ernährung, Heilungsmöglichkeiten. Wir wollen dieses Spektrum hier nur durch eine ganz einfache Übung ergänzen. Eigentlich ist es keine Übung, sondern ein inneres Kontaktaufnehmen:

▲ ***Mit dem Körper sprechen***
Nimm dir jeden Tag etwas Zeit, um mit deinem Körper zu sprechen, morgens beim Aufwachen oder beim Schlafengehen oder vor bzw. nach deiner Meditation. Wende dich ihm einfühlend und liebevoll zu. Danke ihm für sein Dasein, für alles, was er für dich tut. Sag ihm, daß du bereit bist, auf die Botschaften und Signale zu hören, die er dir übermittelt. Wenn er schwache oder kranke Bereiche bzw. Organe hat, so wende dich diesen zu. Übe es, diese Bereiche ganz besonders zu akzeptieren und liebevoll mit ihnen umzugehen. Und sprich mit ihnen. Auch unsere Zellen haben ihr eigenes Bewußtsein. Traue deinen Zellen, deinem Körper zu, sich zu regenerieren, sich zu heilen. Frag ihn,was er dazu von dir braucht und gib es ihm oder suche dir dafür Unterstützung. Vertraue immer wieder neu auf den tieferen Sinn seiner Reaktionen, die dir letztlich helfen sollen, etwas, was du übersehen hast, ins Bewußtsein und wieder ins Gleichgewicht zu bringen. Sprich jeden Tag mit deinem Körper! ▲

### *Das beste Lebenselixier: In der Natur sein – dich mit der Natur verbinden*

Hier geht es nicht um eine Übung, hier geht es um unser ganzheitliches Sein. Die beste Unterstützung, die wir uns nur wünschen können, finden wir in der Natur, in der

Schöpfung um uns herum. Sie ist unser weiser Lehrer und Führer in allen Lebens- und Gefühlslagen. Jederzeit ist sie bereit, uns zu beschenken und hilft uns, Altes loszulassen und Neues zu erkennen und aufzunehmen.

▲ Finde in deiner Umgebung, in deiner Nähe, deine ureigensten Plätze, die dir Kraft und Energie vermitteln, dich trösten und harmonisieren, dich wieder ins Gleichgewicht bringen. Orte, die dir helfen, nach innen zu schauen und zu lauschen, alte Begrenzungen loszulassen, dich anzuschließen an deine Wahrheit, dich hinzugeben an den Fluß des Lebens. Da, wo du dich intuitiv hingezogen fühlst, verweilen möchtest, dich öffnen kannst, da ist jeweils dein Platz.
Wenn deine Gefühle ›Achterbahn fahren‹, gehe hinaus, bewege dich, laß dabei deinen Atem strömen und du wirst merken, wie die Gefühle sich harmonisieren. Lehne dich an einen Baum oder umarme ihn, spüre seine Wurzeln, schau hinauf in die Baumkrone, erlaube ihm, seine Weisheit mit dir zu teilen. Laß ihn dich erinnern, was wichtig und wirklich wesentlich ist. Und ein andermal, wenn du in der Freude bist, kehre zu ihm zurück und teile nun deine Freude und Liebe mit ihm! Verbinde dich auf deine Weise mit den Elementen. Öffne dich für die wärmenden Strahlen der Sonne, meditiere am Wasser, schau zu, wie es mit Hindernissen auf seinem Weg umgeht; erlaube dem Wind, dein Energiefeld zu klären; schau zu, wie er mit den Wolken spielt; rieche an der Erde, berühre einen Stein, sprich mit den Blumen, singe mit den Vögeln – deiner Phantasie sind keine Grenzen gesetzt. Laß die Natur zur Quelle der Heilung für dich werden. ▲

*Zum Schluß eine einfache Übung (einfach, nicht leicht!):*

▲ ***Spiegel***
Stell dich jeden Tag vor den Spiegel und sage zu dir: »Ich liebe dich.«

Du kannst dabei deine Hände auf dein spirituelles Herz, in der Mitte der Brust, legen. Atme Frieden ein und atme alle Widerstände und Urteile deines persönlichen Ichs aus. Schau dich selber mit deinen ›göttlichen Augen‹ an, erlebe deine Augen als Fenster zur Seele, als Fenster zum Himmel. Stimm dich ein auf dein spirituelles Selbst und laß seine Schönheit und Strahlkraft aus dir heraus leuchten. ▲
Wiederhole diese Übung täglich, bis du spürst, daß die Botschaft wirklich bei dir ankommt.

*Ich liebe dich* ✳ *Ich liebe dich* ✳ *Ich liebe dich*

Zu dieser Übung passen die folgenden Zitate aus
*Ein Kurs in Wundern*:

›Was möchtest du sehen? Die Wahl ist dir gegeben.
Lerne jedoch dieses Gesetz des Sehens und laß nicht zu,
daß dein Geist es vergesse:
Du wirst auf das schauen, was du in deinem
Inneren fühlst.‹
(Übungsbuch-1.Teil, Lekt. 189.5:1-3)

›Deine Aufgabe ist es nicht, nach Liebe zu suchen, sondern einfach, alle Schranken in dir selbst zu suchen und zu finden, die du gegen sie erbaut hast.‹
(Textbuch -16.IV.6:1)

›Dich selber lieben, heißt dich selber heilen …‹
(Textbuch -11.VIII.11:3)

›… wenn du nicht totale Liebe schenkst, wirst du nicht vollständig geheilt.‹
(Textbuch – 13.III.9:3)

›Das Gegenteil von Liebe ist Angst, doch was allumfassend ist, kann kein Gegenteil haben.‹
(Textbuch-Einleitung 1:8)

›Dein Glaube an dich selbst ist so klein, weil du nicht willens bist, die Tatsache anzunehmen, daß vollkommene Liebe in dir ist.
So suchst du außerhalb von dir nach dem, was du außerhalb von dir nicht finden kannst.‹
(Textbuch – 15.VI.2:1-2)

›Sieh hingegen die Liebe Gottes in dir, und du wirst sie überall sehen, weil sie überall ist.‹
(Textbuch – 7.VII.10:4)

# 6
# Vision der Zukunft

*Es gibt keine Passagiere auf dem Raumschiff Erde.*
*Jeder gehört zur Besatzung.*
Marshall McLuhan

Wir alle sind konfrontiert mit den Auswirkungen unserer Unbewußtheit: Egoismus, Machtkampf, Rücksichtslosigkeit, Gier und Haß, Ohnmacht, Schmerz, Angst, Schuld, Sinnlosigkeit und Chaos, Kontrolle, Manipulation, Unehrlichkeit, Gewalt und Zerstörung. Der Ursprung dieser Ausdrucksweisen des Selbsthasses und der Selbstzerstörung liegt im mangelnden Zugang zur Liebe in uns. Wir fühlen uns ihrer nicht wert, denn wir haben die Verbindung zum *wahren Selbst* verloren.

Der Ersatz, den das *Ego-Selbst* uns angeboten hat, um fehlende Liebe zu kaschieren – und dabei sein Überleben zu gewährleisten – heißt Macht. Wir wählen die aktive Position des Machtmißbrauchs – das Tätersein, oder wir ziehen uns zurück auf die passive Position der Ohn-Macht – das Opfersein. In der Position der Macht bauen wir eine Scheinstärke auf, wollen unsere egoistischen Ziele erreichen. In der Position der Ohnmacht frönen wir unserer Scheinschwäche, werfen die Flinte ins Korn, sehen keinen Ausweg, werden fatalistisch. Eine Lösung – wenn überhaupt – können wir uns nur mehr von außen vorstellen. Und da wären uns auch die Außerirdischen aus dem Weltraum recht, die uns abholen in ihren Raumschiffen.

Wenn wir näher hinschauen, werden wir feststellen, daß die geschilderten Verhaltens- und Reaktionsweisen auf Flucht hinauslaufen. Flucht, im Sinne von nicht Verantwortung übernehmen, Flucht im Sinne von mangelndem inneren Engagement für das eigene wesentliche Wohl, sowie das unserer Mitmenschen und aller Schöpfung. Was nun?

*Ob die Menschheit ihre Reise auf dem Raumschiff Erde fortsetzen und auf ihr in jeglicher Hinsicht gedeihen kann, hängt nicht von politischen und ökonomischen Systemen, sondern von der Integrität des einzelnen ab.*

Buckminster Fuller

Indem wir uns einstimmen auf unsere Innere Führung, uns von ihr leiten lassen, werden wir hingeführt zur Liebe im Innern. Wir lassen unsere Verhaftung an die süchtigmachenden Energien unserer Ersatzgefühle und Ersatzbedürfnisse los und verbinden uns mit unserer Fähigkeit, Liebe zu geben, Liebe zu empfangen – *Liebe zu sein.*

Die Antwort auf alle Fragen, alle Probleme, alle Herausforderungen in uns und um uns herum ist Liebe. Sie ist das All-Heil-Mittel.

Wir haben uns ausführlich mit der Klärung unseres Emotionalkörpers beschäftigt wie auch mit den Möglichkeiten spiritueller Praxis. Wenn wir beides zur selbstgewählten, zweiten Natur in unserem Alltag werden lassen, dehnt sich unser Bewußtsein ganz von allein aus, wir werden wach und befreien uns aus den Fesseln der Ignoranz, der Unbewußtheit und des Nichtwissens, der Nicht-Liebe, die bisher unser Leben bestimmten.

Viele von uns beginnen zu agieren, statt zu re-agieren. Indem wir uns mit der inneren Kraft verbinden und *das* praktisch umsetzen, was wir für not- wendig halten, bewirken wir eine Umkehr. Auf diese Weise bauen sich Energiefelder auf, die wiederum andere von uns berühren und motivieren, aufzuwachen.

## Welche Neu-Orientierungen auf den inneren und äußeren Ebenen sind nötig?

*Derjenige, nach dem du Ausschau hältst,*
*ist ebender, welcher schaut.*
Franz von Assisi

Neuorientierung ist nötig – weg von der äußeren Führung unseres Egos, dem Sprachrohr des ungeklärten Emotionalkörpers – hin zur Inneren Führung unseres Höheren Selbst. Es gilt, die ausgedienten Strukturen loszulassen, die auf hierarchischen, autoritären, beurteilenden und damit trennenden Sicht- und Denkweisen des Wettbewerbs und der Konkurrenz basieren, so daß wir hineinwachsen können in ein ganzheitliches, ko-operatives, partnerschaftliches, von Liebe geprägtes Denken, Fühlen und Tun, das uns verbindet und eint.

Das Universum ist so gestaltet, daß jeder von uns in seiner Einmaligkeit einen ganz besonderen Platz hat, den nur er auf seine Weise einnehmen und ausfüllen kann. Schauen wir uns einmal die Vielfalt und Schönheit aller Wesen an. Jeder könnte seinen besonderen Beitrag schenken.

Am Ende unserer Tage wird uns unser Höheres Selbst nicht fragen, was hast du alles getan, sondern *wie* hast du es getan. Bist du dabei aus der Liebe gekommen?

Fangen wir doch gleich an, fragen wir uns am Abend eines jeden Tages, wie es uns damit ergangen ist und beginnen wir den nächsten Tag neu, aus dem Hier und Jetzt heraus.

### Fülle und Verbundenheit statt Mangel und Trennung

Sind wir bereit zu erkennen, daß dieses Universum – mit unserem Planeten Erde – ein Universum der Fülle und der Liebe ist? Und daß hier alles miteinander verwoben und

verbunden ist? Sind wir bereit, in ein globales, universelles Bewußtsein hinein zu erwachen? Uns anzuschließen an den göttlichen Geist, den göttlichen Plan und ihn durch uns hindurch wirken zu lassen? Aller Mangel, alle Trennung ist menschengemacht. Es geht in Wahrheit nicht um das Du *oder* Ich, sondern um das Du *und* Ich. Wenn wir das wirklich erfahren, wird unsere Einsamkeit geheilt. Aus dem Gefühl des Alleinseins wird das Erlebnis des All-Eins-Seins.
Wir alle durchleben jeweils gerade das, was notwendig ist für unseren ureigenen Wachstums- und Erkenntnisprozeß. Was uns dabei als ›negativ oder böse‹ erscheint, ist nichts weiter als Unbewußtheit, Nichtwissen – ein Hilferuf nach Liebe. Es ist in unserem Leben, um unsere Entwicklung möglich zu machen.
Jeder von uns, der sich auf den inneren Weg begibt, schenkt seinen Beitrag für unser aller Reise aus der Unbewußtheit und Dunkelheit in die Bewußtheit – ans Licht.

## Wo können wir beginnen?

*In einer einzigen Eichel stecken tausend Eichenwälder.*
Ralph Waldo Emerson

Am Anfang! Bei unseren äußeren und inneren Kindern, bei den Wurzeln unseres Selbst oder ›bei der Eichel, in der die Eichenwälder stecken!‹
Unser inneres und äußeres Kind möchte erkannt werden in seiner wahren Natur. Es möchte in Akzeptanz und Liebe angenommen, gehegt, gepflegt und gefördert werden. Es möchte unterstützt werden, sich an seine Innere Führung anzuschließen und es möchte vertrauen können und spüren, wie und daß sich die Welt um es herum ebenfalls von innen her führen läßt.
Mit Mut, Vertrauen, Hingabe und Engagement an die Weisungen von innen, können wir auch im Außen eine Welt aufbauen, die der wahren Natur und den wesentlichen

Bedürfnissen von uns Menschen entspricht, die uns im Einklang leben und sein läßt, mit unserer Umwelt, unserer Erde und unserem Himmel.

## Die Weichen neu stellen

Konkret bedeutet dies, daß sich unser persönliches Leben, von der Geburt an über Kindergarten, Schule, Fort- und Ausbildungseinrichtungen (die uns unterstützen, unseren Beruf wieder als Berufung zu erfahren), daß sich unser gesamtes soziales, wirtschaftliches, politisches, wissenschaftliches, künstlerisches, ökologisches und religiös-spirituelles Umfeld transformieren wird. Denn die bisherigen Strukturen in unserem Leben dienen uns nicht, sie wirken sich zunehmend entfremdend und zerstörerisch aus, sie entsprechen weder unserer Natur noch der Natur unseres Planeten und – sie sind nicht länger zeit-gemäß.
Die Zeit ist reif, uns zu fragen, wie wir unser Leben, unser Zusammen-Leben zum Wohle aller so gestalten können, daß es uns und dem Planeten dient.
Die klarste und einfachste Antwort darauf wäre: Jeden Moment, mit jedem Lebewesen, mit der Schöpfung in all ihren Aspekten so umzugehen, wie wir es uns wünschen, daß mit uns umgegangen werde. Über die innere Klärung, Bewußtseinsarbeit und spirituelle Praxis von Kindheit an, werden wir angeleitet zu Akzeptanz, zur gegenseitigen Wertschätzung, zur Einfühlung in uns selbst, in den anderen, in das, was ist. Unsere bisherige, vom Ego gesteuerte Form der Kommunikation, beruhte hauptsächlich auf Urteil und damit auf Trennung. Das Halschakra ist zuständig für die Kommunikation und hier werden auch Urteil, Trennung und Angst festgehalten. Die Heilung unseres Halschakras geschieht über die Öffnung unseres Herzens. Wenn Liebe strömen kann, dann fühlen wir uns mit allem verbunden, und es können sich neue Kommunikationswege öffnen. (Wobei wir unter Kommunikation sowohl die innere zwischen

unserem Persönlichkeits-Selbst und unserem Höheren Selbst verstehen als auch die im Außen, zwischen uns und unseren Mit-menschen.)
Wenn wir lernen, mit uns selbst in Kontakt, in Kommunikation zu treten, die Innere Führung zu erspüren, werden wir uns zunehmend danach ausrichten, was unserem Wohlbefinden, unserem inneren Frieden dient. Wir werden dann bestrebt sein, Geben und Empfangen ins Gleichgewicht zu bringen. Durch selbst-gewählte Verantwortung und inneres Engagement für unser aller Wohl werden uns neue Kanäle für individuellen Selbstausdruck und Erfüllung gezeigt, wie auch für die Herausforderungen auf globaler Ebene. Einsamkeit, Isolation, das Gefühl des Getrenntseins schmelzen dahin in der Liebe und Freude des Miteinanderseins, in der Verbundenheit mit der Erde, dem Universum und allem, was ist.

*Ein Gefühl der Trennung von Gott*
*ist der einzige Mangel,*
*den du wirklich zu berichtigen brauchst.*
*Ein Kurs in Wundern:* Textbuch 1.VI.2:1

# 7
# Glossar

## Ein-Sichten auf dem Weg

Im Laufe der Jahre haben wir auf unserem Weg eine Vielzahl Einsichten über verschiedene Begriffe, Einstellungen und Gefühle gesammelt. Einige davon wollen wir in diesem alphabetischen Stichwortverzeichnis zusammenfassen. Sie können als hilfreiche Unterstützung dienen, wenn wir zum Beispiel mit einem Gefühlszustand sehr identifiziert sind oder wir können sie nutzen, um uns zu mehr Klarheit und Bewußtheit zu inspirieren.

Unsere Quellen sind eigene Einsichten sowie Literatur, die uns Anregungen gab. Zu den Autoren gehören: David Viscott, Alice Miller, Ceanne DeRohan, Ron Smothermon, John Diamond, Stephen Levine, Andrew Cohen, Chris Griscom, Shakti Gawain, Bodo Baginski, Shalila Sharamon, Michael L. Moeller, Hans J. Maaz, Robin Norwood, Rosemary Christoph, Shirley MacLaine, Margaret Paul, Franz Alt, Sogyal Rinpoche, Silvia Wallimann, Henning von der Osten, Ariel Tomioka und *Ein Kurs in Wundern*.

Es gibt eine Geschichte, in der ein Weiser am Hofe des Königs folgendes zu diesem sagt:

»Ich muß dich darauf aufmerksam machen, daß ich unter einem Fluch stehe. Fünfzig Prozent dessen, was ich sage, stimmen nicht und ich weiß selbst nicht, welche fünfzig Prozent es sind. Es kann sein, daß meine Worte höchste Weisheit ausdrücken, aber sie können auch völlig falsch sein.«

Dieser drastische Hinweis könnte auf unser *Glossar* übertragen werden, zur Erinnerung, daß es darum geht, den Inhalt der folgenden Seiten aus deiner eigenen inneren Autorität heraus zu nutzen.
Noch ein kurzer Kommentar zum Stichwort ›Fluch‹. Auch ein Fluch besitzt nur die Wirklichkeit, die wir ihm geben. Er existiert nur auf der Ebene unserer Glaubensmuster, das heißt, wenn wir ihm unseren Glauben entziehen, ist er wirkungslos, ohne Wirklichkeit und gehört damit zur Welt der Illusion.
In deinem persönlichen Klärungsprozeß kann es hilfreich sein, unter den entsprechenden Stichworten dieses Registers nachzuschauen. Dabei wird sich der Emotionalkörper evtl. herausgefordert oder auch zeitweilig überfordert fühlen, so daß er rebellieren will oder mit Widerstand und Abwehr reagiert. Ein ›wohldosierter‹ Umgang mit dem, was folgt, ist angesagt, um dich sinnvoll zu unterstützen, auf dem Weg in die Klarheit und Wahrheit. Die Auswahl und Betrachtungsweise der Stichworte – mal kurz und bündig, mal recht ausführlich – spiegelt unsere subjektive Sicht. Ohne Vollständigkeit anzustreben, möchte sie dir Impulse geben und Anregung sein.
All die Einstellungen, die Glaubens- und Gefühlsmuster, die uns begrenzen und leiden lassen, sind entstanden aus dem Gefühl des Getrenntseins von unserem göttlichen Selbst und dem damit verbundenen Mangel an Selbstwert, Selbstvertrauen, Akzeptanz und Liebe. Wir haben diese Muster und wir benutzen sie, weil unsere alten Erfahrungen uns lehrten, daß der Ausdruck unserer wahren Gefühle, Wünsche und Bedürfnisse unterdrückt werden muß, um uns vor Strafe, Schmerz, Verletzung oder Angst zu schützen. Oftmals ließen wir uns im Laufe der Zeit so gefangennehmen von den Mechanismen und Strategien unseres Emotionalkörpers, daß wir die innere Stimme zudeckten und nicht mehr wahrnehmen konnten.
Indem wir heute, *jetzt*, eine neue Wahl treffen, die Wahl, mehr und mehr auf die innere Stimme zu hören, wird uns

gezeigt, wie wir alte Begrenzungen loslassen und zu unseren Gefühlen ja sagen, sie urteilsfrei akzeptieren können. So werden sie sich transformieren und uns öffnen für die Liebe und die Fülle in allem, was ist.

* * *

**Abhängigkeit** (siehe auch **Fremdbestimmung** und **Sucht**)
Wir machen uns abhängig, weil wir Angst haben, alleine nicht zu genügen, weil wir meinen, Anerkennung, Zuwendung und Liebe von außen bekommen zu müssen, um uns wert und gut zu fühlen. Abhängigkeit kann sich auf unterschiedliche Weisen ausdrücken, durch Anpassung und Unterordnung oder durch Rebellion und Trotz. Als Kind haben wir uns für eine der beiden Möglichkeiten entschieden. Wir erhofften uns durch angepaßtes Verhalten Zuwendung oder wir wählten das rebellische, trotzige Verhalten, um wenigstens negative Aufmerksamkeit zu erregen. Und wenn wir jetzt in unseren Beziehungen derart reagieren, dann sind wir noch immer verstrickt in das Thema ›Abhängigkeit‹. Die Folgen sind oft einengend und zerstörerisch. ›Ohne dich kann ich nicht leben!‹ – wenn ich den anderen brauche, dann bin ich gefangen in den Mustern meines Emotionalkörpers, der Brauchen und Gebrauchtwerden mit Liebe verwechselt.
Solange ich mich von jemandem oder etwas abhängig mache, kann ich meine wirklichen Gefühle und Bedürfnisse nicht kennenlernen und nicht zu ihnen stehen. Ich gebe meine innere Kraft und Führung ab und so bleibt mir der Zugang zu meinem wahren Potential verschlossen.
Bei allen Abhängigkeiten – sei es von Substanzen wie Essen, Alkohol, Drogen, Zigaretten, sei es von Beziehungen, Sex, Arbeit, Fernsehen usw. – möchte ich unangenehme Gefühle vermeiden, meine innere Leere, das Loch in mir, mit etwas von außen stopfen. Es wird mir nicht dauerhaft gelingen.

Der Weg der Abhängigkeit – bis hin zur Sucht – führt mich nicht zum Ziel. Wir drehen uns dabei im Kreis und suchen immer weiter im Außen, was dort nicht zu finden ist. Unsere Sehnsucht nach Genährtwerden und Ganzheit kann nur von innen gestillt werden.

**Abtreibung**
Es ist sehr wichtig, mit dem Erlebnis einer Abtreibung ins reine zu kommen und sich dafür zu vergeben. Sonst können unterschwellig Schuldgefühle mit zerstörerischen Auswirkungen an uns nagen, die uns manchmal noch Jahre später in unerklärliche Depressionen führen, ohne daß uns die Zusammenhänge bewußt sind.
In der spirituellen Klärungsarbeit ist es hilfreich, sich (evtl. mit einem neutralen Wegbegleiter) einzustimmen auf die Seele des nichtinkarnierten Wesens, so daß die verdrängten Gefühle zum Ausdruck kommen können. Dabei werden wir erkennen, daß die Erfahrung von beiden Seiten so gewählt wurde. Auch die Seele des Kindes hat sich entschieden, wieder zu gehen. Heilung geschieht durch Ein-sicht und Vergebung.

**Ärger** (siehe auch die Stichworte **Wut, Zorn, Aggression**)
Ärger kann benutzt werden, um eine Vielfalt von Gefühlen zu überlagern und verstecken. Wir werden ärgerlich aus Angst vor Verletzung, aus Angst vor Versagen, aus Enttäuschung und Hilflosigkeit. Über den Kanal Ärger agieren wir auch Eigenschaften und Einstellungen aus wie: Selbstgerechtigkeit, Urteil, Bosheit, Dominanz, Vorwürfe, Unehrlichkeit, Hysterie, Selbstgefälligkeit. Mit Ärger reagieren wir, wenn wir meinen, zu kurz zu kommen oder nicht ernst genommen zu werden. Wir tun uns mit ihm ›wichtig‹, um Aufmerksamkeit und Zuwendung zu bekommen. Oder wir wollen andere über einen Ausbruch von Ärger kontrollieren, manipulieren, verletzen, ihnen Angst machen.
Ärger wird eingesetzt, indem wir draußen ein Feindbild aufbauen, das uns ablenken soll von eigenen aggressiven Impulsen. Wir projizieren den Ärger nach draußen, ziehen

vielleicht andere mit hinein und vermeiden es so, die wahren Zusammenhänge in uns herauszufinden und zu bearbeiten.
Unterdrückter Ärger kann sich äußern als: Sarkasmus, Groll, Kritik, Mißmut oder als Trauer, Depression und Passivität. Ich kann Ärger auch – oft unbewußt – über meinen Körper ausagieren, indem ich ihn lieblos behandle, mich selbst verletze, stoße, schneide oder verbrenne, bis hin zu folgenschweren Unfällen.
Zusammenfassend gesagt, ist Ärger unsere Reaktion auf das Empfinden, nicht gehört, nicht akzeptiert oder nicht wert zu sein.
Wenn wir mit Ärger auf rechte Weise umgehen – ohne uns und andere zu verletzen – kann er auch gute Auswirkungen haben. Dann läßt er uns aufwachen und bereit werden für anstehende Handlungen und Veränderungen. Der Ausdruck von Ärger kann uns unterstützen, in die eigene Kraft zu gelangen. Er öffnet uns für Nähe und Authentizität, für tiefe Kommunikation und Lebendigkeit. Wenn Ärger richtig eingesetzt wird, reinigt er die Atmosphäre und klärt unsere Energien.

**Aggression** (siehe auch **Ärger** und **Wut**)
Aggression überlagert Verunsicherungen und Ängste. Wir ergreifen dabei prophylaktisch die Flucht in die Aggression, aus Angst, die Kontrolle in einer bestimmten Situation zu verlieren. Dabei meinen wir, uns selbst zu schützen, indem wir den ›Gegner‹ draußen angreifen und ihm die Schuld zuschieben. Mit aggressivem Verhalten kaschieren wir unsere wirklichen darunterliegenden Gefühle wie Schwäche, Unsicherheit, Verletzung.
Das Wort Aggression hat im Lateinischen auch die Bedeutung: anpacken, in Angriff nehmen. Das gibt uns einen Hinweis, wie wir aufbauend damit umgehen können. Wenn wir Verantwortung übernehmen für unsere Gefühle und Bedürfnisse, für unsere Realität, wenn wir sie ›angehen und anpacken‹, werden wir so beschäftigt sein, daß die Neigung schwindet, Aggression zerstörerisch einzusetzen.

**Angst**

In gefährlichen Situationen ist sie natürlich und angemessen, um uns auf eine Gefahr oder eine Bedrohung aufmerksam zu machen und uns zu warnen. Dann nehmen wir das Warnsignal an und handeln entsprechend. Und die Angst geht vorüber.

Die unnatürliche Angst, die unser Leben kontrolliert und steuert, ist ein Knopfdruck-Mechanismus unseres Emotionalkörpers, gespeist aus alten Erfahrungen, die wir auf neue übertragen. Dieses Verhalten hindert uns am Wachsen.

Wir haben Angst vor wirklicher oder vorgestellter Verletzung oder vor Verlust. Es gibt eine Geschichte, in der ein Lastwagenfahrer sich in den Kühlraum seines Wagens begab. Die Tür fiel zu und er konnte sie von innen nicht mehr öffnen. Am nächsten Morgen wurde er erfroren aufgefunden, obwohl das Kühlaggregat gar nicht eingeschaltet war! Das bezeugt die Kraft unserer angstmachenden Ein-Bildungen. Angst wird ausgelöst von unseren ›Vor‹-stellungen, also von dem, was wir *vor* die eigentliche Realität stellen – Angst kommt von ›Enge‹ – sie engt uns ein. Unsere Erwartungen, Fixierungen, Vorurteile lassen uns alte, vergangene Erfahrungen auf zukünftige übertragen. So wird die Angst geschürt und unterdrückt unsere Lebenskraft. Angst nährt sich aus Zweifeln, Mißtrauen und unseren Urteilen über uns selbst: ›Ich kann das nicht, ich schaffe das nicht.‹ Sie liegt allen negativen Gefühlen zugrunde und hängt mit der Selbsttäuschung und -begrenzung zusammen, hilflos und nicht überlebensfähig zu sein. Solange wir uns in unserem Höheren Selbst nicht verankert fühlen, haben wir Angst vor der Angst. Es mangelt uns an Vertrauen, wir weichen der als angstvoll erlebten Realität aus, fliehen in Schein-Sicherheiten, in Abhängigkeits-Beziehungen oder Süchte, was wiederum neue Ängste entstehen läßt. Je mehr ich meiner Angst ausweiche, um so mehr nehmen Ohnmachts- und Hilflosigkeits-Gefühle von mir Besitz und ich fühle mich ausgeliefert an eine bedrohliche Welt. Wir neigen dazu, unsere Angst vor den Unwägbarkeiten des Lebens, vor

Krankheit, Tod, dem Leben an sich, zuzudecken und zu kontrollieren mit Unterhaltung, Genuß, Zerstreuung, materiellen Gütern und allen möglichen Arten von Versicherungen. Die Versicherungsbranche profitiert davon. Aber unsere Angst hat ihren Ursprung immer zuerst in uns, sie liegt nicht außerhalb, nicht in dem, was wir fürchten. Sie taucht auf, wenn wir die Wahrheit nicht sehen mögen, unsere dahinter liegenden Gefühle nicht wahrnehmen oder ausdrücken wollen. Mangel an Selbstliebe läßt die Angst in uns anwachsen, uns fehlt das Selbstwertgefühl, das Vertrauen, das wir brauchen, um in unsere Kraft zu kommen.
›Da wo die Angst ist, da geht's lang‹, sagte der Gestalttherapeut Fritz Perls. So ist die Angst eine Einladung an uns, über den Mut zum Risiko immer höhere Ebenen der Freiheit zu erklimmen! Wenn wir verankert sind in unserem wahren Selbstwert, brauchen wir uns nicht vor unseren Ängsten zu schützen und sie haben keinen Nährboden, um zu wachsen. Jedes Mal, wenn Angst auftritt, ist es hilfreich, sich einzustimmen auf unser Höheres Selbst, unser Christusbewußtsein, unsere Buddhanatur. Angst wird überwunden durch Liebe. Mit Liebe in unserem Herzen sind wir ohne Angst.

**Annahme – Akzeptanz**

Annehmen, akzeptieren, bedeutet die Wahrheit dessen, was ist, anzuerkennen und zuzulassen. Annahme beinhaltet nicht, daß mir das gefällt, was ist oder daß ich es gutheißen muß. Es geht darum, den ›status quo‹, die jetzigen Gegebenheiten, uns und andere so anzunehmen, wie sie sind – statt die Wirklichkeit anders haben zu wollen. Wenn wir uns gegen etwas auflehnen, es bewerten und kritisieren, beherrscht es uns, bleibt bestehen oder wird schlimmer. Indem wir etwas in seinem Sosein akzeptieren, wird Wandel möglich.

**Arroganz** (siehe auch **Stolz**)

Arrogantes Verhalten soll Macht demonstrieren: Ich bin etwas Besseres, ich bin überlegen. Arroganz kommt aus einer Position des Wettbewerbs und der Rivalität, sie wirkt urteilend und schafft Trennung. Im Grunde wird Arroganz gespeist aus der Unsicherheit, aus dem mangelnden Zugang zu meinem wahren Selbst-Wert.

**Autoritäres Verhalten**
Wahre Autorität und Selbstvertrauen fehlen bei einem solchen Verhalten und werden durch Strenge, Disziplin, Kontrolle, Dominanz, keinen Widerspruch dulden und durch Herrschsucht kompensiert, um so die darunterliegenden Unsicherheiten und Schwächen zu überspielen.

**Bedrohung**
Wenn wir uns bedroht fühlen, hat das etwas zu tun mit der Abspaltung unserer eigenen aggressiven Kraft, die wir nicht den Mut haben, zu leben. Wir projizieren sie auf diese Weise nach draußen, als eine Kraft außerhalb von uns.
Oder aber wir fühlen uns schuldig und ziehen Bedrohung von außen an, als unbewußten Ausdruck unseres Schuld-Strafe-Denkens.

**Beziehung**
Wir sind auf diesen Planeten gekommen, um uns selbst über die Beziehung zu anderen Menschen zu erfahren und darüber zu lernen. (Sonst hätten wir uns wohl einen weniger bevölkerten Planeten ausgesucht.) Das Zusammensein mit anderen bietet uns die Chance, uns wie in einem Spiegel zu sehen und dabei die ungeklärten Themen und Muster unseres Emotionalkörpers zu erkennen.
In einer Beziehung haben wir die Möglichkeit, über uns selbst hinaus zu wachsen. Wir können immer von neuem wählen, durch das Persönlichkeits-Selbst des anderen hindurchzuschauen, um uns mit seinem spirituellen Kern zu verbinden. So überwinden wir Urteil und Trennung und dehnen uns aus in Akzeptanz und Liebe.

**Das Böse** (siehe auch **Freier Wille**)
Das ›Böse‹ ist letztlich Unbewußtheit, Mangel an Wissen und Mangel an Liebe. Es ist in unserem Leben, damit wir auf dem Weg des Erkennens und der Entwicklung voranschreiten können.

**Commitment**
Ein schönes englisches Wort, das leider nicht exakt ins Deutsche zu übertragen ist. Commitment bedeutet soviel wie: eine freiwillige innere Verpflichtung eingehen. Wir können auch sagen, ein inneres Engagement, als Ausdruck unserer Bereitschaft, Verantwortung zu übernehmen. Dieses Engagement gibt uns die Möglichkeit zu kreativem Selbstausdruck, zu Erfüllung und Glücklichsein.

**Demut**
Demut kommt von Dien-mut – also Mut zu dienen – nicht dem Ego und dem Emotionalkörper, sondern meinem Höheren Selbst und dem Höheren Selbst im andern. Jesus war dien-mutig. Franz von Assisi hat uns diese innere Haltung vermittelt. Der Mut zu dienen kann auch beinhalten, scheinbare weltliche Ungerechtigkeit hinzunehmen, in dem Wissen, daß es letztlich keine Ungerechtigkeit gibt. Alles im Universum strebt nach Ausgleich.

**Depression**
Depression ist Rückzug, die Weigerung, das Leben, unsere Lebendigkeit anzunehmen, denn das würde beinhalten, auch Konflikte zu bearbeiten und die uns begrenzenden Muster anzuschauen und zu klären. In der Depression sind wir enttäuscht, daß unsere Vorstellungen und Bedürfnisse von der Außenwelt nicht erfüllt wurden und begeben uns innerlich und äußerlich auf die Flucht. In der Vergangenheit mögen Erfahrungen liegen, die wir uns nicht erlaubt haben zu betrauern. Oder wir unterdrückten lange Zeit aggressive Impulse, bis diese Energien sich gegen uns selbst wandten. Wir wurden depressiv, das heißt wir drückten uns selbst nieder. Depression steht am Ende einer langen Kette von oft kaum bewußtem, selbstzerstörerischem Verhalten. Aus Angst vor Veränderung, vor Bewegung halten wir am Gewohnten fest. Dazu kommt die Angst vor Zurückweisung, wenn ich mich zeige, wie ich wirklich bin. Auf Grund starker Selbsturteile (ich bin es nicht wert; ich bin nicht gut genug) habe ich es nicht gewagt, meine wahren Gefühle und Be-

dürfnisse auszudrücken. Jetzt bin ich apathisch geworden, leer, ohne Perspektive – alles erscheint mir sinnlos.
Von einer anderen Seite betrachtet entsteht Depression, wenn mein idealisiertes Bild von mir selbst ins Wanken kommt. Ich spüre, daß ich diesem Bild nicht mehr entspreche. Nun bin ich abgeschnitten von meinem bisherigen Selbst, falle in die Leere, in die Sinnlosigkeit, bin mir selbst ent-fremdet. Mein Idealbild und meine Wirklichkeit klaffen weit auseinander. Ich bin ohne Selbst-(wert)-gefühl und ohne Vertrauen und meine, versagt zu haben. Depression ist letztlich immer eine Folge davon, mich unzulänglich zu fühlen.
Wir können lernen, zu uns selbst zu stehen, uns selbst zu behaupten, uns eigene Wünsche und Bedürfnisse bewußt zu machen und sie auch zu kommunizieren. Befreiung aus der Depression geschieht durch das Nachholen von unerledigter Trauer- und Gefühlsarbeit und durch den Mut, Konflikte – innere und äußere – zu konfrontieren. So geht es erst einmal darum, das zu akzeptieren, was ist, dafür Verantwortung zu übernehmen und in Bewegung zu kommen (auch körperliche Bewegung tut gut!). Das läßt uns über alte Begrenzungen hinauswachsen und allmählich kehrt die Lebensfreude zurück.
Manchmal erleben wir eine vorübergehende Depression, wenn wir dabei sind, in eine neue Phase unseres Seins zu erwachen. Dann kann sie Teil unseres natürlichen Wachstumsprozesses sein. Wir spüren dabei, wie Ausgedientes, Begrenzendes sich von uns löst. Das mag uns vorübergehend traurig stimmen, bis wir wieder bereit sind, uns für das Neue zu öffnen, für den Fluß des Lebens.

**Drama**

Wir sind so beschäftigt damit, unsere Probleme zu Dramen und Tragödien werden zu lassen, damit sie uns ablenken vom Eigentlichen, vom Wesentlichen, von dem, was uns glücklich machen könnte. Die Dramen unseres Lebens sind die Folge unserer Wahl, unbewußt zu bleiben. Wir machen uns zum Spielball des ›Schicksals‹, um nicht Verantwortung zu übernehmen für die Erschaffung unserer Realität.

**Ego**

Mit Ego bezeichnen wir das Ichgefühl, das sich im Laufe unseres Erwachsenwerdens entwickeln muß, damit wir als ein gesundes Ich in dieser Welt bestehen können. Erst dann können wir uns als spirituelles Wesen entfalten und verwirklichen. Mit dem Fortschreiten auf dem spirituellen Bewußtseinsweg geht es darum, die vorangegangene Identifikation mit unserem Ego mehr und mehr loszulassen, zu erkennen, daß und wie wir uns bisher mit seinem begrenzten Wahrnehmungsfeld identifizierten. Das Ego geht davon aus, daß seine Sichtweise der Dinge identisch ist mit der Wirklichkeit – und mit der Wahrheit. Als Sprachrohr des Emotionalkörpers ist seine Wirklichkeit jedoch geprägt von Angst, Schuld und der Erwartung von Strafe. Es meint, sich schützen zu müssen, indem es den Lauf der Dinge kontrolliert und ständig damit beschäftigt ist, sein Überleben zu gewährleisten. So wird die Illusion der Trennung von unserem wahren Selbst genährt und aufrechterhalten.

**Eifersucht**

Eifersucht hat zu tun mit der Angst, etwas zu verlieren, was ich meine, zum eigenen Überleben zu brauchen. Der Eifersüchtige sucht das mit Eifer, was er haben und besitzen will. Wer eifersüchtig ist, klammert sich an die Vergangenheit, will seinen ›Besitz‹ sichern. Er ist wie gefangen in diesem Zustand und will nichts wissen über die Wünsche desjenigen, der ihn eifersüchtig macht. Eifersucht kommt aus dem Brauchen und Habenwollen unseres Emotionalkörpers. Der Betroffene braucht, statt zu lieben. Er reagiert auf das Geschehen entweder, indem er sich als abhängiges Opfer erlebt oder indem sich seine Enttäuschung Luft macht in zerstörerischen Gefühlen von Wut, Neid, Anklagen und Schuldzuweisungen. Meistens pendelt er zwischen beiden Extremen hin und her. Die Wurzel dieser Reaktionsweisen ist das mangelnde Selbstvertrauen, der Glaube, ersetzbar zu sein. So stecken wir fest im verletzten Stolz, im Besitzanspruch, in Feindseligkeit und Rivalität, im Opfersein, im Urteil über uns selbst und die anderen.

Verhaftung an Eifersucht kann geklärt werden, indem ich Bedingungen, Urteile und den Zwang, mich immer mit anderen vergleichen zu müssen, loslasse. Jeder von uns ist einmalig, niemand kann ersetzt werden durch einen anderen, denn jeder von uns hat seinen Platz und seine ureigene Aufgabe im Universum. Es geht darum, mich anzuschließen an meinen wahren Wert und nach innen zu lauschen, dann werde ich mich erinnern, daß ich niemanden *wirklich* verlieren kann. Wir alle haben auf der Seelenebene Vereinbarungen getroffen, eine Weile gemeinsam zu reisen, und niemand wird aus meinem Leben gehen oder nicht zur rechten Zeit wiederkommen, wenn das gemeinsame Lernen und Lieben noch weitergehen soll.

**Einsamkeit**

Unser Emotionalkörper verbindet Einsamkeit mit dem Gefühl, allein gelassen zu sein und nicht wert zu sein. Wenn wir einsam sind, vermissen wir etwas in uns selbst, wir sind uns selbst nicht genug. Sich einsam, unvollständig und allein gelassen fühlen ist die Folge des Glaubens, von Gott getrennt zu sein. In Wahrheit sind wir vollständig und ganz und werden nie allein oder im Stich gelassen. Unsere Innere Führung, unser Höheres Selbst ist immer mit uns, begleitet und liebt uns durch all unsere Erfahrungen hindurch.

**Enttäuschung** (siehe auch **Idealisieren**)

Enttäuscht sind wir, wenn unsere Erwartungen, Vorstellungen und Wünsche sich nicht verwirklicht haben. Wir fühlen uns dadurch herabgesetzt, nicht gewürdigt.

Enttäuschung birgt die Chance zu erkennen: nicht der andere hat mich getäuscht, sondern meine eigenen Gefühle haben mich getäuscht. Es ist an der Zeit, eine Kurskorrektur vorzunehmen. Wenn wir dazu nicht bereit sind, werden wir an dem Schmerz festhalten, Zuwendung verloren zu haben oder uns nicht gewürdigt zu fühlen. Dieses Verhalten kann

uns in die Mutlosigkeit oder Verbitterung führen oder es läßt uns unsere Enttäuschung mit Suchtverhalten kompensieren.
Es gilt zu erkennen, daß eine Ent-Täuschung uns dient, und zwar in dem Sinne, als damit eine Täuschung – eine begrenzte, verzerrte Sichtweise – von uns abfällt und wir der Wahrheit einen Schritt näher kommen.

**Erfolg**
Erfolg heißt für uns, einen Beitrag zu geben, etwas zu bewirken, zum Besten des Ganzen. Dazu ist es nötig, unsere Angst vor Versagen zu überkommen, unser Urteil, unfähig zu sein. Niemand ist erfolgreich, wenn er nicht bereit ist, Risiken einzugehen, Fehler zu machen, Irrtümer zu begehen. Fehler sind die Sprossen auf der Leiter des Erfolgs! (Siehe auch das Stichwort **Fehler**.)
Steht unsere Motivation, unser Ziel im Einklang mit unserer Inneren Führung, werden wir den nötigen Mut entwickeln, uns unabhängig von äußerer Anerkennung zu entfalten und immer wieder selbstgesetzte Grenzen zu sprengen. Dann wird Erfolg zum natürlichen Ergebnis unseres Einsatzes.

**Erleuchtung**
Erleuchtung bedeutet in die Freiheit erwachen. Es braucht großen Mut, alles Verhaftetsein loszulassen.
Erleuchtung geschieht nicht durch Tun und Machen. Wenn es sein soll, wird sich uns – in der bedingungslosen Hingabe an das Sein – das Licht, die Er-leuchtung ›ge-nahen‹ (von Gnade).
›Du mußt es mehr wollen als alles andere. Die Gnade kann nicht eher ungehindert wirken, bis Verwirklichung alles ist, was du dir im Innersten deines Herzens wünschst. Wenn du es ernst meinst, darf es für dich keine andere Wahl mehr geben.‹ (Andrew Cohen: *Erleuchtung ist ein Geheimnis.*)

**Falsches Selbstbild** (siehe auch **Idealbild** und **Depression**)
Das falsche Selbstbild ist die Identifikation mit einem Bild, das ich mir von mir gemacht habe, das nicht dem wahren Selbst entspricht. Es ist entstanden durch mangelnde Anerkennung und mangelnde Achtung, durch Kontrolle, Manipulation und Leistungsdruck. In der Hoffnung, doch noch Zuwendung und Liebe zu bekommen, reagieren wir entweder mit Anpassung, mit brav sein, es recht machen wollen oder mit Rebellion und Trotz, um negative Aufmerksamkeit zu bekommen. So kann sich unser wahres Selbst(-Wert-Gefühl) nicht entwickeln. Wir werden es wiederentdecken, wenn wir uns auf den Weg der Selbsterkenntnis begeben und bereit sind, die Wahrheit über uns herauszufinden.

**Fanatismus** (siehe auch **Urteil**)
Wir werden fanatisch, steigern uns in etwas hinein, um von unseren wirklichen Gefühlen abzulenken. Damit vermeiden wir die Konfrontation mit den darunterliegenden Ängsten und Unsicherheiten. Fanatismus ist verbunden mit massiven Urteilen, so daß andere mögliche Sichtweisen ausgeblendet werden. Wir wollen eine bestimmte Idee oder Vorstellung – koste es, was es wolle – verwirklichen.

**Fehler**
Meine Fehler zeigen mir an, was fehlt. Sie geschehen nicht, damit ich mich verurteile, sondern sie unterstützen mich in meinem Wachsen. Im Grunde gibt es keine Fehler – sondern nur Lernerfahrungen.

**Fessel**
Es wird gesagt, die drei Fesseln der Menschheit seien:
- Urteilen
- Vergleichen
- Wissen müssen, warum (intellektuell)

Stoff für Kontemplation ...

**Freier Wille** (siehe auch das **Böse**)
Wir haben die Freiheit, uns selbst und anderen Gutes zu tun oder zu schaden. Diese Entscheidungsfreiheit gibt uns die Möglichkeit, über direkte Erfahrung zu lernen. Dabei sind Fehler und Irrtümer Schritte auf unserem Weg des Erkennens.
Wenn wir fragen: ›*Warum läßt Gott das zu?*‹, dann heißt es, uns zu erinnern, daß wir es sind, die den freien Willen geschenkt bekamen und wir entscheiden, wie wir ihn einsetzen. Jeder von uns hat die Chance, sich für die Innere Führung zu entscheiden, für Bewußtwerdung und Erkenntnis. Wir können die Nicht-Liebe wählen oder die Liebe.

**Fremdbestimmung** (siehe auch **Abhängigkeit**)
Wir lassen uns fremdbestimmen, weil es uns an Selbstvertrauen mangelt und weil wir uns scheuen, Verantwortung zu übernehmen für uns und unser Leben. Wenn andere uns bestimmen, können wir sie verantwortlich machen, wenn etwas schiefgeht.

**Frustration**
Frustration ist Gefangensein in blockierten Wünschen und dem unausgedrückten Ärger darüber.

**Gedanken und Handlungen**
Alles, was wir denken und tun, trifft immer uns selbst, auch wenn wir andere damit gemeint haben.

**Geduld**
›Geduld ist natürlich für die, die vertrauen.‹
(*Ein Kurs in Wundern* – Handbuch für Lehrer – 4.VIII. 1:9)
Wenn wir uns der Führung unseres Höheren Selbst anvertrauen (statt der Stimme des Emotionalkörpers), dann haben wir auf natürliche Weise Geduld, in dem Wissen: Alles geschieht zur rechten Zeit und es ist gut so, wie es ist.

**Geiz** (siehe auch **Gier**)
Aus unserem Mangelbewußtsein heraus (›Es gibt nicht genug Geld, Energie, Liebe ...‹) müssen wir festhalten. Wir meinen vorbeugend horten zu müssen, um uns abzusichern. Die Wurzel eines solchen Verhaltens ist unser Mangel an Vertrauen in die Fülle des Universums. Energie möchte fließen. Wenn sie nicht fließen kann, kommt es zur Erstarrung, zum Stau. Gestaute Energie macht uns psychisch oder physisch krank.

**Gereizt sein**
Gereiztes Verhalten signalisiert: ›Mach's mir recht, sonst bist du im Unrecht.‹ Gereiztsein kann verschleiert werden durch besonders ›süß und lieb sein‹, es ist eine Form von indirekt ausgedrücktem Ärger.

**Gewalt**
Gewalt ist Lebenskraft, die ihre Richtung und ihren Sinn verloren hat. Die ursprüngliche Lebenskraft konnte sich nicht angemessen entfalten.
So wurde sie unterdrückt, bis sie sich – oft unkontrollierbar – in Gewaltanwendung entlädt. Wer Gewalt anwendet, möchte dadurch kontrollieren und beherrschen. Nach innen gerichtet führt Gewalt in die Selbstzerstörung oder somatisiert sich, zum Beispiel in Geschwüren.

**Gier** (siehe auch **Geiz**)
Gier wird gespeist durch Enttäuschung, durch festgehaltenen Groll gegen einen Mangel oder Verlust. Der Mangel aus der Vergangenheit und die damit verbundene Angst kehren sich um und werden zur Gier in der Gegenwart. Gier führt in die Selbstsucht und Maßlosigkeit, ohne daß wir dabei an die Konsequenzen denken oder uns von ihnen abhalten lassen. Da Gier unersättlich ist, bleibt sie ewig unbefriedigt. Sie entsteht durch Verhaftung an unsere Ego-Wünsche. Gier hält fest, statt fließen zu lassen. Wenn sie mit aggressiven Impulsen verbunden ist, wird sie zur Habgier.

**Giftigsein**
›Giftiges‹ Verhalten wird vorbeugend eingesetzt bei Angst vor Ablehnung.

**Gnade**
Die Gnade ›ge-naht‹ sich uns, wenn die Zeit reif ist. Wir können sie nicht erreichen durch Wünschen oder Habenwollen, wir können uns nur vorbereiten, indem wir Barrieren aus dem Weg räumen. Irgendwann – wenn wir ohne Erwartungen sind – wird sie uns ›zu-fallen‹ und uns beschenken. Im Zustand der Gnade lassen wir die Polarität und das Gefühl des Getrenntseins hinter uns – erfahren Verbundenheit und Einheit.

**Grausamkeit**
Grausamkeit ist die Kompensation für das Gefühl, minderwertig, nicht geachtet und nicht geliebt zu sein. Der Betroffene bezieht Lust aus seinem Handeln, als Ersatz für nicht erlebte Liebe. Die mit Grausamkeit verbundene Menschenverachtung hat ihren Ursprung in der Selbstverachtung. Eigene Lebensangst wird in Feindseligkeit kanalisiert und durch Quälen und Zerstören an hilflose Wesen weitergegeben.

**Harmoniebedürfnis,** zwanghaftes
Die Angst und das Unvermögen, sich und dem andern die Wahrheit zu sagen und Konflikte zu konfrontieren, speist den Drang, Harmonie aufrechterhalten zu wollen. Wahrer Selbstausdruck wird verhindert, die wirklichen Bedürfnisse werden zugedeckt. Schattenanteile werden ignoriert und verdrängt, bis sie eine eigene Dynamik entwickeln, um sich Raum zu verschaffen in Unzufriedenheit, Sticheleien, Zynismus, versteckter Feindseligkeit – bis hin zu unkontrollierbaren Ausbrüchen von Jähzorn – oder in schweren Krankheiten.

**Haß**
Haß entsteht, wenn ich mich ungeliebt, mißhandelt und bedroht fühle. Je mehr ich den Schmerz darüber unterdrücke, um so haßerfüllter werde ich, bis ich keinen Ausweg

mehr erkennen kann und der angestaute Haß in Zerstörung mündet. Haß kann unersättlich erscheinen, wenn er immer wieder ausagiert wird, ohne hinzuschauen, was darunter liegt. Er äußert sich in Selbstzerstörung oder in Zerstörung im Außen (dazu gehört auch die Umweltzerstörung). Im Haß verachten wir das Leben, sehen es als unseren Feind. Im Grunde deckt Haß unsere Angst zu, unseren Mangel an Liebe. Wir hassen das, was uns Angst macht und was uns verletzt. So ist auch Haß letztlich ein Hilferuf nach Liebe.

**Heilung**

Die Voraussetzung für Heilsein ist es, unsere Gefühls- und Gedankenmuster bewußt zu machen, sie zu reinigen und dabei die Urteile über uns selbst und über andere loszulassen. Denn Urteile trennen und nur, wenn wir Trennung überwinden, werden wir ganz – werden wir heil. Bei der Klärungs- und Bewußtseinsarbeit können manchmal psychisch-emotionale oder körperliche Symptome verschwinden oder äußere Gegebenheiten sich verändern und manchmal bleiben sie. Es gilt, unsere begrenzte Sichtweise loszulassen, um zu erkennen, auf welche Weise unsere Erfahrungen uns dienen wollen. Wir sind aufgerufen, nach innen zu lauschen und uns zu fragen, was ist nötig, damit ich inneren Frieden finde? Heilung geschieht, indem wir unseren wahren Selbstwert erkennen, erfahren, bejahen und lieben. Heilen ist das Lernen, wie wir Liebe empfangen und geben können. Liebe soviel du kannst. Es gibt kein Hindernis, daß die Liebe nicht überwinden kann!

Dazu Impulse für die Stille aus *Ein Kurs in Wundern*:

›Jede Heilung ist im wesentlichen die Befreiung von Angst.‹

(Textbuch – 2.IV. 1: 7)

›Krankheit ist eine Form der äußeren Suche. Gesundheit ist innerer Frieden.‹

(Textbuch – 2.I 5:10-11)

›Gesundheit stellt sich ein, wenn jeder Versuch aufgegeben wird, den Körper lieblos zu benutzen.‹
(Textbuch – 8.VIII.9: 9)

›... jede Heilung [beinhaltet] das Ersetzen von Angst durch Liebe.‹
(Textbuch- 8.IX.5:2)

›Alle Heilung ist eine Befreiung von der Vergangenheit.‹
(Textbuch – 13. VIII.1:1)

›Vergeben heißt Heilen.‹
(Handbuch-22.1:9)

**Hilfe nicht annehmen können**
Unsere Angst vor Nähe, vor Vereinnahmung oder Abhängigkeit läßt uns Hilfe nicht annehmen. Dieses Verhaltensmuster hat auch zu tun mit dem Festhalten an einem bestimmten Bild von uns selbst, das wir aufrechterhalten wollen. Dabei setzen wir falschen Stolz ein und bleiben verhaftet an altem Schmerz.

**Hingabe**
Gemeint ist die Hingabe an unser göttliches Selbst: Nicht mein Wille, sondern ›Dein Wille geschehe‹. Wahre Hingabe hat nichts zu tun mit Aufgabe, die uns ohnmächtig oder ausgeliefert fühlen läßt. Wir behalten unseren gesunden Menschenverstand und bleiben in der Verantwortung, sind jedoch befreit von der Kontrolle und den Fesseln unseres Egos, von seinen Vorstellungen und Erwartungen. Hingabe ist ein Zustand des Losgelöstseins. In vollkommenem Vertrauen sind wir empfangsbereit, offen und durchlässig für unser wahres Sein.

**Hysterie**
Wenn wir hysterisch reagieren, drücken wir unsere Gefühle nicht der Situation entsprechend aus, sondern meist unkontrollierbar in übertriebener Form. Ein hysterischer Ausbruch ist verbunden mit Drama, Sentimentalität und Unechtheit. Die echten Gefühle wurden ursprünglich

unterdrückt, vermieden oder abgespalten, aus Angst vor Nicht-Akzeptanz und Verurteilung.

**Idealbild** (siehe auch **Falsches Selbstbild**)
Ein Idealbild wird aufgebaut durch den Wunsch, einem inneren oder äußeren Ideal zu entsprechen, um Zuwendung, Akzeptanz und Zustimmung zu bekommen. Dahinter steht die Erfahrung aus der Kindheit, daß mein eigentliches Selbst nicht gut genug ist und nicht ausreicht.
Ideale halten mich in Abhängigkeit und hindern mich daran, mein eigenes, wahres Potential zu leben.

**Idealisierung** (siehe auch **Enttäuschung**)
Die Realität wird zurechtgerückt, um sie in Einklang zu bringen mit den eigenen Erwartungen, Wünschen und Bedürfnissen. So ist die Enttäuschung vorprogrammiert. Indem wir idealisieren, können wir die Wahrheit nicht sehen.

**Impulsivität** (siehe auch **Spontaneität**)
Impulsives Verhalten kommt aus dem Affekt des ungeklärten Emotionalkörpers, ist unterschwellig verbunden mit Kontrollierenwollen und Rücksichtslosigkeit. Impulsivität ist etwas anderes als Spontaneität.

**Innere Leere**
Innere Leere entsteht durch mangelnde Liebe und durch Unterdrücken unserer Gefühle aus einem Schutzbedürfnis heraus. Das macht uns unlebendig und läßt uns den Kontakt zur Fülle in uns verlieren. Wir suchen nach Ersatzgefühlen und Ersatzbefriedigungen (Drogen, Alkohol, Fernsehen, Arbeit, Sex etc.) und fühlen uns danach wieder leer. So können wir nicht verantwortlich gemacht werden, sind unangreifbar – denn niemand ist zu Hause.

**Jähzorn**
Jähzorn äußert sich in einem unkontollierbaren Wutausbruch, meist nachdem die Emotionen längere Zeit unterdrückt wurden. Jähzorn ist verbunden mit Selbstgerechtig-

keit und der Vorstellung, das eigene Überleben zu sichern, indem andere überrumpelt oder gelenkt werden.

**Karma**

Karma gibt uns die Möglichkeit zur Entwicklung, um dadurch unser Wissen zu erweitern und unsere Liebe auszudehnen. Karma meint Ausgleich und Auswahl von Erfahrungen. Das beinhaltet unsere Fähigkeit zu erschaffen und zu verändern. Auf jedes Agieren von uns folgt ein Re-Agieren. Die Auswirkungen unserer Handlungen und Erlebnisse sind für uns Botschaften, die wir nutzen können, um aus Fehlern zu lernen und das nächste Mal eine neue Wahl zu treffen.

Wenn wir davon sprechen, Karma zu ›ertragen‹, dann vermeiden wir in Wahrheit das Suchen nach einer Lösung. Diese Haltung ist ein Rationalisierungsverhalten, statt Verantwortung für den jeweiligen Lernprozeß zu übernehmen. Karma existiert nicht, um uns bezahlen zu lassen, um uns zu strafen, sondern damit wir wachsen, damit wir lernen, uns zu heilen. Das bedeutet, unsere Verhaftungen loszulassen an Gefühle des Unwertseins, an Schuld, zerstörerisches Verhalten, ›Sünde-Schuld-Strafe-Denken‹, an das Opfer- und Tätersein. Es gilt, Verantwortung zu übernehmen für unser Handeln und seine Konsequenzen und uns selbst und anderen zu vergeben.

Während wir tiefer in unsere eigene innere Wahrheit und Weisheit gelangen, wirkt das karmische Gesetz immer weniger begrenzend und kann transformiert werden. Letzlich ist das Gesetz des Karma menschengemacht, während das Gesetz der Gnade von Gott kommt.

**Konkurrenz**

Dieses Verhalten hat zu tun mit Mangelbewußtsein: Es gibt nicht genug für uns alle, deshalb ist Wettbewerb nötig. Mit Konkurrenzdenken lenken wir uns ab von der Angst, unzulänglich zu sein. Wenn wir konkurrieren, sind wir im Vergleichen und dadurch im Urteil über uns und andere.

**Kontrolle**
Kontrollierendem Verhalten liegt Mißtrauen zugrunde, die tiefe Angst, von sich selbst oder anderen be- oder verurteilt zu werden. Wir üben Kontrolle aus, um uns zu schützen, um nicht überwältigt zu werden von Gefühlen wie Angst, Wut, Schmerz, Schuld, Urteil und Mitleid. Kontrolle ist ein Überlebensmechanismus unseres Emotionalkörpers, um Gefühle abzuwehren, mit denen wir meinen, nicht umgehen zu können. Kontrollierende Muster sind: sich Sorgen machen, zwanghaftes Verhalten, sich um jemanden kümmern, übertriebene Hilfsbereitschaft, ungefragt Ratschläge geben, Gutsein wollen, Manipulation, jemanden schuldig oder ärgerlich fühlen lassen, Hilflosigkeit, Abhängigkeit, Dominanz und Kritik.

**Kraft,** unterdrückte
Wenn wir uns nicht erlauben, unsere Kraft, unseren Selbstausdruck und unsere Fähigkeiten zu entfalten, dann drücken wir uns nieder – werden depressiv (siehe ›Depression‹) oder es baut sich Ärger auf. Die aggressiven Impulse entladen sich als explodierende Wut oder als versteckte Feindseligkeit. Es liegt in unserer Verantwortung, zu unserer Stärke und Kraft zu stehen und sie zu leben, zum Guten für uns und andere.

**Krankheit**
Die Erfahrung von Krankheit ist – wie all unsere Erfahrungen – eine Möglichkeit, uns über Bewußtwerdung zu verändern, zu entwickeln und zu wachsen. Oftmals geht es dabei um eine Ruhepause, um innere Reinigung. Kranksein und Leiden bieten uns die Chance zu erkennen, was in unserem Leben aus dem Gleichgewicht geraten ist, welche schädigenden Gewohnheiten wir angenommen haben.
Ohne daß die Heilung zwangsläufig auf der Körperebene stattfinden muß, beinhaltet Krankheit letztlich immer die Gelegenheit, innerlich heiler zu werden.

**Kritik**
Ständige Kritik kommt durch Unausgefülltsein, durch Unzufriedenheit und unterdrückte Aggression. Sie lenkt von uns ab, ist eine Form der Anklage und des Vorwurfs und läßt uns den Sündenbock ›draußen‹ suchen.

**Langeweile**
Langeweile entsteht, wenn ich das Gefühl habe, nicht am Leben teil-zuhaben. Sie verflüchtigt sich in dem Moment, wo ich mich selbst so akzeptiere, wie ich bin und beginne, meine Kreatvität fließen zu lassen.

**Leid** (siehe auch **Schmerz** und **Trauer**)
›Leid ist das schnellste Roß, daß dich zur Vollkommenheit trägt‹, sagte Meister Eckehart.
Leidvolle Erfahrungen sind in unserem Leben, damit wir herausfinden können, wer wir wirklich sind. Die entsprechenden Erfahrungen sollen uns dabei unterstützen, unsere Begrenzungen hinter uns zu lassen, aufzuwachen aus der Unbewußtheit, aus der Welt der Illusion. Leid und alles negativ Empfundene existiert in unserem Leben, damit wir wachsen können.
Wenn wir nicht bereit sind, auf dem Weg der Selbsterkenntnis voranzuschreiten, kann es geschehen, daß wir im Leid steckenbleiben. So erschaffen wir immer neues Leid. Dabei identifizieren wir uns ganz und gar mit den Wünschen und Themen unseres Emotionalkörpers, ohne die Stimme des Höheren Selbst wahrzunehmen. Wir können sogar süchtig werden nach Schmerz und Leid, weil sie oft die einzigen Gefühle sind, die uns lebendig fühlen lassen. In Wirklichkeit bauen wir unser eigenes Gefängnis durch die Verhaftung ans Leid und widerstehen dem Fluß des Lebens.
»In der Dualität gibt es immer eine Wahl. So auch in unserem Leben. Aber obwohl es die Möglichkeit zur Befreiung gibt, halten wir an den Ursachen für Leiden fest, weil wir so am Leiden kleben, so verhext davon sind. Auf diese Weise sorgen wir für die Verfestigung unserer Ge-

wohnheiten und für ihr Weiterbestehen über den Tod hinaus.« (Sogyal Rinpoche)

**Liebe**
Liebe ist ein Gefühl der Zugehörigkeit, ein Gefühl der Beziehung zu uns selbst und zu allem, was ist. Liebe ist das wahre Gefühl, das übrigbleibt, wenn unsere Gefühle gereinigt wurden. Sie ist die Kraft und das Gefühl, das alles möglich macht und ›Berge versetzt‹. Da sie unbegrenzt, ewig und unwandelbar ist, sprengt sie alle Möglichkeiten der Definition und Beschreibung. Sie kann nur erfahren und gelebt werden. Liebe heilt. Sie hebt Trennung auf und führt in die Einheit. Liebe ist Quelle, Ursprung und Essenz von allem, was ist.

**Loslassen**
Im Grunde können wir nichts wirklich ›loslassen‹. Wenn wir von loslassen sprechen, meinen wir, *das, was ist, sein zu lassen* – es zu sehen, wie es ist.

**Lügen** (oder auch **Täuschen**)
hat zu tun mit mangelndem Selbstvertrauen. Ich muß mir und anderen etwas vormachen, um bestehen zu können oder einen Vorteil zu erlangen.

**Macht**
Macht ist ein scheinbarer Ersatz für Liebe. Wenn ich keinen Zugang zur Liebe finde oder Angst vor ihr habe, suche ich die Macht. Ich greife zur Macht, um meine Angst, sonst bedeutungslos zu sein, meine innere Schwäche und Ohnmacht zu verdrängen und mein Ego aufzuwerten.
Macht kann sowohl als Täter wie auch als Opfer ausgeübt werden. (Eine sich aufopfernde Mutter hat Macht!)
Spirituelle Macht oder Kraft ist ein Synonym für Liebe. Sie fließt uns zu, je mehr wir den Kreislauf von Opfer- und Tätersein und die damit verbundenen Urteile hinter uns lassen und zum Mitschöpfer werden. Sie kommt aus der Liebe, ist im Einklang mit der Inneren Führung und sagt: ›Dein Wille geschehe‹.

**Machtkampf**
Machtkampf ist Ersatz für Liebe und wirkliche Gefühle. Er wird benutzt, um nicht verarbeitete Gefühle (Versagen, Niederlagen, Zurückweisungen, Verletzungen) zu überdecken. Die Energie wird in Machtspiele gelenkt, statt in die wahren Gefühle, Wünsche und Bedürfnisse. Die Befriedigung eines ›gewonnenen‹ Machtkampfs ist von kurzer Dauer.
In einer Beziehung laufen Machtkämpfe ab, wenn die Beteiligten sich nicht selbst in Besitz genommen haben, sondern auf der Suche nach der eigenen Identität sind.

**Manifestationskraft**
Jesus sagte: ›Wer an mich glaubt, wird die Werke auch tun, die ich tue und er wird noch größere als diese tun.‹
(Joh. 14/12)
Wenn wir sagen können: ›Dein Wille geschehe‹, werden wir Mitschöpfer. Wir können uns zum Kanal machen, durch den unser göttliches Selbst denkt, fühlt und handelt. Hier auf dieser Erde sind wir dann der Mund, durch den Gott spricht, das Herz, aus dem Gottes Liebe fließt, und die Hände, durch die hindurch Gott sich manifestiert.

**Manipulation**
Wer sich nicht selbst wertschätzt und liebhat, greift zur Manipulation. Kontrolle verdeckt dabei die eigene Unsicherheit. Wer manipuliert, vertraut nicht, hat Angst, ehrlich zu sein. Durch Manipulation wollen wir verhindern, daß andere uns zurückweisen können. Geschieht das trotzdem, so operieren wir mit Vorwürfen und Schuldzuweisungen. Dabei verletzen wir andere, während wir uns selbst im Recht fühlen. Die Macht, die wir durch manipulierendes Verhalten suchen, dient uns als Ersatz für mangelnde Selbstliebe.

**Masochismus**
Schuldgefühle, Ängste und daraus entstandene Zwänge lassen uns in masochistische Verhaltensweisen fallen. Dabei werden Lebendigkeit und Lust nur durch Schwäche, Ohn-

macht, Opfersein und Leiden erlebt. Der Betroffene sucht und erträgt quälendes, zerstörerisches Verhalten, wird abhängig davon, um sich selbst zu spüren.

**Mißgunst**
Mißgunst kommt aus zerstörerischen Haßgefühlen. Nicht das Besitzenwollen (wie beim Neid) steht im Vordergrund, sondern der Wunsch zu zerstören. Was ich nicht haben kann, zerstöre ich. Schadenfreude entsteht aus Mißgunst.

**Missionieren**
Wenn ich missioniere, will ich dem anderen etwas überstülpen und damit die Kontrolle behalten. Missionieren ist ein zwanghaftes, manipulierendes Verhalten, das im Grunde aus der Angst kommt und sich durch diese Form der Kontrolle absichern will. Mit dem unterschwelligen Urteil ›Ich weiß besser, was für dich gut ist‹, stellen wir uns über den anderen und erschaffen Trennung.

**Mitgefühl**
Mitgefühl hebt die Trennung auf zwischen mir und dem anderen, es umfaßt Geduld und überpersönliche Liebe. Wenn ich mitfühlend bin, sehe ich mich und andere als spirituelle Wesen. Aus der Identifikation mit unserem Höheren Selbst erkennen wir die Fähigkeit und Stärke in jedem von uns, leidvolle Herausforderungen zusammen mit der Inneren Führung annehmen zu können. Mitgefühl gibt Raum, so daß alles, was geschieht, als Lernerfahrung gesehen werden kann, die uns wachsen läßt.

**Mitleid**
Wenn ich Mitleid empfinde, begebe ich mich mit meinem Emotionalkörper auf dieselbe Schwingungsebene wie derjenige, der in Leid verstrickt ist. Das behindert letztlich beide Beteiligte und hält den Status quo aufrecht. Der Betroffene bleibt in der Opferrolle hängen, statt unterstützt zu werden, über die Öffnung für die spirituelle Ebene Lösungsmöglichkeiten zu suchen und daran zu wachsen.

**Naivität**
Naivität ist Selbstschutz. Wir verbergen uns dahinter, um uns nicht mit unangenehmen Themen auseinandersetzen zu müssen.

**Neid** (siehe auch **Gier** und **Eifersucht**)
Neid entsteht durch den Glauben, daß wir das, was andere haben, besitzen müssen oder brauchen, um vollständig zu sein. Im Zustand des Neids leben wir in der Vorstellung, daß andere uns etwas wegnehmen, was wir brauchen, um okay zu sein. Wenn wir meinen, ein anderer sei besser dran als wir, dann sind wir steckengeblieben im Vergleichen, und verschließen die Augen vor der eigenen Fülle und Ganzheit.

**Ohnmacht**
Ohnmacht ist das Gefühl, ohne Macht zu sein, nichts bewirken zu können. Wenn ich mich ohnmächtig fühle, bin ich schwach, ausgeliefert, hilflos, zur Passivität verurteilt. Ohnmächtig sein ist ein Urteil über mich selbst, über meine wahre Natur.

**Perfektionismus**
Perfektionismus entsteht aus unserer Angst, etwas verkehrt oder nicht gut genug zu machen. Als Kind erlebten wir dann Zurückweisung und Ablehnung und reagierten mit Angst und Schuldgefühlen. Sie treiben uns noch heute an. Wir können unsere Schwächen nicht zulassen und akzeptieren. So führt Perfektionismus uns zu kontrollierendem, zwanghaften Verhalten, läßt uns starre Regeln aufstellen, in der Hoffnung, alles gut zu machen. Dabei sind wir gefangen im Urteil unseres Emotionalkörpers. Unsere individuellen besonderen Fähigkeiten und unsere kreativen Impulse können sich nicht entfalten.

**Polarität**
Unser Dasein auf der Ebene der Dualität verleiht dem Leben Dynamik und Veränderung. Dabei gehören Licht- und Schattenseiten, Höhen und Tiefen zusammen. Sie halten uns in Bewegung, lassen uns lernen und wachsen.

**Projektion**
Projektion ist ein Mechanismus, den wir meist unbewußt anwenden, um von uns selbst abzulenken. Wir verlagern dabei unsere Gefühle, Wünsche, Erwartungen und Vorstellungen nach draußen, auf andere Menschen oder Dinge. So sehen und erleben wir nicht mehr uns selbst als Verursacher unserer Realität. Wir benutzen Vorwürfe, Anklagen, Schuldzuweisungen, also Urteile, oder wir verfallen in die Idealisierung, suchen draußen das große Vorbild und beschneiden uns dadurch in unserem eigenen Selbstwert. Urteil und Selbsturteil verhindern das Erkennen der Wahrheit. Wenn wir heil werden wollen, gilt es, unsere Projektionen zurückzunehmen. Dazu ist es nötig, uns zu fragen, was die jeweilige Situation, das jeweilige Gefühl, unsere Reaktion, mit *uns* zu tun haben.

**Rache**
Rache ist Festhalten und heimzahlen wollen, um vermeintlich einen Ausgleich zu schaffen. Das funktioniert nie. Rache wirkt wie ein Bumerang und kommt zu uns zurück, das heißt sie verletzt uns selbst. Rache ist verbunden mit Groll und Nicht-Vergebung. Rachsüchtiges Verhalten macht uns unglücklich oder krank. Wir bestrafen uns letztlich selbst.
Rache kann sich als versteckte Wut und Feindseligkeit in Süchten niederschlagen (zum Beispiel Bulimie, Mißachten von Regeln bis hin zu kriminellen Akten).

**Rechtbehalten und ›Ja, aber‹**
Rechtbehalten füttert und befriedigt den Mentalkörper als Sprachrohr des Emotionalkörpers, übertüncht die innere Stimme. Der Verstand will erklären, analysieren – statt zu entdecken und zu erleben.
Mit Rechtbehalten wollen wir andere kontrollieren, schuldig fühlen lassen, ins Unrecht setzen.
*›Ja, aber‹* ist der Rettungsanker des Mentalkörpers, um sich selbst über die Situation zu stellen und alles beim alten zu belassen. Durch dieses Verhalten verschließen wir uns vor dem Neuen. Eine alternative Reaktion könnte sein: ›Ja,

vielleicht...‹ Diese Einstellung öffnet uns für mehr akzeptierende Sichtweisen und für neue Erkenntnisse. Statt gleich loszudenken oder loszureden, können wir erst einmal still werden, um nach innen zu lauschen. So wird es uns gelingen, die Selbstgerechtigkeit und Selbstgefälligkeit, die mit ›ja, aber‹ verbunden ist, loszulassen. Wir gewinnen Distanz zu alten Verhaltensmustern und werden bereit, uns für Neues zu öffnen.

**Reinkarnation**
Gibt es Reinkarnation? Reinkarnation ist letztlich ein hilfreiches Konzept für unser linear-kausales Denken, in einer Dimension, die uns Raum und Zeit als real erleben läßt. ›Es gibt nur ein großes Nun!‹ sagt Meister Eckehart.

**Resignation**
Resignation wird gespeist aus mangelndem Selbstwert und mangelndem Vertrauen. Wir erleben sie verbunden mit Gefühlen von Ohnmacht, Verzweiflung, Ausgeliefertsein, keine Wahl haben, Opfersein und Sinnlosigkeit. In der Resignation kommt es zur Selbstaufgabe, während wir gleichzeitig steckenbleiben in der Nicht-Akzeptanz dessen, was ist. Resignieren bedeutet, zu meinen, sich ergeben zu müssen in ein ›Schicksal‹, das mir keine Chance läßt. Was bleibt ist Ver-zwei-flung, die mich festhält im Zwei-fel, in der Zwei-heit, ohne Vertrauen in die Einheit.

**Sadismus**
Mangelnde Selbstliebe treibt uns an, Ersatz zu suchen in der Ausübung von Macht durch Demütigung und Quälen anderer. Feindseligkeit und Grausamkeit entstehen aus Ängsten, aus selbst erlebter Demütigung und Verachtung, aus dem Gefühl, ein wertloses Opfer zu sein.

**Schatten**
Unsere Schattenanteile umfassen all das, worüber wir irgendwann einmal Urteile gefällt haben. All das ist in den Schatten gesunken, von dem wir meinen, nicht damit umgehen zu können. Wenn wir ›ganz‹ werden wollen, gilt es,

das Abgespaltene, Unbewußte, nicht Gelebte und Abgelehnte anzuschauen und zu bearbeiten. Und dazu gehören auch die guten, starken Seiten in uns, die noch im Schatten verborgen sind, zum Beispiel unsere eigene Stärke und Kraft.

**Scheinheiligkeit**
Bei scheinheiligem Verhalten ›tun wir so, als ob‹, um Zuwendung zu bekommen. Wir geben, nur um zu bekommen. Dabei decken wir unsere Angst zu, wahre Gefühle auszudrücken. Unter diesem aufgesetzten, angepaßten Verhalten verbirgt sich Angst, Leere und Einsamkeit.

**Schlechte Laune**
Schlechte Laune zeigt uns, daß wir im Selbsturteil steckengeblieben sind!

**Schmerz** (siehe auch **Leid** und **Trauer**)
Schmerz und Leid sind in unserem Leben, um uns bewußtwerden und wachsen zu lassen. Wenn wir an ihnen festhalten, statt ihre Botschaft zu verstehen, leiden wir immer mehr und immer länger. Der Widerstand gegen den Fluß des Lebens läßt uns die Botschaft des Schmerzes nicht hören. Statt dessen reagieren wir abwehrend oder rechtfertigen den Schmerz – es kommt zu Verhärtung, Einengung, Depression.
Dabei könnte Schmerz eine lösende und erlösende Funktion für uns haben, uns öffnen für neue Erfahrungen. Schmerz ist ein Fürsprecher der Wahrheit. Er zeigt uns, wo es uns schwerfällt, unsere gegebene Realität anzunehmen.
Wenn wir bereit sind, unseren Schmerz zu durchleben, werden uns neue Kräfte zuteil.
Es kann auch sein, daß wir meinen, unser Schmerz sei eine Strafe für Schuld. Dann haben wir uns mit der Sichtweise des Emotionalkörpers identifiziert. Unsere Wahrnehmung braucht eine Kurskorrektur. Es gilt, uns zu erinnern, daß wir die Wahl haben, der Stimme des Emotionalkörpers zu folgen oder der Stimme unseres Höheren Selbst. Das Höhere

Selbst sagt uns, daß alles, was wir erleben, Lernerfahrungen sind, Chancen zu wachsen.
Schmerz und Leid waren bisher die großen Lehrer für uns. Es bahnt sich ein Wandel an. Wir sind dabei aufzuwachen und uns bewußt zu werden, daß wir auch hier eine Wahl haben. Wir können beginnen, über die Freude zu lernen!

**Schuld und Schuldgefühle**
Wenn wir uns von anderen oder uns selbst beurteilen lassen – und dabei unsere Gefühle und Handlungen als schlecht und böse einstufen – entwickeln wir Schuldgefühle. Wir meinen, schuldig zu sein und dafür Strafe zu verdienen. Der Kreislauf des ›Schuld-Strafe-Denkens‹ beginnt. Die Schuldgefühle lassen mich schlecht fühlen. Wenn ich mich bereits schlecht fühle – also schon bestraft bin –, kann ich dasselbe Verhalten einfach wiederholen. Ich brauche dann nicht Verantwortung für meine Handlungen zu übernehmen und alles kann beim alten bleiben.
Hier wird deutlich, daß Schuldgefühle einen Vermeidungsmechanismus darstellen. Ich brauche mich nicht der Wahrheit zu stellen, daß ich der Verursacher meiner Realität bin. Gleichzeitig verleugne ich dadurch meine Kraft und Fähigkeit, diese Realität auf neue Weise zu erschaffen.
Schuldgefühle können ein Lernvehikel sein, um uns weiterzuentwickeln. Dabei gilt es, zu dem zu stehen, was ich gedacht oder getan habe und mit den jeweiligen Konsequenzen umzugehen.
Letztlich gibt es keine Schuld! Es gibt nur Fehler und Irrtümer, aus denen ich lernen kann und für die ich mir vergeben kann.

**Sehnsucht**
Sehnsucht erfüllt uns, wenn wir – in welcher Form auch immer – unter dem Gefühl des Getrenntseins leiden.

**Selbstbestrafung**
Selbstbestrafung ist die Folge unseres ›Sünde-Schuld-Strafe-Denkens‹, das uns begrenzt. Wir sind hier, um Erfahrun-

gen zu sammeln und aus ihnen zu lernen – nicht um uns zu bestrafen. Indem wir unsere Erfahrungen *annehmen*, lösen sich die alten begrenzenden Sichtweisen.

**Selbstgerechtigkeit**
Selbstgerechtes Verhalten ist ein Abwehrmechanismus des Emotionalkörpers, um unsere Ängste, Verletzungen, Ärger, Scham und Unsicherheitsgefühle nicht anschauen zu müssen. Selbstgerechtigkeit läßt nur die eigenen Meinungen und Standpunkte gelten. Das wirkt sich zerstörerisch aus und hält unser Gefühl des Getrennseins aufrecht.

**Selbsthaß** (siehe auch **Selbstzerstörung**)
Im Selbsthaß drückt sich ein massives Urteil über mich selbst aus, wobei ich mich vollständig mit den Mustern meines Emotionalkörpers identifiziere. Selbsthaß kann dazu führen, sich selbst beherrschen zu lassen oder andere beherrschen zu wollen.

**Selbstmitleid**
Selbstmitleid ist ein Ersatzgefühl für die mangelnde Liebe zu uns selbst. Wir projizieren diese Einstellung nach außen als ›keiner liebt mich‹. Obwohl wir uns verletzt, ohnmächtig und verärgert fühlen, drücken wir Trauer, Ärger und Wut nicht aus. Im Zustand des Selbstmitleids stoßen wir andere zurück und lehnen Unterstützung und Liebe ab. Flucht ins Selbstmitleid spinnt uns ein, wie in einen Kokon, verhindert Kontakt und Lösungsmöglichkeiten.Wir halten uns selbst in der Opferrolle fest, klagend und lamentierend.

**Selbstwertgefühl** (echtes)
Wir spüren unseren Selbstwert, indem wir uns mit unserem wahren, Höheren Selbst identifizieren. In diesem Zustand erleben und wissen wir, daß dieses Universum ein Ort der Liebe und der Fülle ist.

**Selbstwert-Verlust**
Selbstwert-Verlust entsteht, wenn ich ins Selbsturteil falle, weil ich meinen eigenen Erwartungen nicht entspreche oder

weil ich über meine Fehler und Unzulänglichkeiten urteile. Es ist okay, nicht perfekt zu sein, Fehler zu machen und dadurch zu wachsen!

**Selbstzerstörung**
Selbstzerstörung ist Rebellion und Trotz, die gegen sich selbst gerichtet sind und damit Lebensverweigerung. Selbstzerstörung ist Ausdruck eines massiven Selbsturteils, in dem wir feststecken können. Sie ist in jeder Form von Suchtverhalten vorhanden.

**Sentimentalität**
Sentimentalität ist ein Ersatzgefühl, das in die Übertreibung geht. Die wahren Gefühle wurden unterdrückt, und nun berauscht sich der Emotionalkörper an Ersatzgefühlen, übertreibt und steigert sich in sie hinein. Die wirklichen Gefühle werden weiter vermieden.

**Sexualität**
*Das* Thema mit vielen Variationen, das kein Emotionalkörper ausläßt. Sexualität kann benutzt werden, um sich zu betäuben, als Machtinstrument, um zu manipulieren und zu kontrollieren oder sie kann zum mühelosen Spiel werden, wenn es kein gestern und kein morgen gibt, sondern nur den Augenblick.
Unsere Sexualität ist Vehikel für eines von vielen Erfahrungsbereichen im physischen Universum, das unserer Bewußtwerdung und unserem Wachstum dient. Zu den Themen, die uns in diesem Zusammenhang bewußt werden können, gehören: Verführung, Manipulation, Machtmißbrauch, Täter- und Opfersein, mangelnder Selbstwert, Überleben, Abhängigkeit, Sucht, Zwänge, Eifersucht, Gier, Besitzenwollen und Energieunterdrückung oder auch Energieverschwendung.
Wir können unserer Sexualität erlauben, zum Lehrmeister zu werden für Vertrauen, Hingabe, Loslassen, das Gefühl der Zugehörigkeit, Intimität, Geben und Nehmen, Spaß und Freude, Energiefluß, Ausdehnung, Verantwortung, Sensibilität, Selbstwert und L i e b e.

**Sinn**
Wenn wir verzweifelt (manchmal mit forderndem Unterton) nach dem Sinn des Lebens fragen, machen wir unserer Enttäuschung Luft, sind vielleicht schon vorprogrammiert, daß es gar keine Antwort bzw. keinen Sinn gibt.
Den Sinn meines Lebens kann ich erst herausfinden, wenn ich Verantwortung übernehme für mein Hiersein, indem ich mich einbringe, teilnehme und teilhabe.

**Sinnlosigkeit**
Im Zustand der Sinnlosigkeit sind wir ganz und gar identifiziert mit den Begrenzungen unseres Emotionalkörpers und meinen, keine Wahl im Leben zu haben. Wir urteilen: ›Alles ist so sinnlos‹, und hadern mit Gott. Dabei bemerken wir nicht, daß wir es sind, die es wählten, uns von unserer göttlichen Natur abzuspalten, so daß wir das Leben ›im Zustand der Sinnlosigkeit‹ nur noch ausschnittweise sehen und diesen Ausschnitt für das Ganze halten. ›Ich habe einen Emotionalkörper und ich bin nicht mein Emotionalkörper.‹

**Sorgen machen**
Sich Sorgen machen hat zu tun mit Angst, mit unterdrücktem Ärger und letztlich mit mangelndem Vertrauen. Über das Sorgen machen hoffen wir die Vergangenheit zurechtzurücken oder die uns bedrohlich erscheinende Zukunft zu kontrollieren. Wenn das Sorgen machen zwanghaft wird, können wir die Vergangenheit nicht loslassen oder wir projizieren immer wieder einen negativen Ausgang in die Zukunft. Dieses Glaubensmuster verhindert das Anpacken der Dinge, wie sie sind, schiebt Handeln auf. Das Sorgen machen bringt nie eine Lösung und bereitet uns nicht auf die Zukunft vor, sondern es läßt das geschehen, was wir fürchten und wird damit zur ›sich selbst erfüllenden Prophezeihung‹.

**Spiritualität**
Der indische Weise Aurobindo sagt: »Spiritualität ist höchste Einfachheit«. Spiritualität zu leben, heißt das Heilsein zu

entdecken – das Heile und Heilige in uns und in allem, was ist. Auf der spirituellen Ebene erkennen wir, daß alles miteinander verbunden ist, daß wir teil-nehmen und teilhaben am Ganzen. Daraus ergibt sich der Wunsch, Verantwortung zu übernehmen für die Art und Weise, wie wir unsere Realität erschaffen. Durch unsere spirituelle Ausrichtung werden die unangenehmen, ›negativen‹ Seiten in unserem Leben nicht wegfallen. Unsere Einsichten jedoch können sich verändern, so daß sie uns in die Akzeptanz dessen, was ist, ins Mitgefühl und in die Liebe führen. Spirituell leben heißt, sich an die wahre Essenz in allem, was ist zu erinnern, sie zu leben, zu lieben und zu sein.

**Spontaneität**
Spontaneität kommt aus unserem intuitiven inneren Wissen. Spontanes Verhalten geschieht aus dem Hier und Jetzt heraus, unmittelbar, frei fließend und wird inspiriert von unserem inneren Kind.

**Stolz** (siehe auch **Arroganz**)
Im Stolz identifizieren wir uns mit den ›Leistungen‹ des Emotionalkörpers, er fühlt sich dabei – vorübergehend – groß und gut. Darunter müssen andere leiden oder werden abgewertet.

**Sucht** (siehe auch **Abhängigkeit**)
Unter Sucht verstehen wir zwanghafte, zerstörerische Verhaltensweisen. Eine Sucht überlagert unsere Angst, Gefühle und wirkliche Bedürfnisse zu zeigen und auszudrücken. Sie ist eine Folge von mangelndem Selbstvertrauen. Der Kontakt zu den wahren Gefühlen und Bedürfnissen wurde verloren, weil wir uns von anderen abhängig machten. Diese Reaktionsweise führte in die süchtigmachenden Ersatzgefühle und Ersatzbedürfnisse. Wir werden süchtig, um den Schmerz abzutöten, daß wir Liebe nicht geben und nicht empfangen können. Suchtmittel dienen dazu, nicht zu fühlen, wie weh es tut, ohne Liebe zu leben. Sie sind Ablenkungsmittel von Schmerz, Angst, Verzweiflung und mangelnder Liebe. Eigen-

schaften des Süchtigen sind: Nicht wahrhaben wollen, Kontrolle, forderndes Verhalten, Unehrlichkeit, Verwirrung, Isolation, Unzufriedenheit, Verlassenheitsgefühle, Leere, Selbsturteil und – weil die Sucht letztlich wichtiger ist, als das Überleben – die Selbst-Zerstörung.
Hinter jeder Sucht steckt eigentlich die *Suche*, das Bedürfnis, Grenzen zu überschreiten, die Suche nach der verlorenen Ganzheit, nach dem wahren Selbstwert.
Sucht ist jedes Verhalten, das uns von unserem wahren Selbst entfernt. Sucht kann nur geheilt werden, wenn wir bereit sind, für unser Leben Verantwortung zu übernehmen. Wenn wir eine neue Wahl treffen, die Wahl, uns wieder anzuschließen an die Führung unseres Höheren Selbst.

**Synchronizität**
Synchronizität ist das Erleben von Sinnzusammenhängen zwischen innen und außen. Wir erfahren Synchronizität als gleichzeitiges Zusammentreffen von inneren Erfahrungen mit äußeren Ereignissen.

**Trauer** (siehe auch **Leid, Schmerz** und **Weinen**)
Trauer spüren wir bei Erfahrungen des Verlusts, des Abschieds oder des Verlassenseins. Es ist wichtig, unsere Verletzbarkeit anzunehmen und die Trauer zu durch-leben, so daß ›Trauerarbeit‹ geschehen kann. Das Gefühl der Trauer kann uns auch zeigen, inwieweit wir uns allein nicht vollständig fühlen, und wo und wie es uns schwerfällt, in die eigene Kraft zu gelangen. Manchmal halten wir auch an dem Gefühl der Trauer fest, weil wir Angst vor Veränderung haben. Indem wir Mitgefühl für uns selbst entwikkeln, wird sich unser Herz auf tieferer Ebene für uns selbst öffnen. Festgehaltenes, vielleicht Erstarrtes, darf in Bewegung kommen und wieder fließen.
Viele von uns kennen ein unterschwelliges Gefühl der Trauer, das unser Leben oftmals begleitet. Es hat zu tun mit dem Gefühl des Getrenntseins, mit unserer vermeintlichen Vorstellung, aus der Einheit herausgefallen zu sein.

**Ungeduld**
Ungeduld hat zu tun mit mangelndem Vertrauen. Wo Vertrauen ist, ist Geduld und wo Geduld ist, ist Vertrauen.

**Unterscheidung** (siehe auch **Urteil**)
Bei der Unterscheidung geht es um *sachliche* Feststellungen und Entscheidungen – ohne emotionale Ladungen.

**Urteil** (siehe auch **Unterscheidung**)
Shakespeare sagt: »Nichts ist weder gut noch schlecht – das Denken macht es so.« Mit unseren Urteilen und Bewertungen teilen wir ein, was unserer Meinung nach gut und richtig oder schlecht und verkehrt ist. Dieses Trennen geschieht auf Grund unserer Meinungen, Standpunkte, Einstellungen, Fixierungen und Prägungen. Dabei identifizieren wir uns mit den Gefühlsmustern unseres Emotionalkörpers und erlauben ihm, unsere Sichtweise mit seinen emotionalen Ladungen zu beeinflussen. Ein Beispiel: Ich bin Lehrerin und korrigiere gerade die Klassenarbeit eines Schülers, dessen Verhalten mich in letzter Zeit oft geärgert hat. Wenn seine Leistung genau zwischen einer drei und einer vier liegt, ich mich jedoch von meinem Ärger bestimmen lasse, werde ich wahrscheinlich eine vier unter die Arbeit setzen. So wird die Beurteilung von den eigenen Emotionen gefärbt. Mit Beurteilen verhindern und vermeiden wir es, die Situation oder den anderen Menschen so wahrzunehmen, wie sie wirklich sind. Die emotional gefärbte Beurteilung von Verhaltensweisen oder Eigenschaften im andern ist *entweder* verbunden mit der Projektion der eigenen Fehler und Unzulänglichkeiten, *oder* es geht darum, genau jene Eigenschaften, die wir im andern ablehnen, in uns zu entwickeln.
Jeder Mensch hat auf der Seelenebene die Kraft, sein Leben, seine Erfahrungen zu wählen und er hat das Recht dazu, *sein* Leben zu leben. Es ist nicht an uns, über andere Menschen zu urteilen, über das, was ein Mensch ausklammert, nicht wissen und hören will. Indem wir darüber urteilen, engen wir unseren Blickwinkel ein, fixieren uns

auf eine bestimmte und begrenzte Sichtweise. Es geht darum, das zu erkennen und sich auf eine höhere Warte zu begeben: Aus der Distanz heraus werden wir zum Beobachter, zum Zeugen dessen, was geschieht. Wir erkennen, daß jedes Urteil ein Gefühl des Getrenntseins erschafft. Wenn wir unsere Mitmenschen beurteilen, trennen wir uns von ihrer wahren Natur, so wie wir uns mit jedem Selbsturteil von unserer eigenen wahren Natur entfernen und trennen. Auf dem Weg des Loslassens unserer Urteile erkennen wir: Was wir bewerten und beurteilen, bleibt und wird schlimmer – was wir urteilsfrei akzeptieren, wandelt und transformiert sich.

**Verantwortung**

Ver-antwort-ung übernehmen ist meine Antwort, mein Ja zu mir, zu meiner Aufgabe, zu meinem Leben. Es ist die Bereitschaft, mit der Realität umzugehen, die ich erschaffen habe. Diese Art der Verantwortung hat nichts zu tun mit einer von außen an mich herangetragenen moralischen Verantwortung. Sie ist keine Last, die ich aus meinen Ängsten heraus oder um gut dazustehen auf mich nehme. Vielmehr geht es um ein inneres Ja-sagen zu mir und meinen Erfahrungen. Diese Haltung beinhaltet auch, die Kraft zu haben, meine Realität zu verändern, sie neu zu gestalten, zum Guten für mich und andere. Es gilt, bereit zu sein, aus meinen Fehlern und Erfahrungen zu lernen, nach innen zu fragen, was sie mir sagen wollen und dann im Einklang mit meinem Höheren Selbst zu denken, zu fühlen, zu handeln. Verantwortung übernehmen bringt uns in die Klarheit und Wahrheit und macht uns frei.

**Verführung**

Ob wir nun Verführer oder Verführter sind, auf beiden Seiten machen wir uns abhängig von der Anerkennung von draußen. Die Ursachen dafür liegen in unserem mangelnden Selbstwertgefühl. Beide Rollen schmeicheln dem Ego und dienen seiner Selbstbestätigung. Zu diesem Zweck gehen alle Beteiligten unbewußt oder stillschweigend eine Vereinbarung ein. Der Verführte läßt mit sich geschehen und gibt dabei seine wahre Kraft weg. Der Verführer setzt Manipulation ein, um sein Ziel zu erreichen. Beide Verhaltensweisen entspringen der Selbsttäuschung und der Unehrlichkeit. So führt das Spiel gewöhnlich zu einem bitteren, ent-täuschenden Ende.

**Verhaftung**
Unser Bedürfnis nach Sicherheit und Kontrolle führt in die Verhaftung. Unsere Ängste lassen uns verhaftet sein.

**Vergebung**
Um bereit zu sein für wirkliche Vergebung, ist ein intensiver Klärungsprozeß unserer Emotionen die Voraussetzung. Erst dann können wir in der Verbindung mit unserem Höheren Selbst eine Kurskorrektur unserer bisherigen Sichtweisen erlauben. Denn Vergebung bedeutet nichts anderes, als alte Sichtweisen mit ihren Urteilen und Begrenzungen loszulassen. Wenn Vergebung zum ständigen Prozeß in unserem Leben wird, erleben wir, wie unser Bedürfnis zu urteilen – und damit zu trennen – nachläßt. Statt dessen wächst unsere Liebe, unser Gefühl der Verbundenheit mit unserem wahren Selbst und dem unserer Mitmenschen. Vergebung klärt, heilt und läßt uns einsfühlen.

**Verletztsein**
Verletztsein beruht auf der Identifikation mit unserem Ego und mit unserem Körper. Wenn ich mich verletzt fühle, mache ich mich durch meine Reaktion schwach. »Die eigentliche Seelenqual ist weder der Schmerz noch das Leid des Verletztwerdens, sondern die Unfähigkeit, andere Deutungen der Realität zuzulassen. Als Verletzte suchen wir die Illusion, weil wir mit der Realität unglücklich sind.« (Dr. F. Stark und A. Maier, Seminarleiter.)
Im ›Verletztsein‹ haben wir gewählt, nicht mehr in Kontakt zu sein mit unserer inneren Stärke. Auf der spirituellen Ebene sind wir unverletzlich.

**Verlust**
»Wer einmal sich selbst gefunden hat, der kann nichts auf der Welt mehr verlieren.« (Stefan Zweig)

**Verrücktwerden (und die Angst davor)**
Aus unseren Ängsten heraus wehren wir Gefühle ab und kontrollieren sie. Tiefer Schmerz soll nicht gefühlt werden, ebenso wie Trauer, Wut und Aggression. Die Selbstverleugnung setzt sich fort, bis sich Schuldgefühle anhäufen und das Pulverfaß irgendwann unkontrollierbar wird. Es entwickelt eine Eigendynamik und explodiert. Die Zerstörung im Innern bahnt sich ihren Weg nach außen. Wir fühlen uns im wahrsten Sinne des Wortes ver-rückt.
Gefühle sind Energien, die zur rechten Zeit fließen wollen, damit wir uns gesund und integer fühlen können.
Den Verstand ins Unterbewußte verlieren, bedeutet verrückt zu werden. Den Verstand ins Überbewußte verlieren, bedeutet Erleuchtung. (Frei nach Rudolf Steiner.)

**Versuchen**
Wenn wir etwas ›versuchen‹ wollen, dann ist das etwas anderes als wenn wir es einfach tun. Mit ›versuchen‹ sichern wir uns ab, lassen ein Hintertürchen offen, falls wir scheitern. Dann können wir dafür nicht verurteilt werden, denn, wir ›haben es ja nur versucht‹. Dieses Verhalten hat mit Ängsten zu tun, mit mangelndem Selbstvertrauen und auch mit mangelndem echten Engagement. Immer wenn wir sagen möchten: »Ich versuche das und das«, können wir uns angewöhnen, statt dessen zu sagen: »Ich bin dabei …«, oder: »Ich bin im Prozeß …« oder einfach: »Ich tu's!«

**Vertrauen**
Vertrauen hat mit Liebe zu tun. Ich habe Selbstvertrauen, wenn ich mich selbst liebhabe; ich vertraue dem andern, dem Leben, wenn ich sie liebe. Vertrauen wächst durch tiefes, ständiges Rückverbinden mit meinem Höheren Selbst. Wenn ich seiner Führung vertraue und folge, erlebe ich: Alles ist gut, so wie es ist – denn alles, was geschieht,

unterstützt mich dabei, zu lernen, zu wachsen und zu lieben.

**Verzweiflung** (siehe auch **Zweifel**)
Die Verzweiflung kommt aus der eigenen Unsicherheit, aus dem Zweifel. In uns sind wir ver-zweifelt, gespalten, zerrissen und unentschlossen, hoffnungslos und haben das Vertrauen in die Innere Führung verloren.

**Visualisierung**
Es ist deine Wahl, ob du bereit bist, Visualisierung wirksam sein zu lassen. Stell dir vor, du beißt in eine Zitrone...

**Vorwürfe**
Wenn ich jemandem Vorwürfe mache, suche ich einen Sündenbock im Außen, um damit abzulenken von meinen – meist unbewußten – Schuldgefühlen. Ich laufe vor mir selber weg. Mit diesem Verhalten übernehme ich nicht Verantwortung. Wenn ich wieder in meine innere Autorität und Führung kommen möchte, gilt es, mich selbst zu fragen: Was geschieht in mir, wenn ich voller Vorwürfe bin? Was macht mich so wütend, traurig oder angstvoll?

**Wahl**
Ist das Glas halb leer oder halb voll? Wir haben die Wahl!

**Wahrheit**
Die Wahrheit *ist*. Sie braucht keine Diskussion, keine Rechtfertigung und keine Verteidigung.

**Warum** (siehe auch **Fessel**)
Die Frage nach dem ›Warum‹ kommt aus unserem Bedürfnis zuzuordnen, zu kontrollieren, festzuhalten, besonders dann, wenn wir unsere emotionale Seite als bedrohlich erleben. Mit unserem ›warum‹ halten wir fest am Rettungsanker des Verstandes.

**Weinen** (siehe auch **Trauer**)
Weinen schenkt uns die Chance, ins Fließen zu gelangen. Mit den Tränen verläßt uns Altes, Festgehaltenes – es kann davon fließen.
Wir können weinen auch manipulierend einsetzen, um etwas Bestimmtes zu erreichen oder um Trost und Zuwendung zu bekommen. Oder wir benutzen es, um in Selbstmitleid zu ertrinken, fühlen uns als Opfer der Umstände – halten fest an dem, was wir loslassen könnten.
Ein ganz anderes Weinen läßt einen Schwall von Tränen in uns aufsteigen, wenn wir angerührt und er-schüttert von etwas sind, das tief in unserem Innern geschieht. Seelengefühle lassen uns weich und durchlässig werden für etwas, das uns bisher verschlossen war.

**Welt – ›Die-Welt-ist-schlecht-Syndrom‹**
Diese Einstellung entsteht aus meinem Urteil über ›die Welt‹ und meinem Gefühl des Getrenntseins von ihr. Dahinter versteckt sich die Weigerung, meine Aufgabe ›unter diesen Vorasussetzungen der Unvollkommenheit‹ übernehmen zu wollen. Ich bin ›ausgestiegen‹ – verweigere mich dem Leben und der Welt.

**Widerstand**
Widerstand blockiert uns, läßt uns etwas nicht sehen und nicht erfahren. Er kann gegen uns selbst gerichtet sein oder nach draußen gegen eine Person oder Situation. Widerstand ist ein Überlebensmechanismus des Emotionalkörpers aus Angst vor Schmerz, Leid und vor Veränderung. Wir benutzen Widerstand, um Erfahrungen und Erlebnisse zu kontrollieren. Dadurch hoffen wir, die Wahrheit hinauszuzögern. Wenn wir ›im Widerstand‹ sind, können wir uns fragen: Was stört mich, was lehne ich ab? Welche Erwartungen von mir werden nicht erfüllt? Was hat es mit mir zu tun?
Um unsere ›Position‹ aufzuweichen, und die Wahrheit herauszufinden, können wir mit unserem Widerstand in einen Dialog treten, ihn zu uns sprechen lassen und auch mit ihm sprechen.

**Wut** (siehe auch **Ärger** und **Aggression**)
Wut ist die Frustration und Enttäuschung über unerfüllte und blockierte Wünsche und Bedürfnisse. Aus unseren Ängsten heraus – aus der Angst vor Verletzung, vor Versagen, vor eigener Ohnmacht, vor Zurückweisung – gestehen wir sie uns nicht ein und unterdrücken sie.
Wut kann eine Vielzahl von anderen Gefühlen überlagern wie Schmerz, Trauer, Neid, Eifersucht, Enttäuschung und Verletzung. So kommt es dazu, daß wir wütend werden, um Schmerz und Trauer abzuwehren. Hier gilt der Ausspruch ›Wut statt Tränen‹ (genauso wie es bei der Trauer heißen kann ›Tränen statt Wut‹). Oder wir werden wütend, um uns zu verteidigen, um Kritik, Vorwürfe und Schuldzuweisungen abzuwenden. Unsere Wut häuft sich in dem Maße an, wie wir unseren Selbstausdruck reduzieren. Sei es, daß wir uns von innen selbst blockieren oder sei es, daß wir uns von außen fremdbestimmen lassen und in die Abhängigkeit geraten. Durch mangelndes Selbstwertgefühl und die Angst, sonst nicht geliebt zu werden, schneiden wir uns von den wirklichen Gefühlen, Wünschen und Bedürfnissen ab. Irgendwann ist das Maß dann voll und der Emotionalkörper meint, sich Luft zu verschaffen durch einen Wutanfall, bis zum nächsten Mal! Dieses Verhalten ist keine Lösung im Sinne von Bewußtwerdung und Selbsterkenntnis.
Für manche von uns ist Wut ein so erschreckendes, angstmachendes Gefühl, daß jedwede aggressiven Impulse von vornherein abgeschnitten werden. Unterdruckte, unbearbeitete Wut richtet sich gegen uns selbst. Der Fluß der Energien ist gestaut, Unlustgefühle und Depressionen oder Flucht und Sucht sind die Folge.
Wenn wir uns erlauben, unsere Wut und unseren Ärger anzuschauen, kann uns das in Bewegung bringen. Unsere Rollenspiele kommen zum Vorschein, unser ›so tun als ob‹, Mauern können fallen, mit denen wir uns bisher schützten – vor echter Kommunikation, vor Nähe, Intimität und Lebendigkeit. Wenn gestaute Energie sich löst, können Zuneigung und Liebe wieder fließen.

Noch ein Wort zum ›*heiligen Zorn*‹: Wenn Zorn aus unserem Christusbewußtsein statt aus unserem ungeklärten Emotionalkörper kommt, mag er heilig sein. Wenn wir meinen, einen gerechten, heiligen Zorn zu haben, gilt es, unsere Motivation zu prüfen: Sind wir verhaftet an ein gewünschtes Ergebnis? Gibt es eine emotionale Ladung, die uns im Griff hat?

**Zorn auf Gott – Hadern mit Gott – Warum läßt Gott das zu?** (siehe auch **Freier Wille**)
Über Anklagen und Vorwürfe bäumen wir uns auf, suchen den ›Schuldigen‹ draußen. Wir begeben uns zur höchsten Instanz, um Gott zu vermitteln, wie schlecht er alles eingerichtet hat. Beobachten wir einmal, unter welchen Umständen wir mit Gott hadern. Wahrscheinlich dann, wenn ohnmächtige Wut oder tiefe Verzweiflung und Sinnlosigkeitsgefühle uns im Griff haben, wenn Enttäuschung, Kontrollverlust, Mißtrauen, Ärger, Haß, Wut, Groll, Rache- und Vergeltungsgedanken uns beherrschen. Machtlos fühlen wir uns einem ungerechten und bösen ›Schicksal‹ ausgeliefert. Wir sind durcheinander, verwirrt und verlagern etwas, das wir in uns erleben nach draußen. Unsere vom Emotionalkörper gefärbte und verzerrte Sichtweise erscheint uns als die ganze Wahrheit.
Letztlich hadern wir mit uns selbst. Unser Ego kämpft gegen sich selbst. In solchen Zeiten trennen wir uns mit aller Kraft des Egos von unserem Höheren Selbst. So ist Hadern mit Gott das Aufbäumen unseres Egos gegen das Licht – gegen unsere eigene göttliche Natur.
Es gehört viel Mut dazu, den Zorn auf Gott in uns zuzulassen, ihn zu konfrontieren und auszudrücken – und zu schauen, was dann kommt.

**Zufall**
Es gibt keine Zufälle! Das, was wir als Zufall bezeichnen, begegnet oder geschieht uns zur rechten Zeit, am rechten Ort, im rechten Zusammenhang – in diesem Sinne *fällt es uns zu*. Zufälle bieten uns vielfältige Chancen zu erkennen,

bewußt zu werden, zu wachsen. Wir können sie ignorieren oder akzeptieren.

### Zwänge – Zwanghaftigkeit

Wenn wir bestimmte Zwänge ausagieren müssen, hat das zu tun mit blockierten, steckengebliebenen Gefühlen in uns. Verdrängte Schattenanteile schaffen sich einen Kanal als zwanghafte Gedanken und Handlungen. Sie werden gespeist aus mangelndem Selbstwert und Schuldgefühlen oder aus nicht zugelassenen aggressiven, zerstörerischen Gefühlen. Zwanghaftes Verhalten kann sich äußern in der ständigen Angst, etwas versäumt zu haben oder etwas Schlimmes angerichtet zu haben. Oftmals werden bestimmte Verhaltensrituale und Zwangshandlungen durchgeführt, um Aggressionen und Zerstörungswünsche zu kontrollieren.

### Zweifel

Im Zweifel finden wir die ›zwei‹ und damit die ›Zwei-heit‹. Zweifel überkommen uns, wenn wir uns getrennt fühlen von der Inneren Führung, wenn wir herausgefallen sind aus der Einheit. So spiegeln sie unseren Mangel an Selbstannahme, an Vertrauen. Wenn wir es wählen, hartnäckig an unseren Zweifeln festzuhalten, dann wollen wir neue Erfahrungen vermeiden.
Ständiges Zweifeln kann zu einer zwanghaften Angewohnheit werden. Wenn wir nicht damit aufhören, ernten wir ein Leben der Enttäuschung.

### Zynismus

Zynismus ist eine Form von Urteil. Indem wir etwas abwerten, uns darüber lustig machen, wird eigene Unsicherheit kaschiert, dabei verlagern sich aggressive Impulse in den Verstand.

### ›Sei du Selbst!‹

Wir wollen unser linear-kausales Glossar von A bis Z hier verlassen. Am Ende unserer Klärungssitzungen lautet die letzte Botschaft des Höheren Selbst oftmals: ›Sei du Selbst!‹

Es ist die Erinnerung, daß wir erneut wählen können, uns vom angelernten, unwirklichen Selbst zu befreien, um uns mutig und vertrauensvoll einzulassen auf unser wahres, unser Höheres Selbst. Fangen wir an – jetzt!
Im *Ein Kurs in Wundern* heißt es:

*›Tief in dir liegt alles, was vollkommen ist, bereit, durch dich hindurch und hinaus in die Welt zu strahlen.‹*
(Übungsbuch, Teil 1, Lektion 41. 3:1)

Mit diesem Buch hoffen wir, dich inspiriert, ermutigt und befähigt zu haben, immer wieder neu zu sagen, zu denken, zu fühlen und zu erleben:

**Heilung ist meine Wahl!**

# Anhang

## Ein Kurs in Wundern

Wir haben wiederholt Zitate aus dem *Kurs in Wundern* einfließen lassen. Darum möchten wir jetzt näher auf dieses Werk eingehen.
Der *Kurs* übernimmt seit vielen Jahren eine wichtige Rolle in unserem Leben wie auch in unserer Arbeit. Wir lernten ihn vor vielen Jahren in Amerika kennen und übersetzten Teile daraus, um Seminare auf seiner Basis zu gestalten. Seit Herbst 1994 gibt es eine deutsche Ausgabe, die im Greuthof Verlag erschienen ist.
Äußerlich gesehen besteht dieses Werk aus einem dicken Buch mit über tausend Seiten. Es beinhaltet unter anderem einen Übungsteil mit Lektionen für jeden Tag eines ganzen Jahres. Mit Hilfe der Inneren Führung leitet der Kurs uns an, unsere bisherige verzerrte Sichtweise, die uns die Welt der Illusion für die Wirklichkeit halten läßt, zu korrigieren und zu transformieren. *Ein Kurs in Wundern* ist eine spirituelle Lehre unvergänglicher Wahrheiten mit dem Leitthema, daß wir Liebe sind. Er zeigt uns, wie wir altes Lernen, das uns einschränkt und leiden läßt, rückgängig machen können, um uns wieder anzuschließen an die Wahrheit und das Wissen in uns. So kann die Arbeit mit ihm tiefe innere Transformation und Heilung bewirken. Gleich in der Einführung heißt es:
»Dies ist ein Kurs in Wundern. Es ist ein Pflichtkurs. Nur die Zeit, in der du ihn machst, steht dir frei. Freier Wille bedeutet nicht, daß du den Lehrplan bestimmen kannst. Es bedeutet nur, daß du wählen kannst, was du zu einer gegebenen Zeit lernen willst. Der Kurs zielt nicht darauf ab, die Bedeutung der Liebe zu lehren, denn das ist jenseits dessen, was gelehrt werden kann. Er zielt vielmehr darauf

ab, die Blockaden zu entfernen, die dich daran hindern, dir der Gegenwart der Liebe, die dein angestammtes Erbe ist, bewußt zu sein. Das Gegenteil von Liebe ist Angst, doch was allumfassend ist, kann kein Gegenteil haben.
Dieser Kurs kann daher ganz einfach so zusammengefaßt werden:

*»Nichts Wirkliches kann bedroht werden.*
*Nichts Unwirkliches existiert.*
*Hierin liegt der Friede Gottes.«*
(Textbuch – Einleitung 1:1-8, 2:1-4)

Die Korrektur unserer bisherigen verzerrten Sichtweisen geschieht über die Vergebung. Sie ist das Medium für den Wandel und die Heilung unserer Denk- und Wahrnehmungsmuster. Diese Muster beinhalten Themen wie Sünde, Schuldgefühle und Angst vor Strafe. Der Kurs definiert Sünde als einen Mangel an Liebe, einen Fehler oder Irrtum, der nach Korrektur verlangt, statt nach Schuld und Strafe. Durch die Arbeit mit dem Kurs können wir lernen, unsere durch Projektionen geschaffenen verzerrten Wahrnehmungen zu erkennen und hinter sie zu schauen. Die Botschaft der Vergebung im Kurs ist das Loslassen der Hindernisse und Barrieren, die das Ego zwischen uns und Gott gestellt hat. Sie hilft uns, die alten Muster, die Verhaftungen an begrenzende Glaubenssysteme gehen zu lassen. Um den Weg der Vergebung zu finden und zu gehen, ist es nötig, der inneren Stimme zu folgen, die die Weichen für das Geschehen von Wundern stellen wird. Wunder entfernen die Blockaden vor dem Gewahrwerden der Liebe. So bedeuten Wunder – im Sinne des Kurs – einen Wechsel in unserer Wahrnehmung, wodurch die schöpferische Lösung eines Problems geschehen kann.
Wenn diese Zeilen und die Zitate unseres Buches dein Interesse wecken sollten, tiefer einzusteigen, so findest du im Literaturverzeichnis einen Hinweis auf *Ein Kurs in Wundern.*

# Biographisches

Wir, Dagmar Taliaferro-Beyse und Jürgen Beyse, Jahrgang 1940 und 1947, sind seit vielen Jahren Psychotherapeuten, spirituelle Wegbegleiter und Heilpraktiker. Der wichtigste Teil unserer Ausbildung ist das Leben selbst – die tägliche Erfahrung und unsere spirituelle Praxis. Im Vordergrund steht für uns dabei das Lernen, Wachsen und Lieben in unserer Beziehung, das gemeinsame Leben und Arbeiten, das täglich neu gewählte innere Engagement für unser Tun und unser Sein.
Wesentliche Impulse auf unserem Weg bekamen wir durch Ausbildungen bei Henning von der Osten (Primär), Leonard Orr (Rebirthing), durch das Esalen Institute in Kalifornien, die Einführung in Spirituelles Heilen und Assistenz bei Bruce und Genny Davis, USA, die Enlightenment Intensive Schulung – Dyad School (Dagmar), durch das langjährige Studium des *Kurs in Wundern* und über den tiefen Selbsterfahrungsprozeß am Light Institute von Chris Griscom, USA.
Auch unser nun erwachsener Sohn prägte unser Leben auf nachhaltige Weise, indem er uns immer wieder in das Hier und Jetzt katapultierte, und uns damit an den Spaß, die Leichtigkeit und die Kreativität des Seins erinnerte.
Nach einigen Jahren therapeutischer Praxis leiteten wir fünf Jahre lang ein Center für Spirituelles Heilen in Stuttgart mit den Schwerpunkten: Spirituelles Heilen, Beratung, Meditation, Rebirthing, Rückführungen, Transformations-Seminare auf der Basis des *Kurs in Wundern*.
Inspiriert durch unsere intensive Selbsterfahrung in der spirituellen Klärungsarbeit mit dem Höheren Selbst am Light Institute, ließen wir uns von zwei ehemaligen Mitbegründern dieses Instituts – Rick Phillips und Paula Kaufman – ausbilden, die sich inzwischen selbständig gemacht hatten, um die *Deva Foundation* in New Mexico, USA, zu gründen.

Nun leben und arbeiten wir in unserer Wahlheimat am Starnberger See, wo Dagmar schon einen Teil ihrer Kindheit verbrachte. Diese Gegend erleben wir als ein ›Fenster zum Himmel‹, das jeden, der sich dafür öffnet, unterstützt – auf dem Weg des Erwachens und Heilseins.
Unsere Arbeit umfaßt: Die Klärung des Emotionalkörpers in der bewußten Verbindung mit dem Höheren Selbst, mit Rückführungen und inneren Reisen (Einzelsitzungen und Seminare); Klärung von besitzergreifenden Energien; Counselling; Begleitung in ›Spirituellen Krisen‹; (wir sind Mitarbeiter im ›SEN – Spiritual Emergence Network‹).
Weitere Themenkreise sind: Heilung des inneren Kindes; Meditation; Spirituelles Heilen und verschiedene energetische Methoden der Naturheilkunde.
Wenn dich diese Arbeit interessierst, schicke uns zusammen mit deiner Anfrage ein längliches Kuvert (bitte adressiert und frankiert).
Unsere Postadresse:

Fenster zum Himmel
Postfach 46
82336 Feldafing

# Übungsverzeichnis

## 2. Kapitel: Der Emotionalkörper – Die Innere Führung



## 3. Kapitel: Das Meer der Gefühle – Schwimmen lernen

**4. Kapitel: Erfahrungen und Beispiele aus der spirituellen Klärungsarbeit**



**5. Kapitel: Spirituelle Praxis – Geführte Meditationen – Übungen**

*Meditationen:*



*Übungen:*



*Reinigungs-Übungen:*

# Literaturverzeichnis und Empfehlungen


Accept this Gift / The Gift of Peace, Selections from A Course in Miracles, Vaughan, Tarcher Inc., Los Angeles 1986

Alt, Franz: Jesus – der erste neue Mann, Piper, München 1989

Arrien, Angeles: Handbuch zum Crowley Tarot, Urania, Neuhausen 1991

Bragdon, Emma: Spirituelle Krisen – Wendepunkte im Leben, Bauer, Freiburg 1991

Bucher, Ursel: Der Traum vom großen Glück. Wunsch und Wirklichkeit in Paarbeziehungen, Kösel, München 1992

Caddy, Eileen: Spuren auf dem Weg zum Licht, Greuthof, Gutach 1983

Callahan, Roger J.: Leben ohne Phobie. Wie Sie in wenigen Minuten angstfrei werden, Verlag für Angewandte Kinesiologie, Freiburg 1987

Carey, Ken: Sternenbotschaft, Falk-Verlag, Seeon 1987

Chopich, Erika P./Paul, Margaret: Aussöhnung mit dem inneren Kind, Bauer, Freiburg 1993

Cohen, Andrew: Erleuchtung ist ein Geheimnis, Falk-Verlag, Seeon 1994

Dahlke, Rüdiger: Krankheit als Sprache der Seele. Be-Deutung und Chance der Krankheitsbilder, Bertelsmann, München 1992

DeRohan, Ceanne: Die Wahre Natur des Willen. Heilen und Entwickeln des Emotionalkörpers, Wille + Geist, 1993

Diamond, John: Die heilende Kraft der Emotionen, Verlag für Angewandte Kinesiologie, Freiburg 1987

Ein Kurs in Wundern, Greuthof Verlag, Gutach 1994

Engelkarten aus Findhorn, Greuthof Verlag, Gutach

Enomiya-Lassalle, Hugo M.: Zen-Unterweisung, Kösel, München 1988

Gawain, Shakti: Leben im Licht. Quelle und Weg zu einem neuen Bewußtsein, Erd, München 1987

Golas, Thaddeus: Der Erleuchtung ist es egal, wie du sie erlangst, Sphinx, Basel 1981
Gore, Al: Wege zum Gleichgewicht. Ein Marshallplan für die Erde, Fischer, Frankfurt 1992
Griscom, Chris: Zeit ist eine Illusion, Goldmann, München 1986
Grof, Stanislav/Grof, Christina (Hrsg.): Spirituelle Krisen. Chancen der Selbstfindung, Kösel, München 1990
Hay, Louise: Heile Deinen Körper. Seelisch-geistige Gründe für körperliche Krankheit, Lüchow Verlag, Freiburg 1983
Henderson, Julie: Die Erweckung des inneren Geliebten. Ein praktisches Arbeitsbuch der Energielenkung allein und zu zweit, Ansata, Interlaken 1989
Hasselmann, Varda/Schmolke, Frank: Welten der Seele. Trancebotschaften eines Mediums, Goldmann, München 1993
Jampolsky, Gerald G.: Lieben heißt die Angst verlieren, Oesch Verlag, Zürich 1981
Kübler-Ross, Elisabeth: Über den Tod und das Leben danach, Verlag »Die Silberschnur«, Neuwied 1985
Krystal, Phyllis: Die inneren Fesseln sprengen. Befreiung von falschen Sicherheiten, Walter, Olten 1989
Lang, Doe: Geheimnis Charisma. Von der magnetischen Kraft persönlicher Ausstrahlung, Ariston, München/Genf 1989
Leboyer, Frédérick: Geburt ohne Gewalt, Kösel, München 1981
Levine, Stephen: Angstfreie Sexualität. Glück und Erfüllung in der Liebe, Heyne, München 1992
Levine, Stephen: Wer stirbt? Wege durch den Tod, Context, Bielefeld 1991
Maaz, Hans J.: Der Gefühlsstau. Ein Psychogramm der DDR, Argon, Berlin 1990
Maharshi, Ramana: Die Suche nach dem Selbst, Ansata, Interlaken 1985
Mallasz, Gitta: Die Antwort der Engel, Daimon, Zürich 1984
Miller, Alice: Am Anfang war Erziehung, Suhrkamp, Frankfurt 1980
Miller, Michael: The Psychic Energy Workbook, Aquarian, Wellingborough

Moeller, M.L.: Die Wahrheit beginnt zu zweit. Das Paar im Gespräch, Rowohlt, Hamburg 1988

Norwood, Robin: Wenn Frauen zu sehr lieben. Die heimliche Sucht, gebraucht zu werden, Rowohlt, Hamburg 1986

Norwood, Robin: Warum gerade ich? Rowohlt, Hamburg 1995

Osten, Henning von der: Über die Welt und über Gott. Zeitgemäße Antworten auf elf Grundfragen des Lebens, Context, Bielefeld 1993

Phillips, Rick: Emergence of the Divine Child, Bear&Co. Santa Fe 1990

Powers, Rhea: Zeit zur Freude, Falk Verlag, Seeon 1987

Redfield, James: Die Prophezeihung von Celestine. Ein Abenteuer, Heyne, München 1994

Roman, Sanaya: Zum Höheren Selbst erwachen, Ansata 1992

Schindler, Craig/Lapid, Gary: Wie du und ich gewinnen. Persönlicher Friede – globaler Sieg, Bauer, Freiburg 1991

Schmidt, Karl O.: In dir ist das Licht. Vom Ich-Bewußtsein zum Kosmischen Bewußtsein, Drei Eichen, Ergolding 1959

Selby, John: Magische Ekstase. Das Tor zu Erfüllung und Seelenpartnerschaft, Scherz 1995

Sharamon, Shalila/Bayginski, Bodo J.: Das Chakra-Handbuch. Vom grundlegenden Verständnis zur praktischen Anwendung. Windpferd, Durach 1989

Smithwhite, Marguerite: Kinderkunst durch Meditation. ... ein Buch des Friedens, Falk-Verlag, Seeon 1989

Sogyal, Rinpoche: Das tibetische Buch vom Leben und vom Sterben. Befreit leben im Bewußtsein der eigenen Vergänglichkeit, Barth, München 1993

Tannen, Deborah: Du kannst mich einfach nicht verstehen. Warum Männer und Frauen aneinander vorbeireden, Kabel, Hamburg 1991

Tomioka, Ariel: Vom Atem der Liebe getragen. Wege zu höheren Dimensionen der Partnerschaft, Ansata, Interlaken 1991

Viscott, David: The Language of Feelings, Pocket, N.Y 1977

Vissell, Joyce/Vissell, Barry: Der gemeinsame Weg. Die partnerschaftliche Beziehung als Weg zu spiritueller Entfaltung, Droemer Knaur, München 1989

Wallimann, Silvia: Erwache in Gott, Bauer, Freiburg 1993
Wapnick, Kenneth: Ein Kurs in Wundern. Betrachtungen, Greuthof Verlag, Gutach 1994

## Musik- und Kassetten-Empfehlungen

*Meditative Musik:*
Berendt, Ernst J.: Ur-Töne, Bauer, Freiburg
Halpern, Steven: Spectrum Suite u.a.

*Klangschalen Musik*
Ultra Meditation I und II , Bruno Martin Verlag, Südergellersen (Hemi-sync.Cass.)
(hilft, die beiden Gehirnhälften zu synchronisieren)

*Klassische Musik kann die Schwingung des Emotionalkörpers erhöhen:*
Besonders die Musik von Johann Sebastian Bach, Wolfgang Amadeus Mozart und Ludwig van Beethoven.

*Zur Unterstützung von emotionalem Ausdruck (Tanz/Bewegung):*
Roth, Gabrielle: Initiation, Raven Rec.
Exler, Rolf: Play Ecstasy, Bruno Martin Verlag, Südergellersen

*Arbeit mit dem inneren Kind:*
Wittler, Peter und Gerda: Die Heilung des Inneren Kindes – Kassettenreihe, Innere Reisen Verlag, Schwäbisch Hall